鄧達奇 —— 著

香港基本法解釋權研究

港澳制度
研究叢書

A Study on
the Power of
Interpretation of
Hong Kong Basic Law

總　序

鄒平學 *

自國家誕生後，人類社會產生了多少政治的、法律的、經濟的、社會的各種「制度」，可能是一個誰也無法回答的問題。「制度」研究也一直是法學、政治學、經濟學、管理學以及社會學等學科共有的現象。「制度」是什麼？制度就是體系化的規則、規矩。中國人常說，沒有規矩就不成方圓。所有的人、人所組成的各種組織乃至國家、社會，都離不開各種制度。所以，制度很重要，制度研究也很重要。

港澳回歸已有 20 多年之久，「一國兩制」實踐和基本法實施開始進入「五十年不變」的中期階段，可謂進入「深水區」。特別是2019 年以來，中央出手先後制定《香港國安法》、完善香港選舉制度之際，三聯書店（香港）有限公司決定推出一套「港澳制度研究叢書」，可謂恰逢其時，遠見卓識，意義重大。這是出版界第一套專門冠名「港澳制度研究」的叢書，從他們組織策劃叢書的初心與選題設想看，我不禁為香港三聯書店匠心獨具、籌劃周詳而擊節讚嘆。我認為，這套書將努力達成三個「小目標」，或者說將具有三個方面的亮點或特點。

第一，抓住港澳研究的根本。港澳回歸以來，港澳研究熱點迭出，成為顯學。從坊間的各種論著看，港澳制度研究最為熱門。鄧小平曾指出：「一九九七年我們恢復行使主權之後怎麼樣管理香港，

* 法學博士，深圳大學法學院教授，博士生導師，兼任全國人大常委會港澳基本法委員會基本法理論研究基地深圳大學港澳基本法研究中心主任，教育部國別與區域研究基地深圳大學港澳與國際問題研究中心主任，國務院發展研究中心港澳研究所學術委員會委員兼高級研究員，全國港澳研究會理事，廣東省法學會港澳基本法研究會會長。

也就是在香港實行什麼樣的制度的問題。」[1] 可見，在港澳實行什麼樣的制度，是實踐「一國兩制」、依法管治港澳的根本。習近平總書記指出：「作為直轄於中央政府的一個特別行政區，香港從回歸之日起，重新納入國家治理體系。中央政府依照憲法和香港特別行政區基本法對香港實行管治，與之相應的特別行政區制度和體制得以確立。」[2] 港澳制度實質是港澳被納入國家治理體系後形成和發展的、具有中國智慧和中國風格的「一國兩制」政策的制度呈現。港澳回歸後的實踐表明，在港澳實行的「一國兩制」制度體系，不僅是解決歷史遺留下來的港澳問題的最佳方案，也是港澳回歸祖國後保持長期繁榮穩定的最佳制度安排。「港澳制度研究叢書」的推出，顯然敏銳抓住了「一國兩制」制度體系這個港澳研究的根本。

　　第二，拓展港澳制度研究的問題論域。坊間以往印行的港澳研究論著，以政法制度研究居多。這說明，港澳政法制度研究是港澳制度研究較為重視的論域。究其原因，是因為「一國兩制」的制度體系是我國國家治理體系的重要組成部分，這一體系是政策、法律和制度的有機構成。政法制度是港澳制度較為根本、活躍和基礎的部分。鄧小平告訴我們，「一國兩制」能不能夠真正成功，要體現在香港特別行政區基本法裏面。根據憲法制定的港澳基本法先後為我國兩個特別行政區設計了一套嶄新的制度和體制，這就是港澳特別行政區制度或者簡稱港澳制度。港澳制度實質就是「一國兩制」政策的法律化、制度化，是根據憲法制定港澳基本法、建構「一國兩制」制度體系來完成的。所以，在港澳政法制度研究的論著裏，較多地是圍繞根據憲法和基本法管治港澳的理論和實踐來展開。數年前，三聯書店（香港）有限公司精心打造推出的、由王振民教授主編的「憲法與基本法研究

1　鄧小平：《鄧小平文選》（第三卷），北京：人民出版社 1993 年版，第 85 頁。

2　〈習近平在慶祝香港回歸祖國 20 週年大會暨香港特別行政區第五屆政府就職典禮上的講話〉，新華社 2017 年 7 月 1 日電。

叢書」即是這方面的積極成果。在當下港澳制度進入重要創新發展階段，「港澳制度研究叢書」的問世，不僅將繼續關注「一國兩制」、憲法和基本法在港澳的實施等問題的宏觀討論，還較大範圍拓展了問題論域，將突出從中觀、微觀角度，去探索港澳制度具體實際運作層面的體制機制層面，深入挖掘港澳研究的中觀、微觀研究板塊，推出更多高質量的、以往被宏觀的「一國兩制」論述所遮蔽的更細緻、更具體的研究成果，拓展、拓深港澳制度研究的格局。特別是，叢書將不僅限於政法制度，還將視野擴及港澳經濟、社會、文化、教育、科技、政府管治、媒體等方面的制度，這將使得港澳制度研究在廣度、深度方面更為拓展和深化，進一步豐富港澳制度研究範疇的包容性和統攝性，為廣大讀者展示港澳制度立體多面的全貌，這十分令人期待。

第三，**前瞻港澳制度研究的未來發展**。港澳制度研究要為港澳「一國兩制」事業做出應有的貢獻，不僅要敏銳抓住研究論域的根本和重點，還要善於把握港澳制度的脈搏和運行規律。毋庸諱言，現有的港澳制度研究成果對制度運行的規律性研究還不夠，高水平、有分量、有深度的成果還不多，特別是能有效解決疑難問題、足資回應實踐挑戰的成果還不多。進入新時代以後，港澳形勢出現的新情況、新問題給中央管治港澳提出了新的挑戰。**在政治方面**，香港維護國家主權、安全、發展利益的制度還需完善，對國家歷史、民族文化的教育宣傳有待加強。2020 年國家層面出台國安法，為解決治理危機提供了有力抓手，但國安法律制度和執行機制如何進一步發展完善還有很多具體和複雜問題需要研究解決。而且，單靠國安法的落地還不夠，還需要認真研究特區教育、媒體、司法、文化、政府管治方面的制度問題。需要指出的是，港澳制度中的「制度」既包括在特區內實行的制度，也包括決定這個制度的制度。因而港澳制度就不能僅僅限於兩個特區內部實行的制度，而首先應從國家治理體系的制度角度出發。

例如目前中央全面管治權的制度機制都面臨一些新情況和新問題，如中央對特區政治體制的決定權、中央對特區高度自治權的監督權包括對特首的實質任命權、特區本地立法向人大的備案審查等制度問題，都存在值得研究的理論和實踐問題。澳門特區政府依法治理的能力和水平，與形勢發展和民眾的期待相比仍需提高，政府施政效率、廉潔度和透明度與社會的發展存在一定的差距。習近平提出，澳門要「繼續奮發有為，不斷提高特別行政區依法治理能力和水平。回歸以來，澳門特別行政區治理體系和治理能力不斷完善和提高。同時，我們也看到，形勢發展和民眾期待給特別行政區治理提出了更新更高的要求」。[3] **在經濟方面**，香港經過幾十年的快速發展，面臨著經濟結構進一步調整等問題，部分傳統優勢有所弱化，新經濟增長點的培育發展需要時間，來自其他經濟體和地區的競爭壓力不斷增大；澳門博彩業「一業獨大」，明顯擠壓其他行業的發展空間，經濟結構單一化問題突出，經濟多元發展內生動力不足，缺乏政策配套和人才支持。**在社會方面**，港澳長期積累的一些深層次問題開始顯現，特別是土地供應不足、住房價格高企、貧富差距拉大、公共服務能力受限等民生問題突出，市民訴求和矛盾增多，中下階層向上流動困難，社會對立加大，改善民生、共用發展成果成為港澳居民普遍呼聲。要解決港澳社會存在的各種問題，歸根結底是要全面準確理解和貫徹「一國兩制」方針，始終依照憲法和基本法辦事，不斷完善與憲法和基本法實施相關的制度和機制，聚焦發展，維護和諧穩定的社會環境。

研究解決這些問題，都需要在完善制度機制方面下功夫，而這些正是港澳制度研究的未來，亟待深度開掘。據我所知，本叢書重視和歡迎如下選題：中央權力實際行使需要完善的制度機制，回歸後國家在港澳建立健全的相關制度，全面落實愛國者治港治澳的制度，憲

3　參見習近平：〈推進澳門「一國兩制」成功實踐走穩走實走遠〉（2014 年 12 月 20 日），載習近平：《習近平談治國理政》（第二卷），北京：外文出版社有限責任公司 2017 年版，第 424 頁。

法和基本法上對特區的授權制度，特區依法行使高度自治權的相關制度和機制，特區行政主導體制，特區政府施政能力和管治水平方面的制度，特區行政管理權實施的制度機制，特區立法權實施的制度機制，特區司法權的制度機制（如香港司法審查制度），基本法有關特別行政區經濟、教育、文化、宗教、社會服務和勞工方面的制度運行問題，特區區域組織或市政機構及其制度，特區公務員制度以及香港政黨制度，香港的某些特殊制度（如高官負責制、新界原住民權利），等等。

　　香港三聯書店特邀請我擔任本叢書的主編，我十分高興，也非常期待和樂意與廣大內地、港澳學人共襄此舉，為實現上述三個「小目標」，為完善「一國兩制」制度體系貢獻智識和力量。「一國兩制」是一個史無前例的偉大事業，我有幸參與研究港澳問題 20 多年，深深體會到，港澳制度的理論和實踐，是中國對於世界治理所能奉獻的獨有的、寶貴的領地，從學術理論上探討和解決上述一系列複雜、敏感和重大的制度運行問題並不斷完善它們，必將有利於回答堅持「一國兩制」制度體系對於維護國家主權、安全和發展利益，保障港澳的長期繁榮穩定，對於推進國家治理體系和治理能力現代化為什麼十分必要、為什麼現實可能、為什麼是歷史必然這一時代命題。因此，我相信本叢書的推出，將對支撐建構中國特色哲學社會科學奉獻中國獨有的理論貢獻和智力支撐，這不但是值得期許的，也是中國學人的使命擔當。

　　是為序。

鄒平學

2021 年 4 月 1 日於深圳

序　言

付子堂[*]

　　達奇博士的《香港基本法解釋權研究》一書即將由香港三聯書店出版，他囑我寫個序，我自然欣然應允。一方面，達奇博士曾在西南政法大學法理學教研室工作三年，調往深圳社會科學院之後又跟我做「黨內法規備案審查制度」的博士後研究，本書也正是他博士後研究期間完成的成果之一，這樣我就有一份身份上的義務；另一方面，作為曾經的同事和合作導師，我比許多人都更加清楚他在本書撰寫和出版過程中付出的努力，這樣，我又多了一份道義責任。

　　自香港回歸，尤其是近些年來，圍繞香港基本法以及香港政制改革產生了諸多風波，香港基本法解釋問題成為兩地法學界關注的熱點，達奇博士亦決心沉潛研究於此。2019 年 10 月至 12 月，達奇博士在香港大學法律學院訪學，積極參與比較憲法學的課程研讀、圓桌學術主題彙報和討論，前往香港立法會調研，收穫了大量的一手學術資料，力求提升研究的寬度和深度。

　　香港基本法的解釋這一課題雖然已有不少成果發表，但專門性、系統性的著作依然不多。《香港基本法解釋權研究》一書在一定程度上填補了這一空缺，而且本書從多個角度進行了有理有據的深入探討，是學界難得一見的兼具理論性與實踐性的作品。

　　本書旗幟鮮明地闡明了香港基本法解釋權問題是香港回歸祖國，進入「一國兩制」「港人治港」「高度自治」新時期後的獨特產

---

[*]　北京大學法學博士、武漢大學法學博士後，西南政法大學校長、法理學教授。

物，因此必須在「一國兩制」這個框架內討論。達奇博士首先對「一國兩制」的實質內涵、法律化歷程及其與基本法解釋的內在關係進行了深入闡釋，在他看來，基本法解釋權屬於全國人大常委會是「一國」的本質要求，而全國人大常委會授權香港特區法院在審理案件時解釋基本法，則體現了「兩制」的基本特色。在這一基本框架內討論問題，既符合「一國兩制」的基本精神，也能照顧到香港本土法治實踐方式。

本書堅持理論與實踐相結合，既不是一本晦澀難懂的純理論性研究，也不是只關注實踐數據而缺少理論基礎的「報告式」研究。達奇博士對內地和香港的法律解釋理論和制度進行了系統梳理，對兩地之間在法律條文解釋問題上的差別進行細緻分析。在他看來，一方面，香港基本法是中國法律體系的一部分，自然應該按照《憲法》《立法法》〈關於加強法律解釋工作的決議〉等中央立法所構建的法律解釋體制來解釋，另一方面，香港地區一直奉行的是普通法法系的司法解釋理念，即法律解釋是由法官在審判活動中針對法律條文所做出的司法解釋，這種理念上的衝突是導致基本法解釋權成為一個問題的關鍵所在。香港基本法解釋權的配置必須既要堅持「一國兩制」的精神，體現中央對地方的主權原則，也要堅持「港人治港」「高度自治」的原則，維持香港原有的司法制度體系，香港基本法第 158 條正是體現了這一原則。

本書的另一個鮮明特點是精心挑選了五個典型事例，生動地展現了香港基本法解釋實踐的「軌跡」和過程。在馬維騉案中，香港特區法院第一次行使基本法解釋權，此案基本闡明了基本法的解釋原則和方法；吳嘉玲案和莊豐源案體現了全國人大常委與香港特區法院在居留權條款解釋上的衝突。在吳嘉玲案中，人大釋法，確定了特區法院釋法與人大釋法相對接的原則、路徑、程序、方法以及效力；莊豐源案則體現香港特區終審法院釋法，並未引發人大釋法；剛果民主共

和國主權豁免案是香港法院首次主動提請全國人大常委會進行釋法的典型案例；香港特區的政制改革涉及到中央和特區的關係，因而引發全國人大常委會對基本法相關條款的解釋，此次釋法為香港政制改革奠定了法律基礎。

最後，也相當值得學界關注的是，本書不僅對香港基本法解釋權問題進行了理論闡釋和實踐分析，還通過這些闡釋和分析對基本法解釋實踐提出了完善建議。達奇博士認為，雖然在基本法解釋實踐中存在一些共識，但法律解釋理念、法律解釋制度、法律解釋方法上的差異依然產生諸多誤解。在這種背景之下，基本法解釋機制依然需進一步完善：第一，完善基本法解釋制度規範；第二，統一基本法解釋規則；第三，協調基本法解釋方法；第四，借鑒歐盟「初裁制度」經驗；第五，營造良好的人文環境氛圍。必須承認，作為一位年輕學者，在如此敏感的問題上，達奇博士敢於分析現有制度之不足，審慎開出「五合一」的「藥方」，頗有些「初生牛犢」的理論勇氣，但考慮到這些建議是基於謹慎研究和客觀分析給出的，這份勇氣背後自然有了許多底氣。

總而言之，本書既有宏觀的理論分析，又有微觀的事例展示；既有客觀的研究數據，又有審慎的對策建議；既是嚴肅細緻的科學研究，又充滿了愛國主義精神和人文主義關懷。「胸中有丘壑，眼裏存星河」，達奇博士向學界交出的這份階段性「彙報」總體上是令人滿意的，出版之後定會引發學界的熱烈關注和討論。

是為序。

2021 年 11 月 13 日

前　言

　　香港自古以來就是中國的領土。1842 年，香港成為英國殖民
地。《香港基本法》於 1990 年 4 月 4 日第七屆全國人民代表大會第三
次會議審議通過，自 1997 年 7 月 1 日起施行。《香港基本法》是香港
特別行政區的憲制性文件，由全國人民代表大會根據《憲法》所制
定。它規定了香港特別行政區實行的各項制度和政策。香港特別行政
區的社會、經濟制度、有關保障居民基本權利和自由的制度、行政管
理、立法和司法方面的制度，以及有關政策，均要以《香港基本法》
的規定為依據。1997 年 7 月 1 日，中華人民共和國正式恢復對香港
行使主權，香港特別行政區成立。中央擁有對香港的全面管治權，香
港保持原有的資本主義制度和生活方式不變，並可享受外交及國防以
外所有事務的高度自治權。「一國兩制」「港人治港」、高度自治是中
國的基本國策。

　　然而，自香港回歸以來，內地和香港特區在法律制度方面卻屢
有爭議和衝突。減少甚至消弭這些爭議和衝突，並進而解決由這些爭
議和衝突所衍生的其他法律問題，應當是兩地未來法制研究的一個重
要課題。事實上，兩地在法律制度上的衝突存在於諸多方面，但舉其
要者，主要表現在對香港基本法的解釋上。由於香港基本法在香港特
區的重要地位，對其理解上的衝突將對兩地法律的運作實踐和價值體
現有著非常廣泛而持久的影響。甚至可以說，有效貫徹落實香港基本
法是實現「一國兩制」的關鍵，而準確解釋基本法則是有效貫徹落實
基本法的前提。

事實上，基本法解釋完善的最佳方法就是促進內地和香港特區法制的融合。從法理上來講，兩地法制的融合可以從橫向和縱向兩個角度來出發：前者是指兩地在立法、執法和司法上的對接與融合，後者是指兩地法治理念、法律思維以及法律解釋制度等方面的對接與融合。但在「兩制」之下，兩地法制的橫向對接缺乏法理基礎，幾乎不可能實現，而法治理念、法律思維、法律解釋方法的融合不僅有法理基礎，而且更為實踐所需。因此，完善基本法解釋應當從兩地基本法解釋機制的對接、融合上著手。基於這一情形，本書將以基本法制定的背景為邏輯起點，依次闡述兩地的法律解釋理論和制度、基本法解釋權規範內容，並深刻剖析相關解釋實例，進而揭示基本法在解釋規範、解釋方法以及解釋程序等方面的缺失，以期在實踐論證的基礎上，提出完善基本法解釋的基本設想。

目　錄

導　論

　　法的解釋是法的實施的重要組成部分，它直接關係到對法律條文內涵的理解，對法律條文理解的準確程度又直接影響著立法者所預期的社會效果的實現。香港基本法是在「一國兩制」方針指導下制定，並在香港特別行政區區實施的一部全國性法律。準確解釋基本法是有效貫徹落實基本法的前提和基礎，而準確解釋基本法必須具備兩個要素：一是完備的法律解釋制度規範，二是科學合理的解釋方法。

　　目前，兩地在法律解釋方法、解釋理念上的差異性導致內地法律解釋機制和香港法律解釋機制並不能真正實現無縫銜接，從而在釋法實踐中引發了較大的衝突和爭議。這種衝突和爭議作為一個「法治現象」，其中所蘊含的原因、規律等，應當引起理論研究者的思考和追問。「一國兩制」之下，不同的法治傳統、法治理念的衝突已然是一個客觀存在的法制現象，基本法實施之後，一系列的個案解釋爭議充分證明了這一點。加強對基本法解釋權的實證研究、梳理解釋權的理論淵源、從解釋個案中分析引發爭議的原因、並提出完善基本法解釋機制的對策，才能真正從法律層面上解決基本法在解釋中出現的問題。這對完善中國法律解釋制度、有效貫徹落實基本法、保持香港長期繁榮穩定、完善和發展「一國兩制」、推進國家統一進程，具有重要的理論意義和現實意義。

一、研究基礎

　　自香港基本法實施以來，兩地解釋機制存在的較大差異，引發了兩地學者對基本法解釋權限機制問題的探討和研究。相關研究資料和成果顯示，學界研究的主要領域集中在以下幾個方面：一是關於香港基本法的定位問題，二是法律解釋理論問題研究，三是基本法解釋權配置及相互關係。總的來說，學界對兩地法制衝突及兩地法律解釋理論和制度的研究比較系統、深入。

（一）關於香港基本法定位問題的研究

　　清晰定位香港基本法是研究基本法解釋權的前提和基礎。學術界目前主要是立足於法律部門體系和法律淵源角度對基本法進行定位。主要的研究成果如下：

　　第一，香港基本法名為「基本法」，但在本質上是否是「憲法」或是「小憲法」。學者王禹在《「一國兩制」憲法精神研究》一書中提出：的確有一些國家會用「基本法」來代指「憲法」，但在我國的法律體系中，憲法是用「根本法」來指稱，而並非「基本法」。[1] 複雜單一制是我國國家結構形式的主要特徵，將基本法稱為「小憲法」，容易將我國的國家結構誤認為是類似於烏克蘭及希臘等國家的複合單一制，從而導致錯誤判斷我國的國家結構形式。相比之下，香港特區卻是把基本法看做是香港的「小憲法」。香港法院在其判決中明確指出，香港基本法不單是國際條約下的成果，也是中國全國性法律和香港特區的憲法。[2]

　　第二，香港基本法在法律部門體系中是否屬於憲法性法律或是憲法法律部門。關於此問題，香港學者和內地學者持不同觀點：部分

1　參見王禹：《「一國兩制」憲法精神研究》，廣州：廣東人民出版社 2008 年版，第 75-77 頁。

2　參見香港高等法院上訴法庭在香港特區政府訴馬維騉一案的判詞。

學者認為香港基本法是全國人大根據《中華人民共和國憲法》制定的「基本法律」之一，[3] 憲法與香港基本法之間是母法與子法的關係，但香港基本法作為我國的基本法律，在地位、解釋和修改權限及程序等方面具有獨特性；有些學者則認為香港基本法是香港特區的憲法性法律，白晟教授認為香港基本法確實具備憲法性法律的典型特徵，而且根據憲法、憲法典、憲法性法律之間的關係理論可知，憲法部門和刑法部門、民法部門等一樣，屬於法律部門分類的一種，只是由於其是制定其他所有規範性法律文件的最高準則及依據，因而具有特殊地位，根據此，香港基本法應當屬於憲法性法律或是憲法法律部門。[4]

第三，香港基本法在我國法律淵源體系中是否屬於「基本法律」。關於這一點，大部分學者認為是屬於「基本法律」。從法理上來說，我國正式意義上的法律淵源分為八大類：憲法、基本法律、法律、行政法規和軍事法規、地方性法規、自治條例和單行條例、特別行政區法律、國際條約。[5] 其中，「基本法律」淵源類別指的是由全國人大制定和修改的在某一方面具有根本性和全面性的法律關係，包括關於刑事、民事和國家機構等的基本法律。有學者提出，應當把基本法的性質定位於憲法的特別法，[6] 他從基本法的內容、功能和修改權屬等方面論證基本法不是憲法的下位法，並認為把基本法看作是憲法的特別法是因為基本法符合法理學上判斷特別法的兩項標準：一是針對特定事項和特定空間而產生特定法律效力，二是基本法的內容存在特殊性。

3　參見陳弘毅：《法理學的世界》，北京：中國政法大學出版社 2003 年版，第 344 頁。

4　白晟：〈《香港基本法》解釋的若干問題辨析〉，《國家檢察官學院學報》2010 年第 6 期。

5　在這裏把基本法律和法律分開歸類，主要是考慮到二者之間的差異是：後者是由全國人大常委會制定和修改的，是在「淵源類別」意義上的分類，而非「法律部門」意義上的分類。

6　李琦：〈特別行政區基本法之性質：憲法的特別法〉，《廈門大學學報》2002 年第 5 期。

（二）關於法律解釋理論問題的研究

關於中國現行法律解釋體制的實證分析、理論解讀和制度缺陷等問題，學界有詳盡的論述和考察。總的來說，內地主要代表是周旺生教授對法律解釋基本理論的制度的研究，香港特區代表是於興中教授對普通法解釋理論和制度的研究。

周旺生教授根據法律解釋主體資格「下限原則」理論，[7] 構築了關於法律解釋理論的基本框架。法律解釋的分類是一個系統，可以按不同的標準作不同的劃分：[8] 按照解釋效力可分為法定解釋和學理解釋；法定解釋又可分為立法解釋、司法解釋和行政解釋。其中，立法解釋在本質上是立法行為的延續，解釋的內容是對立法的補充和完善。[9] 立法解釋應當遵循三原則：越權無效原則、解釋程序合法公開原則和及時解釋原則。他提出，依據法律解釋主體資格「下限原則」理論，有權解釋法律者，至少應該是制定法律者。然而，有部分學者卻對立法機關解釋法律的行為提出了質疑，他們認為，立法解釋制度不應該存在，它會使法律的客觀性和可預測性受到破壞。

於興中教授則對普通法系制度下法律解釋的重要性、法律解釋的原則作了詳細闡述。[10] 其一，法律解釋起到了細化法律條文的作用。由於很多法律條文都是書面用語，且極為抽象，如「誠實信用原則」「公平原則」等概念，非經解釋，不能準確把握其內涵，為此，需要法官對法律條文進行解釋。其二，法律解釋的實質性原則是合憲性和寬容性。合憲性原則不僅是法的最終淵源，更是詮釋了法的基本精神，對法律的解釋可能會因解釋者、立法背景的差異而有所不同，但法律解釋只有體現憲法原則和精神，才能保證法律解釋的統一；寬

7　所謂「下限原則」指有權規定法律解釋制度者，應當是有權制定法律的機關；無權制定法律的機關，也同樣無權規定法律解釋制度。

8　周旺生：〈中國現行法律解釋制度研究〉，《現代法學》2003 年第 2 期。

9　參見張春生：《中華人民共和國立法法釋義》，北京：法律出版社 2000 年版，第 146 頁。

10　參見於興中：《法理學檢讀》，北京：海洋出版社 2010 年版，第 46-72 頁。

容性原則是指對有歧義的規則、規定不清楚的規則作寬容解釋，在存在各種可能的判決中選擇對雙方當事人來說最合適的判決。此外，王利明教授對法律解釋主體、解釋原則、解釋目標等理論的研究和陳弘毅教授提出的文義解釋、體系解釋、開放性解釋及合憲性解釋理論，都使得對法律解釋理論的研究更加深入。[11]

（三）關於香港基本法解釋權配置及相互關係問題研究

根據《香港基本法》第 158 條規定，香港基本法的解釋權屬於全國人大常委會，同時，全國人大常委會可以「授權」香港特區法院在審理案件時對基本法的條款進行解釋。《香港基本法》貫徹「一國兩制」方針，兼顧中央和特區兩個方面，既保障全國人大常委會對基本法律的解釋權，又充分體現香港特區的高度自治權。[12] 但正因如此，對香港基本法的解釋出現了新問題。至今為止，全國人大常委會為了解決不同性質的法律解釋制度衝突，共對香港基本法作出五次解釋，分別是 1999 年「解釋居港權」、2004 年「解釋政制發展」、2005 年「解釋特首任期」，2011 年「解釋國家豁免」、2016 年「解釋公職人員就職宣誓」。這五次解釋在香港特區引發了激烈討論，反射出「兩制」之下釋法制度的不協調之處及法律條文內部的張力和衝突。學界關注的焦點主要集中在：香港基本法解釋權的配置及相互關係，全國人大常委會解釋權是否會干預到香港特區的自治權，香港法院是否享有違憲審查權。

首先，關於香港基本法解釋權配置，香港學者朱國斌依據《香港基本法》第 158 條規定，將香港基本法解釋權配置分為四個層次 [13]：第一層次是基本法解釋權屬於全國人大常委會，根據憲法第 67 條規

11　陳弘毅：〈當代西方法律解釋學初探〉，《中國法學》1997 年第 3 期。

12　參見蕭蔚雲：《「一國兩制」與香港基本法律制度》，北京：北京大學出版社 1990 年版，第 320 頁。

13　朱國斌：〈香港基本法第 158 條與立法解釋探〉，《法學研究》2008 年第 2 期。

定，憲法及法律的解釋權均歸屬於全國人大常委會，香港基本法是全國性的基本法律，其解釋權屬於全國人大常委會，不僅符合憲法規定，也遵循了單一制國家立法集中和法制統一原則；第二層次是香港特區法院經全國人大常委會授權解釋基本法；第三層次是香港特區法院有條件的全面解釋基本法；第四層次是基本法委員會可以介入解釋程序。他認為，基本法第 158 條對基本法解釋權的配置，不僅體現了中央對地方的主權原則，更體現了香港地區高度自治原則，同時，從法制建設角度來講，不僅凸顯出基本法是中國法律體系的重要組成部分，又在一定程度上沿襲了普通法系的司法傳統。[14]

其次，關於全國人大常委會和香港特區法院解釋權之間的關係，學界主要有兩種觀點：一是「雙軌制」，二是「一元兩級主從解釋體制」。「雙軌制」觀點強調的是中央地方關係下對香港基本法的雙重釋法權，[15] 即基本法解釋體制是一法兩釋，釋法主體為全國人大常委會和香港特區法院，但二者的解釋權存在明顯區別：1. 全國人大常委會的解釋權是固有的，而香港特區法院解釋權則是派生的；2. 從理論上講，全國人大常委會釋法是無條件的、全面的，而香港法院釋法是有條件的、受限的，當解釋涉及中央管理的事務或中央和特區關係時，在作出不可上訴的終局判決前，必須提請全國人大常委會解釋；3. 全國人大常委會的法律解釋具有優位性，必將是兩法兩制之下法律衝突的準據法，其解釋結果具有淩駕性。程潔教授指出，之所以產生「雙軌制」，一方面是由於基本法在制度上存在真空，另一方面則是香港本土權力配置體系缺乏自我實施、自我修補的能力。「一元兩級主從解釋體制」觀點認為，全國人大常委會對基本法的解釋具有全面性、全權性和全域性，[16] 換言之，全國人大常委會對基本法所有

---

14 參見蕭蔚雲：《論香港基本法》，北京：北京大學出版社 2003 年版，第 513 頁。

15 程潔：〈論雙軌政治下的香港司法權——憲政維度下的再思考〉，《中國法學》2006 年第 5 期。

16 鄒平學：〈香港基本法解釋機制基本特徵芻議〉，《法學》2009 年第 5 期。

的條款都有解釋權,而香港法院對基本法的解釋權來自於全國人大常委會的「授權」,具有從屬性。尤其是《香港基本法》158 條第 3 款,不僅明確限定了香港法院解釋基本法的「時空條件」:即「在審理案件時」;而且明確了香港法院在「需要對基本法關於中央人民政府管理事務或中央和香港特別行政區關係的條款進行解釋時」必須遵循的條件和程序:1. 對前述條款的解釋會影響到案件的判決,在對案件作出不可上訴的終審判決前,香港特區終審法院應當提請全國人大常委會對有關條款作出解釋;2. 如果全國人大常委會對該條款作出解釋,香港特區法院在引用該條款時,應當以全國人大常委會的解釋為準。由此可見,全國人大常委會的解釋具有最高效力,香港法院必須遵從有關解釋。

再次,關於全國人大常委會解釋權是否會干預到香港特區的自治權以及香港法院是否享有違憲審查權問題,蕭蔚雲教授提出,全國人大常委會釋法是在行使解釋法律職權,是為了給香港法院裁判提供明確的法律依據,保障香港特區實現司法獨立和依法裁判,而並非是干涉和破壞香港司法獨立權;[17]關於香港特區法院享有違憲審查權的觀點缺乏法律理論支撐,在回歸以前,香港的司法體制沿襲的是英國的司法體制,而在英國司法體制之下,法院無權審查議會制定的法律,且英國無成文憲法,根本就沒有「違憲審查權」之說,也沒有違憲審查個案存在。

上述研究現狀表明:對香港基本法解釋存在衝突的根源在於特殊的政治基礎和法理淵源。[18]「一國兩制」的政治基礎,決定了對基本法的解釋既不能脫離立法解釋的監督和制約,又不能忽視香港特區法院對基本法解釋的相對獨立性。儘管大陸法系和普通法系在解釋理論和制度上存在差別,但法律解釋的根本目的是一致的,即都是要實

17　蕭蔚雲:〈論香港基本法對香港特別行政區法治的保障〉,《中外法學》2000 年第 4 期。

18　劉永奇:〈香港基本法研究綜述〉,《東南大學學報》2010 年第 12 期。

現對立法原意的準確解讀、對法律條文內涵的清晰界定。[19] 從總體上看，學界對法律解釋理論、兩地法制差異、法律解釋衝突的研究較為系統深入，但在兩地既成的法律理念、法律思維、法律原則和法律習慣的背景之下，如何推動兩地對基本法解釋的法制對接問題的研究較少，研究成果的法理依據也較為薄弱。

二、研究框架及方法

本書以香港基本法解釋權為核心，以「一國兩制」與基本法之間的關係為起點，依次梳理兩地的法律解釋理論及其制度、基本法解釋權規範內容，並對基本法解釋個案的具體實踐，如居港權系列案件、香港政制發展以及剛果民主共和國〔下文簡稱剛果（金）〕主權豁免案等進行詳細剖析，具體闡釋基本法解釋在理論、制度以及方法等方面存在的各種問題，在此基礎上，提出完善香港基本法解釋權的基本構想。

本書主要採取如下幾種研究方法：

其一，規範分析法。所謂「規範分析」，即指從現有法律規定的角度來進行研究和分析，它所要解決的是「在法律上是什麼」的問題。在依法治國的時代大背景下，規範分析是進行任何研究都必須使用的一種研究方法。於本書而言，筆者將會從我國憲法層面、香港基本法層面以及相關普通法律層面對香港基本法的解釋展開規範分析，希望藉此能夠為我國香港基本法解釋工作的開展提供充足的法律依據，並對未來我國在該領域的立法完善打好基礎。

其二，系統分析法。所謂「系統分析」，即指把要解決的問題作為一個系統，對系統要素進行綜合分析，找出解決問題的可行方案的

19　參見梁雲峰：《香港基本法解釋權的完善》，華中師範大學 2015 年碩士學位論文。

方法。系統分析是諮詢研究的一個最基本的方法，可以準確地診斷問題，深刻地揭示問題的起因，並有效地提出解決方案。於本書而言，筆者將香港基本法解釋看做為整個法律解釋體系，乃至整個法律實施體系的一個重要構成部分，進而通過利用這些領域的相關理論和知識有針對性地提出解決我國現今香港基本法解釋困境的方案。

其三，價值分析法。所謂「價值分析」，即指從研究對象所具有的價值和意義角度來闡釋進行該項研究的必要性和可能性。它所要解決和回答的是「在理論上應該是什麼」的一個問題。此種方法往往能夠揭示研究事物之本質，挖掘出其所具有的一種現實意義。於本書而言，筆者將主要從兩個方面進行價值分析：一則對香港基本法解釋相關問題進行研究會對整個法律解釋理論的發展有何裨益；二則從國家統一和香港發展的角度來探討我國香港基本法解釋的完善有何價值。

其四，實證分析法。所謂「實證分析」，即指著眼於當前現實，通過實例和經驗等考察，來論證現有理論之不足的一種研究方法。它是人文社會科學的一個重要研究方法，所要解決和回答的是「在事實上是什麼」的一個問題。於本書而言，筆者將融理論性和實踐性於一體，採取案例分析、現場訪談以及問卷調查等多種實證研究方式，對我國現今香港基本法解釋的運行現狀及其存在的困境展開詳細地考察和分析，以為我國香港基本法解釋的研究提供豐富的素材。

其五，比較分析法。所謂「比較分析」，即指把研究對象加以互相比較，取長補短，以達到認識事物的本質和規律並作出正確評價的研究方法。比較是認識事物的基礎，是人類認識、區別和確定事物異同關係的最常用的思維方法。比較研究法現已被廣泛運用於科學社會主義研究的各個領域。於本書而言，筆者將會對一些域外發達國家的中央－地區關係以及法律解釋工作進行論述，並據此總結和概括出一些比較有益的經驗和做法，以為我國香港基本法解釋工作的完善提供借鑒。

第一章

香港基本法與「一國兩制」

◇◇◇

　　眾所周知，良好的法理，乃是以良好的政道、政理為基礎的。「一國兩制」是特別行政區制度的理論基石，高度自治是「一國兩制」理論的、現實的具體表現。在香港回歸以前，基於普通法體制，法律的解釋權通常是歸屬於香港各級法院所有的，法院可以說既是香港的司法機關，又同時是香港的釋法機關。如此，在這種制度框架下，立法機關在制定完法律之後，一般就不再有發言權，法律的命運也就主要掌握在了香港各級法院的手裏，並且法官在審判案件的過程中對法律進行解釋時，也基本上無需徵求和聽取香港立法機關的意見。1997年 7 月 1 日，香港正式回歸祖國的懷抱，中央人民政府開始對香港恢復行使主權，並成立了中華人民共和國香港特別行政區。從此，香港開始進入到了「一國兩制」「港人治港」以及「高度自治」的歷史新時期。然而，基於香港的這種特殊情況，在香港回歸祖國之後，立法者就陷入到了一種非常兩難的境地。

　　具體而言，香港基本法作為香港高度自治之下的一個產物，是由全國人大所制定的，它是「一國兩制」方針的法律體現。我國雖然長期以來一直都是大陸法系傳統，而基本法又是在普通法領域的香港特區予以行使，因此在處理基本法解釋權的問題時，我們不僅要考慮到中國內地的法律解釋制度，而且還要兼顧普通法系之下香港特區的法律解釋制度。在這種制度背景下，最後折中的結果就是基本法第 158 條的一些規定：一方面將基本法的解釋權歸屬於全國人大常委會，這就與內地的法律解釋制度相統一起來，這體現了「一國」的本質要求；另一方面也同時保留了香港普通法制之下的法律解釋制度，由全國人大常委會授權香港特區法院在審理案件時解釋基本法的相關

條款，這則體現了「兩制」的基本特色。這種精心設計的法律解釋制度把內地由立法機關解釋法律的制度與香港特區由法院解釋法律的制度很好地融合在了一起，繼而形成了獨特的「一國兩制」之下的法律解釋制度。由此可見，要想正確理解基本法解釋權的深層次含義，就必須首先把握基本法的指導思想 ──「一國兩制」，對「一國兩制」的實質內涵、法律化歷程以及與基本法解釋的內在關係展開詳細地梳理和探討。

「一國兩制」的偉大構想及其法律化

◇◇◇

「一國兩制」，即「一個國家，兩種制度」。「一國兩制」構想是中國政府旨在以一種和平的方式來解決國家統一的問題。[1] 它最初是為了解決台灣問題而提出的，但首先在解決香港問題中得到具體落實和實現。

一、「一國兩制」偉大構想的基本點

「一國兩制」是指在中華人民共和國領域內，在確保內地的社會主義制度在國家中佔據主體地位的前提下，根據憲法和法律規定，在某些地區實行資本主義制度 —— 特別行政區制度。特別行政區在中央的統一領導下，在自治範圍內享有高度自治權。「一國兩制」構想主要涵蓋了三個基本點：[2]

第一，堅持一個主權國家。一個主權國家即意味著堅持國家主權統一和領土完整原則，也意味著包括香港、澳門、台灣地區在內都是中華人民共和國的神聖領土，不可分割。在對內管理上，國家只有一個中央人民政府，只有一部憲法；在對外事務上，由中央政府代表和統一行使國家主權。我國是單一制國家，香港作為特別行政區，與

1　參見中共中央文獻研究室編：《「一國兩制」重要文獻選編》，北京：中央文獻出版社 1997 年版，第 81-95 頁。

2　參見林穎璐：《〈香港基本法〉第 158 條法律適用問題研究》，廣東外語外貿大學 2014 年碩十學位論文。

中央的關係是在憲法和法律確認的基礎上享有高度自治權，這種高度自治權不是固有的，而是由中央授予的。

第二，存在兩種社會制度。在一個主權國家的前提下，內地實行社會主義制度，而香港特別行政區實行資本主義制度。之所以允許資本主義制度的存在，是為了尊重香港特區的歷史發展，維護香港地區的穩定及經濟繁榮。只要「一個國家」和社會主義制度為主體的前提條件不變，就能從根本上保證「兩種制度」一直共存。在香港自治問題上，基本法第 5 條明確規定：香港特別行政區不實行社會主義制度和政策，保持原有的資本主義制度和生活方式，50 年不變。

第三，實行地方高度自治。「一國兩制」是高度自治的理論基礎，具體而言，一方面高度自治權必須根據「一國兩制」的方針由中央來授予，而不能由香港特區來自行決定，另一方面，高度自治權要體現「一國兩制」，既要維護國家統一和領土完整，又要保持香港地區的繁榮穩定和經濟發展；同時，高度自治也是「一國兩制」方針貫徹落實的具體表現，「一國兩制」如果不能表現為具體的法律規定，可以說是根本不可能徹底貫徹實施的。香港基本法對高度自治作了明確規定，使得「一國兩制」成為一種可操作的制度，從而更加富有生命力。

二、「一國兩制」偉大構想的法律化

為了使「一國兩制」法律化，在 1982 年修改憲法時，增設第 31 條專門規定國家在必要時可以設立特別行政區，為「一國兩制」的落實提供了憲法依據。[3] 1982 年憲法第 31 條明確規定：「國家在必要時得設立特別行政區，在特別行政區內實行的制度按照具體情況由全

3　文正邦：〈關於「一國兩制」的法哲學思考〉，《現代法學》1997 年第 3 期。

國人民代表大會以法律規定。」1983 年，在中英談判之前，中央制定了關於解決香港問題的 12 條基本方針，進一步充實了「一國兩制」構想。1984 年 12 月 19 日，中英兩國政府簽訂《中英聯合聲明》，聲明內容體現了「一國兩制」方針各項基本政策，並宣佈中國政府將於 1997 年 7 月 1 日對香港恢復行使主權。1985 年 7 月，香港基本法起草委員會舉行了第一次會議，開始了香港基本法的起草工作，標誌著「一國兩制」進入了具體法律化階段。[4] 1990 年 4 月 4 日，第七屆全國人民代表大會第三次會議制定了《中華人民共和國香港特別行政區基本法》，完成了「一國兩制」從構想到基本方針政策，再到成為全國性法律的過程，也就是把「一國兩制」方針具體化和法律化的過程。[5]

1997 年香港正式回歸祖國，並成為了中國的一個特別行政區。截至目前，香港回歸並成為特別行政區已經經過二十多年。1988 年，中國與葡萄牙兩國也按照同樣的路徑和方法解決了澳門回歸祖國的問題。1993 年，全國人大根據八二憲法第 31 條以及「一國兩制」「澳人治澳」和高度自治的精神起草和制定了《中華人民共和國澳門特別行政區基本法》。1999 年，澳門正式回歸祖國，並成為了中國的第二個特別行政區，截至目前，澳門回歸並成為特別行政區也已經經過了二十多年。總而言之，「一國兩制」方針的法律化以及其三十多年的實踐涉及到中國憲法的許多方面，全方位涉及了政治制度、法律制度、經濟文化制度等。這就使得自香港和澳門回歸以來，八二憲法第 31 條成為了中國憲法最為活躍的條款之一。[6]

4　陳弘毅：〈《香港基本法》與「一國兩制」實施的回顧與反思〉，《深圳大學學報》2017 年第 1 期。

5　中國社會科學院法學研究所課題組：〈「一國兩制」與香港基本法〉，《法學研究》1997 年第 4 期。

6　參見王振民：〈「一國兩制」法律化的歷程〉，《法商研究》2012 年第 3 期。

第二節

「一國兩制」之下基本法與相關法律的關係

◇◇◇

　　「一國兩制」方針實施後，我國就有了兩種性質截然不同的法律：在內地，主要實施社會主義性質的法律；在特別行政區，主要實施資本主義性質的法律。[1] 兩種性質的法律各有其所適用的區域，為此，我國又出現了兩種不同法域，而法域之間的差異也將會導致法律衝突。厘清基本法與其他法律之間的關係，是解決法律衝突，進而實現解釋法制對接的前提和基礎。

一、「一國兩制」之下基本法與憲法的關係

　　憲法效力及於一國任何領域，是一個國家統一行使主權的根本要求。但在「一國兩制」之下，憲法的某些規定不適用特定區域，並不影響憲法具有最高的普遍效力。分析基本法制定的法律依據、憲法適用於基本法的原則以及中央權力和高度自治權之間的關係，是認清憲法與基本法關係需要研究的主要問題。

（一）憲法是基本法制定的根本法律依據

　　我國是單一制的國家，全國只有一部憲法、一個最高權力機關，憲法作為國家的根本大法，其他一切法律的制定都必須要以憲

1　劉宏宇、李可：〈「一國兩制」與中國法理學〉，《當代法學》2002 年第 6 期。

法為根本依據。[2] 在「一國兩制」方針的安排下，基本法在香港特區法律體系中具有憲法性的地位，它是香港司法實踐中的重要依據。[3] 因此，必須將基本法與憲法對接起來，只有這樣，香港特區的法制體系才會具備「一國」的實質，「兩制」才會有憲法的保障。因為在「兩制」之下，憲法的有些條文不能在香港直接實施，只能通過基本法將憲法中規定的國家主權、中央和特區的關係等問題予以具體化。那麼如何將基本法與憲法對接起來呢？最主要的則是基本法的具體規定必須符合中央和特區關係的要求，即既要注重維護國家統一，又要包容「兩制」的之間的差異。

（二）憲法適用於基本法的原則

依據憲法，基本法對中央與香港特區立法管轄權劃分、全國人大常委會與香港特區法院法律解釋權劃分、香港實行資本主義制度的原則、中央與香港隸屬關係等做了明確規定。事實上，在基本法立法過程中，關於憲法是否適用於基本法問題分歧比較嚴重。反對者的觀點是，憲法序言規定我國堅持社會主義四項基本原則，並在第 1 條規定了中國的根本社會制度是社會主義制度，第 5 條規定了一切法律都不得與憲法相抵觸，而香港基本法第 5 條卻規定了香港保持原有的資本主義制度不變，顯然是與憲法規定相抵觸的，因此，如果憲法適用於基本法，那麼，基本法就會因為與憲法相抵觸而失去效力。而基本法起草委員下設的中央與特區關係專題小組卻提出：憲法可以適用於基本法。憲法作為整體，對香港特區的法律體系有效，符合「一國」要求；憲法中關於社會主義制度和地方政府的規定，對基本法和香港特區其他法律不適用，符合「兩制」要求。同時，專題小組建議，憲法中關於人民民主專政、三個代表等具有社會主義性質的內容不適用

2　參見許崇德、胡錦光編：《憲法》，北京：中國人民大學出版社 2007 年版，第 112-145 頁。

3　參見周毅之、施漢榮：《香港與「一國兩制」》，北京：中國社會科學出版社 1988 年版，第 111 頁。

於基本法,而有關國家主權、國防、外交及最高國家權力機關等內容,在基本法中是可以適用的。[4] 專題小組的理由和建議被基本法起草委員會採納。一言以蔽之,全國人大制定基本法的根本目的就是為了保持香港特區現有的社會制度、經濟制度和法律制度等,這意味著無需按憲法規定實行社會主義制度,同時又起到以有效的法律形式保證香港的資本主義制度維持不變的作用。[5]

在憲法適用於基本法的原則確定後,在如何適用上又產生了爭議:有觀點認為,為了體現憲法,應當在基本法中列明所適用的憲法條文;也有觀點認為,在基本法中不宜列明所適用的憲法條文,之所以這樣說是因為:一是在基本法中採用原則性的方式適用憲法,不僅符合法理邏輯,也符合憲法作為國家根本大法的特質,憲法是在國家法律體系中具有最高地位的「母法」,而基本法是依據憲法制定的「子法」,如若要求在「子法」中規定適用「母法」哪些具體條文,從邏輯上來講,是本末倒置的;二是憲法有些條文是比較抽象的,很難辨別是否適用於基本法,如果具體規定憲法中的條文是否適用,在實踐中的操作很有難度;三是憲法主要確定的是國家性質、國家結構、國家機關以及公民權利和義務等內容,[6] 是抽象的、具有原則性的,而基本法主要規定的香港特區的具體制度,是具體的、具有靈活性的,兩者位階不同、特點不同,無法實現法律文本的一一對應。

(三)中央權力與香港特區的高度自治權

處理好中央權力和香港特區高度自治權的關係問題是實現「一國兩制」的核心,更是實施基本法必須解決的原則問題。[7] 準確理解和

---

4 參見蕭蔚雲:《論香港基本法》,北京:北京大學出版社 2003 年版,第 48-50 頁。

5 香港基本法諮詢委員會:《中華人民共和國香港特別行政區基本法徵求意見諮詢報告》,1988 年 10 月,第 10-11 頁。

6 參見胡錦光、韓大元:《中國憲法》,北京:法律出版社 2004 年版,第 51-78 頁。

7 蕭蔚雲:〈關於香港特區基本法的幾個問題〉,《法學雜誌》2005 年第 2 期。

把握「高度自治權」的權力來源、中央與香港特區的權力關係,具有十分重大的現實意義。

「高度自治權」來源於憲法中關於設立特別行政區的「特別規定」,正是因為憲法中的「特別規定」,基本法中關於「高度自治權」的規定才會有了法理淵源。從權力性質看,「高度自治權」是「授予權」,而非「分權」。因此,中央和特區之間不存在權力分權的問題,存在的則是中央如何合理地將屬於中央的權力授予香港特區來行使。具體而言,合理配置中央和香港特區的權力必須堅持三大基本原則:其一,堅持兼顧主權和自治權的原則。為保證國家主權的完整性,凡屬於國防、外交等集中體現國家行為的權力由中央來行使,如香港基本法第 13 條、14 條就對此作了比較詳細規定;凡屬於可以由香港特區行使的權力均可以授予香港特區來行使,如基本法第 16 條、17 條、19 條規定香港特區享有獨立的行政權、立法權、司法權和終審權,第 151 條規定香港特區可在經濟、貿易、金融、旅游以及文化和體育等領域以「中國香港」的名義單獨同世界各國、各地區以及有關國際組織來發展關係、簽訂協議。[8] 其二,授權與監督相結合的原則。香港特區的自治權由中央授予,中央既不能隨便變更特區自治權的範圍,也不得干預地方對自治事務的管理,而香港特區行使自治權也必須接受中央的領導和監督,中央對特區的監督和制約主要體現在通過立法會備案對香港立法進行審查、對特區行政長官的任免。[9] 其三,法治原則。無論是中央行使主權還是香港特區行使高度自治權,都必須堅持法治原則,一切行為都以基本法規定為依據,只有這樣,才能真正達到法律預期效果。

總之,《香港基本法》是「一國兩制」的法律表現形式,基本法

8　黃志勇、柯婧鳳:〈論基本法框架下中央與特別行政區的權力關係〉,《嶺南學刊》2011 年第 4 期。

9　程潔:〈中央管理權與特區高度自治——以基本法規定的授權關係為框架〉,《法學》2007 年 8 期。

是授權法，以憲法作為法理淵源及法律保障。[10] 正確認識憲法和基本法之間的關係，是保證「一國兩制」之下香港法律制度完整性及法律體系健全性的前提，也是解決基本法解釋權衝突、促進基本法解釋權融合的應有之義。[11]

二、「一國兩制」之下基本法與全國性法律的關係

全國性法律主要是指由全國人大及其常委會起草和制定的法律。一般而言，全國性法律都具有全國性的效力，換而言之，就是它們對位於中國主權管轄範圍內的所有行政區域、所有人（一些特殊的外國人除外）以及所有事情都具有一種法律上的約束力。但在香港特別行政區，由於受到「一國兩制」方針的影響，全國性法律的效力受到了一定的限制，換而言之，絕大多數的全國性法律並不在香港特區具有法律效力，並不適用和實施，即使在香港特區有法律效力的少量全國性法律，其適用和實施也要受到一定程度、一定範圍的限制。《香港基本法》第 18 條對全國性法律在香港特區的實施進行了相對詳細的規定，根據該條第二款和第四款的規定，全國性法律主要通過兩種方式在香港特區予以實施，這兩種實施方式存在較大的不同。

受「一國兩制」方針的限制，全國性法律一般在香港特區不具有法律效力，並不適用和實施。但是，某些體現和維護國家主權完整和領土統一的全國性法律卻應當在香港特區予以適用和實施，具有法律上的約束力。根據《香港基本法》第 18 條第二款、第三款的規定，附件三中所列的全國性法律在香港特區的適用和實施要受到如下幾個程序方面的限制：一則適用和實施的全國性法律必須是列於附件

10　武勇：〈《香港特別行政區基本法》解釋權的「一國兩制」〉，《內蒙古師範大學學報》2010 年第 2 期。

11　參見王晴：《協調憲法與特別行政區基本法關係的若干問題》，華東政法大學 2010 年碩士學位論文。

三的全國性法律；二則列於附件三後的全國性法律還必須由香港特區在當地予以公佈或者立法之後才能夠在香港特區予以適用和實施；三則列於附件三的全國性法律的增加或者減少，最終還都必須要由全國人大常委會來決定，但全國人大常委會在行使該項權力時必須徵詢和聽取其下屬的香港特別行政區基本法委員會及香港特區政府的意見和建議。

《香港基本法》第 18 條第二款規定，除列於附件三的全國性法律在香港特別行政區具有法律效力並予以實施之外，其他全國性法律都不能在香港特區予以適用和實施。但緊接著，其第四款也規定在一些比較例外情形下，一些雖然未列於附件三中的全國性法律，也可以在香港特區予以適用和實施。可以說，第 18 條第二款的規定是關於全國性法律在香港特區適用和實施上的一般性規定，而第 18 條第四款的規定則是關於全國性法律在香港特區予以適用和實施上的一種特殊性規定，易言之，第四款相對於第二款來說其實就是一個「但書」。根據《香港基本法》第 18 條第四款的規定，第四款中的全國性法律如果在香港特區予以適用和實施，其也要受到如下兩個程序的限制：一則必須發生一些比較特定情況，如全國人大常委會決定宣佈進行戰爭狀態；因香港特區發生了香港特區政府自身不能控制的，而又危及到了國家的統一或安全的一種動亂而決定香港特區進入緊急狀態；二則在發生上述特定的情況時，中央人民政府可以發佈命令將有關全國性法律在香港特區予以適用和實施。[12]

▌三、「一國兩制」之下基本法與香港特區法律的關係

要保證基本法的順利有效實行，就必須保證香港特區法律必須

12　參見張小帥：〈論全國性法律在香港特區的實施基於對《香港基本法》第十八條的分析〉，《港澳研究》2015 年第 3 期。

符合憲法，不僅立法會制定的法律要以憲法、基本法為依據，保留和延續的原法律也不得與憲法、基本法相抵觸，這是解決兩地法制衝突的最低層次要求。

（一）香港特區原有法律的範圍

香港特區原有法律屬於普通法法系，主要以不成文的判例法為主，成文制定法為輔。這些法律傳統均源自於英國，在英國佔領香港之後，就隨即宣佈除不符合香港地區實際情況和當地居民的規定之外，英國所有的法律（包括成文法和不成文法）都直接適用於香港地區。[13] 儘管之後香港立法機構根據本地情況對英國議會制定的法律作了修改，但英國法律的根本內容和框架卻是保持不變的，直到今天，英國的判例法依然有很多是香港法院辦案的法律依據。

香港基本法制定之後，對香港原有的法律予以部分保留。基本法第 8 條對此作了比較明確的規定 —— 香港原有的一些法律，即普通法、衡平法、條例以及附屬立法和習慣法等，除同本法相抵觸或者是經香港立法機關作出修改的以外，都予以保留。其中，普通法和衡平法主要是來源於英國的兩種判例法。1066 年，諾曼底公爵威廉征服英國後，英國國王為了加強王權，在全國建立統一的法制，派法官定期到全國各地參加巡迴審判，這些法官在辦案時，凡是他們認為正確的、合理的，不與國王詔書敕令相抵觸的習慣和慣例，便被確認為判決的依據。長此以往，這些被引為依據的習慣便成了以判例法形式出現的普通法。[14]

衡平法的形成和發展則是基於普通法在實體上的不公正、程序上的不靈活等缺陷。由於普通法不能適應不斷出現的新情況，訴訟當

---

13 參見徐靜琳：《演進中的香港法》，上海：上海大學出版社 2002 年版，第 12-61 頁。
14 參見【荷】伊芙琳・T. 菲特麗絲著，張其山等譯：《法律論證原理》，北京：商務印書館 2005 年版，第 52 頁。

事人受到不公平待遇時，只能請求英國國王裁判，國王面對日益增多的大量案件，便交由樞密院和大法官審理，進而演變為大法官法院（亦稱衡平法院）。直到 1873 年司法制度法逐漸撤銷了大法官法院，實現了普通法和衡平法管轄權的融合，但同時規定，除了專門針對個別衝突所作出的特別規定外，在所有事務中，衡平法規則優於普通法規則。

至於條例和附屬立法則是香港本地制定的法律。條例是香港法律體系的一個重要組成部分，由香港特區政府草擬並提出法案，再向香港立法會提交，通過「三讀」[15] 和委員會審議階段之後，經香港特區行政長官簽署、公佈而形成。根據香港立法會的界定，附屬立法主要是指立法會授權其他機關或者個人在指定範圍內依據條例而訂立的具有立法效力的規則、命令、決議、附例或其他文書等。香港現有的主體條例大約有 700 多章，附屬立法則大約有 1100 多項。

在香港特區，習慣法是源自 1843 年的清朝律法及傳統習俗，尤其是《大清律例》在香港得到了更好的繼承和發展，甚至可以說已經融入到了香港法院的判例當中。1910 年通過的《新界條例》明確規定，除了部分與香港現行成文法存在衝突的法律條文外，在新界依然可以適用清朝律法或是習俗。目前，香港的習慣法只是在一些無遺囑繼承、家庭親屬關係等特殊領域予以適用。

（二）基本法和香港特區原有法律的關係

「一國兩制」方針的施行、基本法的適用面臨的最大問題是：香港原有的富有「殖民」色彩的法律該如何處置，這實質上是對與國家主權相關的法律如何取捨以及延續下來的法律如何在香港適用的

---

15 「三讀」是香港條例制定的必經程序。首讀是形式上的程序，由立法會秘書宣讀法案名稱；二讀主要是詳細審議有關法案，並對議案的內容和原則展開辯論，然後重新交由立法議會有關委員會進行研究和修正；三讀原則上是只做文字修改，而不再進行實質內容修改，最後由立法議會進行正式表決。參見孟燁：《香港基本法解釋研究》，中國地質大學（北京）2013 年碩士學位論文。

問題。正如學者德沃金所說：一個社會只有通過社會進化才能產生適合自己的制度，而從來不是通過激進的變革。[16] 香港特區法制的進化，是在領導者、立法者智慧之下，通過對原有法律的「揚棄」，將延續下來的法律與基本法相融合，進化為「一國兩制」性質的法律體系。[17]

　　基本法第 8 條、18 條以及 160 條對原有法律如何延續作了明確規定。原有法律但凡體現英國殖民統治或是有損國家主權的一律廢除，凡是違背基本法的也一律不得保留。原有法律的延續須遵循四個原則：第一，對原有法律的保留與延續必須由全國人大常委會或者立法會作出清理後確定；第二，判斷法律能否延續的依據是基本法；第三，得以延續或保留的法律自動轉為香港現行法律；第四，違背基本法的法律在經過立法會作出修改後符合香港基本法的，可以成為香港特區法律的組成部分。按照上述原則，在香港回歸時，基本完成了香港原有法律與基本法的法律對接過程，但法律對接的完成並不意味著司法實踐中就能順利對接。如「香港特區政府訴馬維騉案」就是在訴訟程序跨越回歸節點的刑事案件，是原有法律與基本法對接出現司法實踐衝突的典型個案。1995 年 8 月，馬維騉等三名被告被控有共謀妨礙司法公正的罪名，原港英政府於 1997 年 1 月向高等法院提交了公訴書，1997 年 7 月 3 日香港高等法院在新的司法體制架構下審理此案，而馬維騉的代理大律師卻主張：香港回歸之後，中國政府對香港恢復形式主權，舊的法統自然失效，原有港英政府提交的公訴書也應自動失效，高等法院應撤銷對馬維騉的指控。鑒於案件的特殊性，該案被移送到上訴法院審理，上訴法院於 1997 年 7 月 29 日對該案作出判決，認定該案所適用的原有法律在回歸時繼續有效，回歸前的上

16　參見【美】羅納德・德沃金著，信春鷹、吳玉章譯：《認真對待權利》，北京：中國大百科全書出版社 1995 年版，第 197 頁。

17　參見黃振：《特別行政區高度自治權研究》，武漢大學 2012 年博士學位論文。

訴書不因香港回歸這一事實而失效，對被告觸犯原有法律的行為應當依法追究。該判例肯定了香港原有法律的延續性，亦即不因主權轉移和香港特區政府的成立而受影響，維護了基本法在香港特區的憲法性地位，保證了香港法制體系的連續性，為今後案件的審理提供了符合基本法規定的審判依據。[18]

1997 年 2 月，全國人大常委會審議並通過了《關於處理香港原有法律問題的決定》。根據該決定，香港特區原有的 700 多章條例和 1100 多項附屬立法中，由於與基本法相抵觸而不採用的僅僅有 20 多個。當然，一次審查未必能夠解決所有與基本法規定相抵觸的香港原有法律。有鑒於此，《關於處理香港原有法律問題的決定》中規定，在全國人大常委會作出決定之後，如發現被採用的原有法律與基本法相抵觸，將會依照法定程序進行修改或是停止生效。這體現了全國人大常委會對香港原有法律予以最大限度保留的態度，嚴格遵循了基本法相關規定，秉持了保持香港原有立法基本不變的精神。[19]

（三）基本法和香港本地立法的關係

香港本地立法主要是指立法會制定的法律，在香港現行法律體系中，立法會制定的法律是最具活力的部分。根據基本法第 2 條、第 17 條規定，香港特區立法會制定的本地法律均須以基本法規定為依據。從權力來源上看，立法會所享有的立法權是國家授予的立法權，一方面，要求香港特區立法會對香港特區負責，並根據香港的實際情況，制定出符合香港發展需要的法律；另一方面，要求其立法行為對中央負責，在行使立法權時不能損害國家主權。[[20]]

18　陳弘毅、羅沛然、吳嘉誠、顧瑜：〈香港特區終審法院關於《香港基本法》的司法判例評析〉，《中國法律評論》2015 年第 3 期。

19　中國社會科學院法學院研究所課題組：〈「一國兩制」與香港基本法〉，《法學研究》1997 年第 4 期。

20　參見周旺生：《立法學教程》，北京：北京大學出版社 2006 年版，第 329-330 頁。

從理論上來說，「一國兩制」是國家主權和兩種不同治權有機結合的一個統一體，而實現「一國兩制」最重要的就是盡可能地將內地和香港特區的法制相對接起來。在此背景之下，香港基本法就成為了與憲法、香港原有法律以及本地立法之間相互連接的一個紐帶，這種連接不僅為兩地法律解釋機制的融合提供了法制基礎，更是成為維持香港法制秩序穩定所不可或缺的法律力量。[21]

21　參見劉洋：《香港特別行政區的憲制性法律及其相互關係》，上海社會科學院 2012 年碩士學位論文。

「一國兩制」是香港基本法解釋權的法理核心

◇◇◇

　　香港基本法除序言外，共 9 章、160 條和 3 個附件，涉及社會政治經濟生活的方方面面，內容十分豐富，但貫穿其中的靈魂就是「一國兩制」。基本法解釋權作為基本法中重要條款之一，也深刻體現了「一國兩制」的理論精髓。

　　在香港回歸以前，基於普通法體制，法律的解釋權主要歸屬於法院，法院既是司法機關又是釋法機關。在這種制度框架下，立法機關在制定完法律之後，就不再會享有發言權，法律的命運也主要就掌握在法院的手裏，而法官在審判案件過程中對法律進行解釋時，也無須徵求立法機關的意見，這是普通法之下的法律解釋制度。基於香港的特殊情況，在回歸之後，這種法律解釋制度就被繼續沿用。香港基本法是全國人大制定的，中國是大陸法系傳統，而基本法又是在普通法領域的香港特區行使。因此，在涉及到基本法的解釋權問題時，立法者就陷入了一種兩難的境地，它不僅要考慮到中國內地所實行的法律解釋制度，而且還要兼顧到處於普通法系之下的香港特區所實行的法律解釋制度。[1] 當然，經過詳細地論證和討論，最後折中的結果就是基本法第 158 條之規定 —— 基本法的解釋權歸屬於全國人大常委會，這就考慮到了內地的法律解釋制度，並與之相統一起來了，體現了「一國」的要求；同時，它也保留了處於普通法系之下的香港傳統

1　李昌道：〈「一國兩制」是香港基本法的法理核心〉，《復旦學報（社會科學版）》2004 年第 6 期。

法律解釋制度，即由全國人大常委會授權香港特區各級法院在審理具體案件時來解釋香港基本法的相關條款，這就體現和反映了「兩制」的特色。總而言之，這種精心論證和設計的基本法解釋制度把內地由立法機關來解釋法律的法律解釋制度與香港特區由法院來解釋法律的法律解釋制度很好地融合在了一起，繼而形成了一種獨具特色的「一國兩制」之下的法律解釋制度。

一、《香港基本法》解釋權的「一國」性

「基本法作為一項全國性的基本法律，只有在一國的法律解釋制度，乃至一國憲法制度的視野中，才能全面、準確地理解。」[2] 根據基本法第 158 條的相關規定，全國人大常委會對香港基本法享有一種主要的解釋權。這一制度安排和設計主要是根據憲法第 67 條所規定的全國人大常委會「解釋法律」的憲法職能。香港基本法是規定香港特別行政區制度的一個基本法律，其內容屬於立法法規定的「只能制定法律」的法律保留範圍，因此在憲法上就屬於全國人大常委會的固有解釋職權範圍。除了這一考量外，香港特區所具有的事實上的法律地位也決定了全國人大常委會應當享有對香港基本法的解釋權。根據「一國兩制」方針，我們可得知，香港特區固然比較特殊，享有高度的自治權，但它也僅僅是一個直轄於中央之下的、同省一級政府相平行的地方行政區域，也是中國不可分割的一部分。因此，在這種情況下，安排由全國人大常委會來解釋香港基本法，也是維護國家主權的一種體現。[3]

此外，全國人大常委會對香港基本法的解釋權具有全面性、最

2　鄭磊：〈「一國」整全「兩制」──以基本法解釋制度構建為例看作為整全原則的「一國兩制」〉，《浙江學刊》2015 年第 5 期。

3　武勇：〈《香港特別行政區基本法》解釋權的「一國兩制」〉，《內蒙古師範大學學報》2010 年 3 月第 2 期。

終性抑或擔保性的特點。儘管香港基本法第 158 條第 2 款規定了香港特區法院可以對自治範圍內的基本法相關條款自行進行解釋，但這只是全國人大常委會對香港法院的一種「授權」，這種「授權」本身就表明了解釋的最終權在於全國人大常委會。因為「授權」並不代表「分權」，它只是意味著在一般的情況下，可以由香港法院對自治範圍內的基本法條款進行解釋，而全國人大常委會不再另行對此作出專門解釋，但這並不當然意味著全國人大常委會放棄了對這些自治範圍內的基本法條款的解釋，一旦有必要，全國人大常委會仍然可以對這些自治範圍內的基本法條款作出最終解釋。[4]

綜上所述，全國人大常委會享有對香港基本法的一種最終解釋權，這就為香港特區的法律解釋制度和內地的法律解釋制度的統一和協調提供了條件和保障，也在事實上體現和反映了「一國」的明確要求。

二、《香港基本法》解釋權的「兩制」特色

首先，香港特區法院能夠依法對基本法進行解釋。在保證全國人大常委會對基本法解釋權的前提下，結合香港特區的司法慣例，基本法賦予了香港特區各級法院對香港特區基本法的解釋權，包括終審法院、高等法院、區域法院以及裁判署法庭等。[5] 當然，必須明確的是香港特區法院解釋權是有限的，即只能在案件審理過程中根據實際需要對基本法予以解釋，且只能解釋香港特區自治範圍內的法律內容。

其次，按照基本法第 158 條第 3 款，香港特區法院在審理案件過程中，如需對基本法特定條款進行解釋，同時這些條款的解釋會直接影響案件的審理結果，此時香港特區法院在作出不可上訴的終局裁決之前應當依法向全國人大常委會提請解釋。上述所涉及基本法的其他

4　朱國斌：〈香港基本法第 158 條與立法解釋〉，《法學研究》2008 年第 2 期。

5　王叔文：《香港特別行政區基本法導論》，北京：中共中央黨校出版社 1990 年版，第 210 頁。

特定條款，主要因其關涉中央權力統一的問題，因此必須確保在全國範圍內有統一理解才能有效貫徹實施，也就是說必須將這類條款的最終解釋權交由全國人大常委會行使。

最後，基本法第 158 條第 4 款明確在全國人大常委會對基本法解釋之前，需要徵詢香港特區基本法委員會的意見，這種立法的邏輯就是一方面體現對港人治港的尊重，另一方面也是確保基本法解釋符合香港特區的社會經濟發展的實際需要，進而能夠實現全國人大常委會對基本法解釋的合理性、準確性和科學性。

總而言之，《香港基本法》第 158 條關於《香港基本法》解釋權的規定在保證「一國」法律解釋制度統一，即保證全國人大常委會享有對《香港基本法》進行全面和最終解釋的前提下，也賦予了香港特區法院一定的解釋權，既堅持了「一國」，又體現了「兩制」，既保證了全國人大常委會的法律解釋權，又充分體現了香港特別行政區的高度自治權。《香港基本法》確立了一個既合乎憲法又切合特別行政區實際的法律解釋模式。[6] 正如蕭蔚雲教授在《論香港基本法》一書中所言：「基本法第 158 條第 2 款體現了『高度自治』和『兩制』，全國人大常委會授權香港法院在審理案件中解釋屬於自治範圍內的條款，這裏體現了基本法具有高度靈活性。但基本法第 158 條第 1 款和第 3 款又規定了全國人大常委會的解釋權和終審法院須依法提請全國人大常委會解釋，這就體現了『一國』和高度的原則性。」[7] 清華大學的王振民教授在其〈「一國兩制」實施中的若干憲法問題淺析〉一文中也曾說道：「它把內地由立法機關解釋法律的制度和香港由法院解釋法律的制度融合在一起了，從而同時滿足了『一國』和『兩制』的要求。」[8]

6　參見武勇：〈《香港特別行政區基本法》解釋權的「一國兩制」──對《香港基本法》第 158 條的解讀〉，《內蒙古師範大學學報（哲學社會科學版）》2010 年第 2 期。

7　蕭蔚雲：《論香港基本法》，北京：北京大學出版社 2003 年版，第 141 頁。

8　王振民：〈「一國兩制」實施中的若干憲法問題淺析〉，《法商研究（中南政法學院學報）》，2000 年第 4 期。

第二章

法律解釋
理論和制度

《香港基本法》第 158 條正式確立了基本法的法律解釋制度，即全國人大常委會與香港特區法院都享有對基本法的解釋權，繼而形成了一種獨具特色的基本法解釋制度。然而，這種基本法解釋制度背後所蘊含的政治體制、意識形態、法治理念、法律體系以及法律技術和法律文化等方面的差異，直接導致了對全國人大常委會與香港特區法院在香港基本法解釋上的一些衝突。這些衝突不僅會影響到香港基本法的權威性和一致性，而且會影響到香港司法的公正性和有效性。因此，研究基本法解釋權的問題，首先必須要了解兩地在法律解釋上的一些主要制度和理論觀點，這亦是本書研究的邏輯起點所在。本章主要是通過梳理兩地的法律解釋理論和法律解釋制度，分析兩地對法律條文理解上所存在的一些差異，並在此基礎上論證兩地法律解釋理論制度的合理性、局限性以及存在衝突的必然性，繼而為完善基本法解釋權法制化路徑的研究奠定理論基礎。

在法律解釋的理論上，內地認為法律解釋既非附屬於立法權，也非附屬於司法裁判權，而是被單獨列為一種權力，亦即一種非常規性的立法活動，並由不同的國家機關進行分配，從而形成了具有中國本土特色的法律解釋體制；在香港，由於特殊的歷史原因，普通法法系一直被沿用，因此實行的也是普通法法律解釋制度，奉行一種司法解釋。普通法解釋理論主張，法律如果沒有法院來闡釋和界定其真正含義，就只是一紙空文。據此，它認為法律解釋實際上就是法官在審判活動中針對法律條文所作出的一種司法解釋。在法律解釋的制度上，《憲法》《立法法》以及〈法律解釋決議〉明確規定了中國內地的法律解釋制度體系，主要包括立法解釋體系、司法解釋體系以及行

政解釋體系。這三種解釋體系，都可以事先作出解釋，也可以在實踐中對出現的法律適用問題作出解釋；在香港，根據香港現行的法律解釋制度，可以獲知，香港的立法機關是沒有解釋法律的權力的。法律解釋權歸屬於司法機關，即法院在審理案件時，對具體案件所涉及到的法律適用問題進行解釋。依照香港的法律解釋傳統，法官在對法律作出判斷時，必須經過解釋，才能確定法律的含義及判決的拘束力範圍。

法律解釋理論

香港基本法解釋問題涉及到香港地區的高度自治及司法獨立，實現內地和香港兩種法律解釋體制的對接與融合，是完善基本法解釋權的最為重要的途徑。因此，全面解讀兩地的法律解釋理論是本書研究的邏輯起點所在。

一、法律解釋的一般理論

縱然內地和大陸的法律解釋理論的特徵存在不同，但都無法脫離法律解釋的一般理論。分析法律解釋的一般理論，能夠使我們得出一些結論：當前內地和香港法律解釋理論之所以存在差異，主要是與兩地人文、歷史發展密切相關，是一個國家在不同階段、不同歷史背景之下自然選擇的一種結果，是各自理論與實踐的鋪墊、醞釀、積累、傳播與被接受程度的必然結果，並無優劣之分。[1]

（一）法律解釋的歷史發展

1. 主觀解釋論

主觀解釋論主要源自於 19 世紀西歐國家，受上世紀自然法思維的影響，人們認為人的理性可以超越一切，是萬能的，因此也就理所

1　朱蘇力：〈解釋的難題：對幾種法律解釋方法的追問〉，《中國社會科學》1997 年第 4 期。

當然地認為人可以理性地制定出規定人們生活、行為的所有法則。一時之間，制定法典之風盛行，繼 1840 年的《法國民法典》頒布之後，普魯士、奧地利等國也紛紛制定了本國的民法典。發展到 19 世紀，深受法典熏陶，當時的學術界普遍達成共識，即成文法是法的唯一淵源。在法律解釋方面，認為法律概念只要用嚴格的邏輯演繹或類推，便可實現法律自足。[2] 主觀解釋論有兩大特點：一是任何法律解釋都不能脫離法律條文；二是條文解釋必須以嚴格的邏輯推演。法律解釋必須立足於立法者原意，探求立法者制定法律時的價值判斷及立法宗旨，一切超出立法原意的解釋都是違法的。這種解釋理論是建立在三權分立基礎之上，法律制定及解釋是立法機關的職責，法院的職責是忠實執行立法機關的立法原意，如果法律條文在具體應用中導致了不合理的後果，由立法機關承擔責任。此外，對法律的自由解釋會削弱法律權威、引起法律適用混亂，統治者對學理解釋持否定態度。[3]

2. 客觀解釋論

19 世紀末 20 世紀初，該理論由以耶林為代表的自由法學派首倡，到 20 世紀 60 年代，德國哲學家伽達默爾哲學解釋學而達到鼎盛。[4] 該說認為，法律解釋的目標應當是解釋闡明法律條文客觀上表現出來的意思，而並非是立法者制定法律時的主觀意圖。[5] 理由有五：一是立法者的立法原意並不能非常明確的辨析，因為立法者是一個集體，而不是個人；二是立法者在制定法律時，通常以過去已經發生的案件為模型來制定法律條文，對立法時未發生的案件不可能有立法原意；三是法律具有穩定性，但同時必須適應社會經濟發展需要，

2　參見陳金釗：《法律解釋學》，北京：中國政法大學出版社 2006 年版，第 46-49 頁。

3　參見徐波克：《從客觀主義到開放性的法律解釋 —— 兼論當代法律解釋理論對我國的啟示》，西南政法大學 2007 年碩士學位論文。

4　王政勛：〈論客觀解釋立場與罪刑法定原則〉，《法律科學》2011 年第 1 期。

5　參見【德】伽達默爾著，洪漢鼎譯：《真理與方法》，上海：上海譯文出版社 1999 年版，第 87-91 頁。

過度追求立法原意，必然會影響法律的生命力；四是探求立法者原意，可能會導致立法者成為法律的有效解釋者，容易形成人治，不利於法治；五是立法原意可能存在缺陷，追求立法原意不利於克服缺陷。所謂「淇則有岸，隰則有泮」，在客觀解釋的情況下，法官或解釋者並不能根據自己的想像對法律文本隨意進行理解，他必須根據自己在長期社會化、法律人化的過程中形成的道德理念、法律直覺形成對案件事實的初步判斷，在法律文本和案件事實之間來回穿梭，以文本界定事實的價值，以事實解讀文本的意義，結合具體語境對法律條文進行客觀解釋。[6]

3. 德沃金的建構性解釋論

20 世紀後期，西方法律解釋理論的主流學術觀點是德沃金提出來的建構性法律解釋理論。[7] 他從自由主義出發，在借鑒哲學解釋學、自然法以及其他一些前沿理論的基礎上，在同法律實證主義、功利主義以及實用主義等各種思潮的論戰中，建構了自己的法律解釋學。他指出：法律既不是一種完全獨立和邏輯自洽的規則體系，也不是一種任意擺佈和雜亂無章的混合物，而是一項法律解釋事業。其中，法官是法律解釋事業的主要負責者，正是基於此種意義，法院才是「法律帝國」中的「首都」，法官則是「法律帝國」中的「王侯」，因此，法官應當通過司法審查，來維護法律的合憲性；通過整體性的建構性解釋，來正確處理疑難複雜案件；通過訴諸法律原則，來確認和發展公民的權利。[8]

在其提出的建構性解釋理論中，法律的歷史與現實、法律的文

6　Alexander M. Bickel, *The Least Dangerous Branch: the Supreme Court at the Bar of Politics* (Bobbs-Merrill, 1962), pp. 23-28.

7　參見侯學勇、鄭宏雁：〈整體性等於融貫性嗎？——評德沃金法律理論中的融貫論〉，《法律方法》第 10 卷，濟南：山東人民出版社 2010 年版，第 85-86 頁。

8　參見【美】羅納德．德沃金著，李常青譯：《法律帝國》，北京：中國大百科全書出版社 1996 年版，第 140 頁。

本與解釋者等影響法律解釋的各種要素都應當處於一種互動關係之中，法律的內容和邊界應當通過建構性解釋，動態地予以確定。[9] 建構性解釋要求法官要基於一種整體性的原則，把回顧歷史與展望未來充分結合起來，將發現法律與創制法律統一於解釋的過程之中。[10] 德沃金把這一解釋過程建構為三個具體階段：一是前解釋階段，這一階段揭示了解釋者的處境，即解釋者對法律文本的解釋受其所處的政治道德環境影響，這正是解釋者的「前見」，降低了解釋法律的任意性；二是解釋階段，解釋者尋找和確立解釋法律條文的理由和依據，並論證解釋的合法性、合理性；三是後解釋階段，根據需要，對法律文本進行改進和重構，繼而形成新的「前見」。總而言之，在他看來，法律解釋就是一個永遠持續的循環解釋過程。[11]

（二）對法律解釋歷史發展的反思

通過對法律解釋理論發展歷史的分析梳理，我們可以得出一些結論：法律解釋主要是按照一些特定的原則，採用一些特定的方法，並根據立法者的原意或者立法的目的，對法律條文作出一種闡述，繼而促使法律與時俱進。

英美法系國家的法律更多的是表現為一種規則，規則的固定本身與生活中的真實存在是一一對應的。換言之，針對具體案件，先例是怎樣處理的，就依照先例來判決，如果沒有先例則尋找並創設新的規則，這就是法官造法的過程，因此，判例法國家的法官天然就具有創設並解釋法律的權力。可以說，在英美法系發展的過程中，法官就一直處於法律解釋的中心地位。而大陸法系國家對一個合格法官的要求就是機械地重複法律操作，無論是所奉行的法律實證主義、權力分

9　參見【美】羅納德·德沃金著，張國清譯：《原則問題》，南京：江蘇人民出版社 2008 年版，第181 頁。

10　高鴻鈞：〈德沃金法律理論評析〉，《清華法學》2015 年第 5 期。

11　金玲：〈德沃金建構性法律解釋學中的「效果歷史」〉，《武漢大學學報》2011 年第 7 期。

立原則，還是對法律解釋的態度，亦或是對法官固有的衡平權的否認及對遵循先例的排斥，都大大削弱了法官在法律解釋中的作用，彰顯了立法者的獨特地位。[12]

（三）法律解釋的基本特徵

1. 法律解釋的合法性特徵

法律解釋的合法性強調的是法律解釋行為本身就是發生在立法活動之後，因此，無論是解釋主體、解釋程序還是解釋結果，都應當符合法律，這裏的「法律」主要是一種廣義上的法律，既包括法律規範、法律原理，又包括法律價值、立法精神。法律解釋應當是一種體現法律規範意旨、符合法律精神的活動，為了保障該項活動的嚴肅性，我們首先應當解決其有效性的問題，這就要求法律解釋應當具有合法性，否則就難以確保法律解釋結果的有效性。

法律解釋的合法性可分為形式合法及實質合法。形式合法要求法律解釋的主體、權限、內容和程序都符合法律規定；實質性合法強調的是解釋者的內心信念，法律對此難做出明確的規定，但一般來說，它要求解釋者至少應當崇尚法律、恪守法律內涵，在解釋時，能站在法治的立場上，出於對法律的信仰、法治精神的追求以及實現社會正義的目標，來從事法律解釋活動。法律解釋的合法性，不在於法律解釋的過程和結果一定要按照法律規定去做，而在於無論解釋者選擇何種結果，都必須滿足對法律解釋合法性的追問。[13]

2. 法律解釋因把一般法律個別化而具有創造性特徵

實踐中，把一般法律個別化主要有四種情況：一是立法者公佈法律後，公眾會根據自己的認知，依照法律來確定自己在日常生活中的行為，從而使一般法律個別化；二是法官在審辦案件過程中，會直

12　參見魏勝強：《法律解釋權研究》，山東大學 2007 年博士學位論文。

13　魏勝強：〈和諧社會中法律解釋的基本原則研究〉，《法律方法》2007 年第 7 期。

接通過法律推理，用明確的法律規範來衡量當事人的行為，並依此作出判決，從而使一般法律個別化；三是面對複雜的案件，法律規範很容易出現空缺或是存在法律漏洞，這就需要法官在審理案件時，對其進行價值補充，從而使一般法律個別化；四是在司法實踐中，有些案件是有相應的法律規定的，但是這些法律規定對具體案件來說是模糊不清的，也難以按照法律推理來使其直接作為適用依據，這就需要解釋法律，從而使一般法律個別化。[14] 其中，公眾個體理解是他對法律規範、法律條文最直觀的理解，而理解本身是一種創造性行為，並不能被複製，而奠基於這種理解所釋放出來的行為，並不能被稱為法律解釋；法律推理所遵從的完全是法律文本的字面意思；價值補充實際上是在法律空缺結構內「造法」。[15]

　　以上這四種方式，從廣義的解釋概念出發，都可以被稱作為法律解釋。但從狹義的解釋概念來看，法律解釋實質上是指一定的國家機關，為了適用法律，根據有關法律規定、政策、法學理論和慣例等對現行的法律規範或法律條文的含義、內容、概念及適用條件等作進一步補充說明，從而使不明確的法律得以明晰。但像公眾個體理解、法律推理、價值補充這三種方式則不能稱之為法律解釋。而細究法律解釋內涵，可得知在法律解釋過程中，解釋者不僅在客觀層面上解釋法律文本的意義，也在微觀層面內能動的創造著法律。總的來說，法律解釋雖有合法性作為限制，但仍然無法避免解釋者的創造性。

3. 法律解釋的循環性特徵

　　解釋循環問題一直都是傳統解釋學研究的一個核心問題，而對於法律解釋來說，理解法律用語和法律條文必須考慮整個法律體系，而把握整個法律體系的精神內涵又必須掌握法律條文和法律規範的內

14　參見王彬：《法律解釋的本體與方法》，山東大學 2009 年博士學位論文。

15　陳金釗：〈法律解釋及其基本特徵〉，《法律科學》2000 年第 6 期。

容。[16] 梁慧星教授曾經對此明確提出，法律解釋理所當然存在著一種循環，這種解釋學循環的特質有助於防止人們孤立地、片面地曲解法律本義，繼而作出一種片面、甚至錯誤的法律解釋。[17]

在法律解釋過程中，至少會面臨兩種循環。一種是法律解釋者在學習法律時面臨的循環，對學習者來說，在學習之前，法律已經整體的方式存在著，學習者必須先從整體上把握法律理論、法律框架以及法律精神等，但對法律文本部分又必須一部分一部分的學習，在對法律文本內容有了系統的了解之後，再從整體上深入，以更好地理解和掌握法律。總的來說，學習、認知法律的過程就是這樣一個循環往復的過程，法律解釋者在解釋法律時，應把個別條文置於法律整體文本之中，反覆在個別規範與整體文本之間循環，以得出準確的解釋。另一種是法律規範與法律事實之間的循環，法律解釋的目的並不單純是為了正確理解法律，而是要把對法律規範的準確理解應用到司法實踐當中。[18] 法律事實的認定取決於法律規範規定的具體構成要件，法律規範的意義只有運用到案件事實之上才能夠得以具體化。[19] 在法律適用過程中，法律事實的性質決定法律規範的確立，法律事實的特徵限制著法律解釋的深度，在法律解釋過程中，解釋者必須對法律規範和法律事實交互分析，在法律事實與法律規範的循環關係中解釋法律。[20]

法律解釋的循環性特徵揭示了法律解釋不能一蹴而就，它需要解釋者對法律規範進行研究，對案件事實進行甄別，對法律規範的整體與部分之間的關係、法律規範與法律事實之間的關係反覆思考，才能作出準確的解釋。

16　參見黃茂榮：《法學方法與現代民法》，北京：中國政法大學出版社 2001 年版，第 260 頁。

17　參見梁慧星：《民法解釋學》，北京：中國政法大學出版社 2001 年版，第 205 頁。

18　參見梁治平：《法律解釋問題》，北京：法律出版社 1998 年版，第 114-125 頁。

19　參見【德】哈貝馬斯著，童世駿譯：《在事實與規範之間：關於法律和民主法治國的商談理論》，北京：生活·讀書·新知三聯書店 2003 年版，第 246 頁。

20　李錦：〈論法律解釋的解釋學循環〉，《法律方法》2012 年第 1 期。

二、內地的法律解釋理論

內地在總體上屬於大陸法系傳統，因此內地的法律解釋理論也有很多是沿用大陸法系的一些法律解釋相關理論。但同時，需要指出的是，由於內地特殊的國家性質及制度架構，內地的法律解釋理論也有自己的一些特殊性。

在內地，學者們大都認為法律解釋在實質上就是一種非常規性的立法活動，是一種「準立法」。「法律解釋是立法的邏輯延伸，它彌補了立法缺陷，明晰了法律含義，體現了法律正義。」[21] 因此，對法律條文的解釋單純只根據立法原意是不可能完全達到法律解釋的目的的，除此之外，還需要結合一些法理價值及社會現實。一項科學的法律解釋活動，首先要立足立法者的真實意圖，其次要揭示立法背後所隱藏的價值，最後還要考慮社會現實的需要。對具體的法律條文來講，要解釋清楚立法原意並不是一件非常困難的事，但是要同時清楚地闡明立法價值和社會現實需要，則要求解釋者具有相當高的法律智慧，換而言之，就是既熟悉法律法規、掌握裁判規則，又知悉立法精神、洞察法源法理。[22]

中國內地的法律解釋類型主要包含如下三大類：立法解釋、司法解釋和行政解釋。[23] 立法機關作出的立法解釋具有完善立法的作用，司法機關作出的司法解釋具有便於法律適用的作用，行政機關作出的行政解釋具有有效施政的作用。這三個解釋類型分別具有不同的功能和作用，其中，立法解釋的功能是當法律條文的規定模糊不清時，通過闡述法律條文的立法原意和現實應然含義，使法律條文意思清晰準確，能適用於案件審判需要。可以說，立法解釋是連接立法和

21　陳金釗：〈法律解釋規則及其運用研究（中）──法律解釋規則及其分類〉，《政法論叢》2013年第4期。

22　參見安佳：《我國法律解釋體制法理探析》，遼寧師範大學2007年碩士學位論文。

23　參見張志銘：《法律解釋操作分析》，北京：中國政法大學出版社1999年版，第228頁。

用法的紐帶，是法律解釋體系中的重要環節，是國家法制體系中具有輻射性和跨越性的重要制度。[24] 總的來說，在中國內地的法律制度設計中，法律解釋既非附屬於立法權，也非附屬於司法裁判權，而是被單獨列為一種權力，並由不同的國家機關進行分配，從而形成了具有中國本土特色的法律解釋體制。[25]

三、香港特區的法律解釋理論

香港特區由於特殊的歷史原因一直沿用普通法法系，因此其實行的也是一種普通法系的法律解釋制度，奉行司法解釋傳統。[26] 普通法系法律解釋理論主張，法律如果沒有法院來闡釋和界定其真正的含義，那麼就只是一紙空文，法律解釋在實際上就是法官在審判活動中所作出的一種司法解釋。這種解釋理論是立法、司法以及行政分立的政治體制運行之下的一種產物。

（一）普通法的含義及基本精神

香港特區法律解釋理論深受普通法傳統的影響，這些影響通過香港法院解釋法律的方法體現出來，在探究普通法對香港法律解釋理論的影響之前，我們有必要詳細地梳理和分析普通法的內涵以及精神。

普通法發源於英國，是由王室法院依據理性、公正、常理、公共政策等原則，通過「遵循先例」的司法原則，在不同時期判例的基礎上發展起來，並在一定的司法共同體內普遍適用的各種理念、原則和規則的總稱。[27] 由於普通法不是制定法，其內容龐雜，涉及社會生

24　參見周旺生：《法理探索》，北京：人民出版社 2005 年版，第 480-483 頁。

25　周旺生：〈中國現行法律解釋制度研究〉，《現代法學》2003 年第 2 期。

26　王振明：〈論回歸後香港法律解釋制度的變化〉，《政治與法律》2007 年第 3 期。

27　參見薛波：《元照英美法詞典》，北京：法律出版社 2003 年版，第 261 頁。

活各個領域，其規則體系很難被概括出來，只能以當中蘊含的法治理念和精神為紐帶。普通法的精神可總結為以下三點。

第一，遵循先例原則。法官在普通法的發展進程中起了一種不可估量的作用，隨著司法實踐的發展，法官逐漸演變為相對獨立的職業群體，他們以獨立的地位、極高的社會公信力和精湛的法律學識，審判了各種類型的經典案例，繼而造就了普通法的理念、原則以及規則。[28] 在普通法法系內，判例法是一種基本的法律淵源。所謂「遵循先例」原則就是指先前的判例對法院在日後審理的類似案件具有拘束力，它實際上是司法經驗主義的一種體現，表明了法院將從過去的司法經驗中歸納出一種統一適用的原則、規則和技術來裁判，糅合確定性和進化性雙重功效。[29] 在現實中，很少出現構成要素完全一致的兩個案件，這就要求法官必須從既往的判決中提煉出一般性規則，再根據案件的實際情況運用於審判當中，並作出最終判決。「遵循先例」是普通法的生命力所在，但遵循先例並不代表因循守舊、照搬照抄，而是需要法官以法律智慧在判例中將其上升為法律原則並指導以後的案件審判工作。當社會生活發生變化時，新的法律規則也會隨之產生，這是一個從實踐到理論再到實踐的循環往復的過程。

第二，法律至上原則。法律至上原則是普通法的核心精神所在，它意味著必須尊重憲法和法律在現代法治國家的治理中的主導地位。最早在 1215 年英國《自由大憲章》確立了「王在法下」觀念，英國傳統法律對「王在法下」的認可，成為「法律至上」原則在制度層面上得以建立的前提。隨著英國資產階級革命的勝利，國王的權力逐漸轉移到了議會，但在普通法系之下，無論是國王還是議會在法律面前的地位是一致的，他們只能在法律確認的範圍內發揮自己的意

28　參見【美】羅斯科‧龐德著，唐前宏譯：《普通法的精神》，北京：法律出版社 2001 年版，第110-121 頁。

29　參見【美】格倫頓等著，米健等譯：《比較法律傳統》，北京：中國政法大學出版社 1993 年版，第 56-71 頁。

志。由此可見，儘管社會在不斷發展變化，但「法律至上」原則並未因社會的演變而發生改變，「法律至上」原則成為普通法發展的基石，並且適用範圍在逐漸擴大。普通法最重要的目的是為了保障個人權益，使之免受國家權力侵害，而「法律至上」原則的確立則成為保障普通法自由、權利價值實現的重要條件。

第三，司法獨立原則。司法獨立原則是普通法系中一個重要的保障性制度，它是保障「法律之上」原則實現的一種制度舉措。第一次在法律領域提出司法獨立理論和原則的是法國著名的法學家孟德斯鳩。他認為，為了保障人民的權益，就必須對權力進行一定的限制和制衡，而最好的制衡方式就是實行「三權分立」。在普通法系，司法獨立是實現司法公正的重要保障，它要求審判機關在審判案件時，不受任何外來壓力和干涉的影響，依法獨立行使審判權。[30] 縱觀歷史發展的進程，在中世紀，司法獨立要求國王不得干涉法官審判；在三權分立確立之後，則要求行政機關和立法機關不得干涉司法機關獨立行使司法權。總之，司法獨立是普通法系除遵循判例、法律至上以外最重要的法律理念和精神準則。

（二）普通法系的法律解釋理論

普通法法律解釋理論的法理學基礎主要是法律本義說，即主張嚴格按照法律文本的字面意思作出解釋和適用。該理論認為，法律文本已經理性科學地體現了立法者的本意以及解決相關問題的規則，法官只要嚴格遵守法律文本的字面意思，就可以將法律條文適用於個案的判決，如果需要解釋，則主要依據法院的判例以及法官對法律文本的認知，而至於法律的效力如何、法律是否適用以及怎樣適用法律，則需要由法官在審理具體案件過程中作出判定和解釋。

30　參見【法】孟德斯鳩著，嚴復譯：《論法的精神》，上海：上海三聯書店 2009 年版，第 59 頁。

　　由上述分析，我們可以得知，內地和香港的法律解釋理論既有不同的特徵，但同時在某種程度上又有一定的一致性。其中，區別主要表現在如下三個方面：一是法律解釋的依據存在差異，中國內地主要依據法律法規，而香港特區則依據判例和法官自己的判斷；二是在法律解釋過程中的影響因素存在差異，中國內地要綜合考慮立法原意、法律價值及社會現實，而香港特區則只需考慮法律條文所表述的文義；三是法律解釋的內容存在差異，中國內地主要從現實應然角度出發，對立法的目的性含義作出解釋，而香港特區則主要從立法文義的應然角度出發，對立法的文本性含義作出解釋。兩地法律解釋理論的一致性主要表現為法律解釋的功能和目的，無論是哪種法律解釋理論，其法律解釋的功能和目的都是使概念、定義或表述模糊不清的法律條文，通過解釋變得準確清晰。

法律解釋制度

　　不同國家、不同地區的法律解釋制度，往往能夠折射出不同的法律理念和法律正義。中國內地由於受到大陸法系的影響，實行的是一種社會主義法律解釋制度；香港特區由於受到英美法系的影響，實行的則是以英國普通法為主的法律解釋制度。[1] 在不同法系派別的影響之下，內地和香港對基本法的解釋必然會存在些許的爭議和衝突。有鑒於此，通過分析和理順兩地各自的法律解釋制度，必然能夠為準確理解和完善香港基本法解釋權提供制度依據。

一、內地法律解釋制度

　　《憲法》《立法法》以及〈法律解釋決議〉共同規定和構築了中國內地的法律解釋制度體系，主要包括立法解釋體系、司法解釋體系以及行政解釋體系。這三種法律解釋體系都可以事先作出解釋，也可以在司法實踐中對出現的法律適用問題作出解釋。

　　根據 1982 年〈關於加強法律解釋工作的決議〉，中國的法律解釋體制分為四個層次：（1）涉及法律條款本身需要進一步明確或補充的，由全國人大常委會負責解釋；（2）最高人民法院對於法院審判工作中的具體條文應用進行解釋，最高人民檢察院對於檢察工作中涉及

1　雷磊：〈融貫性與法律體系的建構 —— 兼論當代中國法律體系的融貫化〉，《法學家》2012 年第 2 期。

的具體條款應用進行解釋；兩院解釋有衝突時，由全國人大常委會進行解釋；（3）除上述由最高人民法院及最高人民檢察院解釋以外的其他法律的運用問題，由國務院及主管部門負責解釋；（4）各省、自治區、直轄市人大常委會負責對地方性法規本身作進一步明確和補充解釋，對於其中關於地方性法規具體應用問題，由省、自治區、直轄市人民政府及主管部門予以解釋。

立法解釋體系與立法體系相輔相成，即有多少個立法層次，就有多少層次的立法解釋體系。[2] 從縱向來看，立法體系主要分為中央和地方兩個立法層次。現行立法法對我國立法管轄權的分層作了詳細規定，保證了國家立法權的統一。而作為與之相對應的立法解釋權限劃分，則呈現出「在中央統一領導下，多級立法解釋權並存」的特點。在這裏需要特別明確的一點是，全國人大常委會解釋基本法，除按照立法規定的程序外，還需諮詢香港特區基本法委員會的意見。屬於香港特區自治範圍內條款的解釋和香港特區本地立法的解釋，則按照香港特區的法律解釋規定進行解釋，不適用立法規定。[3]

關於司法解釋體系，凡是屬於法院審判工作和檢察工作中具體適用法律問題，由最高人民法院和最高人民檢察院作出解釋，二者的解釋存在原則分歧時，則由全國人大常委會解釋或決定；當司法解釋與立法解釋存在分歧時，則以立法解釋為準。這顯示出，在司法解釋體系中，主要是以立法解釋為主導，司法解釋為輔助。此外，在司法實踐過程中，法官在審理案件時，必須嚴格依照法律規定，無權審查法律的合法性，也無權改變立法原意，不存在法官「造法」功能。[4]

關於行政解釋，主要是指國務院及其各部、各委員會對那些不屬於審判工作和檢察工作的法律適用過程中出現的一些不明問題進行

2　參見張春生編：《中華人民共和國立法法釋義》，北京：法律出版社 2000 年版，第 139 頁。

3　季金華：〈香港基本法〉解釋的權限和程序問題探析〉，《現代法學》2009 年第 4 期。

4　劉風景：〈司法解釋權限的界定與行使〉，《中國法學》2016 年第 3 期。

的一種解釋。根據 1981 年〈決議〉，由國務院及其各部、各委員會來負責解釋不屬於審判工作和檢察工作中的其他法律具體應用問題，這是首次對行政解釋作規定。具體而言，行政解釋的主體非常廣泛，主要包括國務院、國務院辦公廳、國務院各部以及國務院各委員會，等等。雖然我們可以看到這些行政解釋的主體都是一些中央行政部門，種類非常多，但由於各主體的具體職能的不同以及所可能涉及的事項的性質也不同，各主體解釋權的管轄內容也是存在著很大差異的。僅僅以國務院解釋為例，在《行政法規制定程序條例》中就明確規定：「行政法規條文本身需要進一步明確界限或者做出補充規定的，由國務院解釋」。

由此可見，我國已經建立了一套完整的法律解釋體制：在解釋主體上，明確了全國人大常委會、最高人民法院、最高人民檢察院、國務院及主管部門、省級全國人大常委會及省級政府為法律解釋的主體；在解釋權限上，明確了中央和地方之間的解釋權限劃分，立法機關、司法機關和行政機關之間的解釋權限劃分，以及司法機關、行政機關相互之間的解釋權限劃分；在解釋爭議問題的解決上，明確了全國人大常委會的一種主導地位；在解釋內容上，區分了「對法律條文本身作進一步明確或補充規定」與「法律條文具體應用問題」兩種不同情況。總而言之，在內地整個法律解釋制度體系中，全國人大常委會處於核心地位，不僅對法律有最終的解釋權，且對各類解釋權之間發生的爭議也有最終解釋權或裁定權。[5]

二、香港特區的法律解釋制度

香港特區與內地奉行不同的法律解釋制度，這是導致對於香港

5　黃明濤：〈兩種「憲法解釋」的概念分野與合憲性解釋的可能性〉，《中國法學》2014 年第 6 期。

基本法的解釋產生問題的一個原因。在普通法法系中,「一事不再理」「遵循先例」以及「制定法優於判例法」是三大重要的基本原則。其中,「一事不再理」原則保障了司法的權威性和獨立性,「遵循先例」原則確保了同等條件下同等處理的司法法治,「制定法優於判例法」則展現了立法對司法的一種制約。[6] 香港特區的法律解釋制度正是在遵循這三大基本原則基礎上形成的,深刻體現了這三大基本原則的精神內涵。

香港採用普通法制度,依據其現行法制,立法機關制定法律,司法機關在處理具體案件時,有權對案件所涉及的法律規定進行解釋,即「司法解釋」;以具體案件為基礎進行解釋,而非「抽象、原則性解釋法律」;而由此產生的判決也將會成為法律的一部分;而立法機關通過立法程序對存在漏洞的法律進行修改補充;行政機關在處理事務時也擁有一定的解釋權;但最終法院依舊是作為法律解釋的最終裁定者,具有最高權威。依照香港的法律解釋傳統,法官在對法律作出判斷時,必須經過解釋,才能確定法律的含義及判決的拘束力範圍。[7] 事實上,普通法系國家的法官在具體案件中對法律的解釋是有很大彈性的,沒有絕對的標準。在英國,法律解釋大致有三個基本規則,即字義規則、黃金規則和除弊規則。前兩種規則是以制定法的法律條文文字含義為中心的解釋規則,第三種則是以制定法的立法目的為中心的解釋規則。[8] 字義規則又被成為「文理解釋」原則,一般情況下,法律解釋都會按照法律條文本身的字面意義進行解釋,無須顧及使用這個解釋所產生的結果是否公平合理,因為法律詞語本身就是最能表達立法者的立法意圖,如果字義清晰,則必須用該種解釋方法,而不必考慮立法意圖;如果字義不清晰,則不得採用此種方法。

6　高鴻鈞:〈英國法的主要特徵(上)——與大陸法相比較〉,《比較法研究》2012 年第 3 期。

7　參見李寧:《香港基本法解釋體制研究》,山東大學 2011 年碩士學位論文。

8　陳金釗:〈法律解釋規則及其運用研究(中)——法律解釋規則及其分類〉,《政法論叢》2013 年第 4 期。

實際上，把字義規則稱為一種解釋規則，看上去會有些牽強，因為法律條文的字面含義是清晰的，那就無需解釋，但在複雜的法律活動中，其他解釋方法常常對其提出挑戰，從而使法律解釋的結論背離了法律文本的字面含義，導致其實實在在的成為了一種解釋規則。黃金規則是對文義解釋規則的一種修正，其含義是當法律條文按照字面意思解釋會導致在個案中產生不合理甚至是荒謬的結果時，法官應當考慮法律條文所展現的法律系統、立法背景及立法目的等因素，賦予該字詞其他含義，以避免荒謬結果的出現。這種解釋規則不拘泥文字表面意思，給了法官很大的解釋空間。但缺陷是，在排除了使用文義規則的前提下，並未給法官以明確的指引，究竟該採用什麼樣的標準來對法律條文進行解釋。除弊規則是指法官在解釋成文法時要充分考慮成文法所欲彌補的法律制度上的漏洞，並努力去彌補議會在制定該成文法時所欲彌補的缺陷。對英國來說，作為一個判例法國家，隨著社會的發展進步，判例法本身存在很多無法克服的弊端，為了消除這個弊端，唯一有效的方法就是制定大量的成文法，彌補判例法的不足。因此，這個規則成為英國法律解釋理論中的目的解釋法的源泉。該規則主要考慮的是立法者的立法意圖是什麼，它與字義規則和黃金規則相比，賦予了法院在審判過程中更大的自由裁量權。

在普通法法系之下，根據三權分立原則，立法機關在完成立法工作後，無權對其所立之法進行解釋，只有法院有權力對其進行解釋。法院既是司法機關，也是法律解釋機關，解釋法律是司法活動的一部分，只能發生在司法過程中。[9] 因此，法官在審理案件時，若認為需要對法律進行解釋，無需徵求立法機關意見；立法機關如果有不同意見，可以通過立法程序修改、廢除或重新制定相關法律。

具體到香港特區，香港法院對法律條文的解釋，既包括立法性

---

9   褚皓安：〈普通法法律解釋的傳統與特點〉，《學理論》2014 年第 16 期。

解釋，又包括司法性解釋。香港特區的法官一般不能主動去解釋法律，只有在進行案件審理需要時，才能對相關的法律條文予以解釋，這種解釋也就是所謂的「法官造法」。受普通法法系法律解釋傳統以及慣例的影響，香港特區法院的解釋活動也是有限制的，具體而言，主要體現在兩個方面：一是法院只能在審理案件時作出解釋，不能事先解釋或是事後解釋；二是法院在解釋法律時，應當首先考慮法律文本的字面意思，不可以作出與該文本相悖的解釋；三是當具體案件判決所適用的法律條文，過去有判決對其進行過解釋時，法院可以遵照以往的判例作出判決，也可以作出新的、補充性的解釋，新的解釋會取代舊的解釋，而將來的案件亦要參照判例中對有關條文最新的解釋；四是若立法機關認為法院對法律條文的解釋有誤或條文本身存在漏洞，需要進一步明確或補充規定時，可以依照立法程序對法律進行修改或補充，立法機關對法律的修訂，對法院已作出的判決無溯及力，但對以後的案件有溯及力，之前的判例也會因新法而失效。[10] 在香港回歸以前，儘管香港法院有解釋權，但終審權是由英國樞密院司法委員會享有，香港法院並不享有最終解釋權；回歸以後，根據現行基本法規定，香港法院對基本法規定的屬於香港自治範圍內的法律條款有最終解釋權，對自治範圍以外的其他條款也有解釋權，但涉及到中央管理的事務或是關於中央與特區關係的條款的最終解釋權歸全國人大常委會所有，這滿足了「一國」和「兩制」的要求。[11]

　　總之，在香港的法律解釋制度體系中，法院是法律解釋制度的核心。然而，在香港的政治制度之下，立法、行政和司法之件也存在相互制衡的關係，並在這種相互制衡關係中相互配合。立法機關雖然沒有解釋法律的權力，但它可以通過修改或廢除法律來否定法院作出

10　姚國建：〈論普通法對香港基本法實施的影響——以陸港兩地法律解釋方法的差異性為視角〉，《政法論壇》2011 年第 4 期。

11　參見蕾婧：《香港基本法的授權法原理與制度研究》，深圳大學 2016 年碩士學位論文。

解釋；而當政府認為法院的解釋或判決會有礙於政府施政時，可以就有關法律問題提出新的法案，經立法程序使法案成為法律，以新的法律取代法院解釋或判決。這深刻展現普通法系所遵從的「制定法優於判例法」原則。此外，香港法院系統內部也存在著制衡關係，當各個下級法院對同一法律事實作出不同的判決，對相同法律條文作出不同的解釋時，上級法院可以通過判決「否定」下級法院的判決，使上級法院的判決成為今後上下級法院審理相同案件事實的法律指引，這體現的是法院不同位階之間的制約關係以及上位法院對下級法院的權威性，保障了法律解釋自上而下的統一性。[12]

12　參見張玉曉：《關於香港特區基本法解釋衝突解決機制的思考》，山東大學 2007 年碩士學位論文。

第三節

兩地法律解釋理論及制度之間的差異

◇◇◇

從上述分析可知，內地和香港特區之間的解釋權、解釋理論及解釋制度之間存在著明顯差異，這些差異對基本法解釋的準確性影響深遠。分析差異存在的根源及基本特徵，對研究基本法解釋權的完善具有非常重大的意義。

一、解釋權

第一，在立法解釋權屬和司法解釋權屬上，從內地法律解釋理論及制度來看，立法解釋權和司法解釋權是相互分離的。當需要對法律條文作出補充規定或是明確界限時，只能由全國人大常委會按照法律解釋程序對法律條文作出解釋，法院是沒有立法解釋權的。而從香港特區的法律解釋理論及制度來看，立法解釋權和司法解釋權合二為一，全部由香港法院行使，法院以外的任何組織和個人都沒有解釋權，也不得干涉法院行使解釋權。立法機關如需要對法律條文作出補充或明確界限，只能啟動立法程序。根據普通法法系法律解釋原理，香港法院對所有的法律條文均享有解釋權，不受任何限制；但是根據基本法的規定，香港特區行使解釋權要受到全國人大常委會的制約。在這種情況之下，必然會因為對基本法行使解釋權而產生衝突。[1]

1　參見陳友清：《1997-2007：「一國兩制」法治實踐的法理學觀察 —— 以法制衝突為視角》，西南政法大學 2007 年博士學位論文。

第二，在法律解釋權主體上，在內地，劃分為中央和地方兩個層次：在中央，立法解釋權主體歸屬於全國人大常委會，司法解釋權主體歸屬於最高人民法院和最高人民檢察院，當立法解釋和司法解釋存在不一致時，最終解釋權歸屬於全國人大常委會；在地方，由省、直轄市、自治區全國人大常委會對其制定的地方性法規享有解釋權。在香港，法律解釋權的主體歸屬於香港各級法院，但是涉及到基本法規定需要由中央管理的事務或是關係到中央和特區關係的條款的解釋，最終解釋權歸屬於全國人大常委會。此外，在關於法律合法性審查的問題上，按照憲法和基本法相關規定，基本法的合法性及全國人大常委會對基本法解釋的合法性審查權由全國人大常委會所有，香港法院對這兩者的合法性均沒有審查權；但是按照香港特區的法律審查權制度，法律的合法性審查權在於法院，立法機關在法律生效之後對該法律是否合法沒有審查權。正是基於此，香港特區終審法院在吳嘉玲居留權案中的判決書表示：香港特區各級法院不僅可以對香港立法會通過的法律是否符合基本法具有審查權，也可以對全國人大及其常委會的立法或解釋是否符合基本法具有審查權，如果發現與基本法相抵觸的，可以宣佈無效。這一觀點，突破了「一國兩制」之下法律解釋制度架構，超越了香港法院所享有的解釋權底綫，違反了基本法規定的解釋權限制度。[2]

第三，在解釋效力上，在內地，司法解釋的效力等同於法律，可以成為法院判決的法律依據，但是先前的判例卻不能成為法院判決的依據，因為任何一個案件的判決都必須以事實為根據，以法律為準繩。如果法官在適用法律時，對法律條文存有疑義，必須通過法定程序提交全國人大常委會進行解釋；[3] 而在香港特區，法院在審理案件

2　強世功：〈司法主權之爭──從吳嘉玲案看「人大釋法」的憲政意涵〉，《清華法學》2009 年第 5 期。

3　何然：〈司法判例制度論要〉，《中外法學》2014 年第 1 期。

過程中，對所適用的法律條文存有疑義時，卻無需徵詢立法機關，法官可以參考以往判例，作出自己的解釋。法院對有關法律作出的解釋和形成的判例，實際上就是香港法律的一部分，除非立法機關透過修改或制定新法來否定判例的有效性。

二、解釋方法

在內地，無論是立法解釋還是司法解釋，解釋方法都是根據立法原意、法律價值、法律精神等綜合性因素，對法律條文的現實應然含義作出闡釋和說明；在香港特區，法院採取的解釋方法呈現出三個特徵：一是以法律條文字面明顯含義為準來闡釋；二是根據被解釋的法律條文性質和適用對象的不同，採取寬嚴有別的解釋方法，如對涉及公共權力的條款，一般予以限制解釋，對涉及個人權利的條款，一般予以擴大解釋；三是不能通過解釋或是推理得出沒有被法律條文明示的結論。[4]

對於基本法來說，其本身就是為了貫徹落實「一國兩制」而制定的法律文本，各個章節之間都具有功能上協調、結構上相連、順序上一致的特點，對其解釋不應片面追求文字的表面意思，也不應脫離基本法的整體邏輯結構，而孤立地理解某一個條款。如對香港永久性居民資格的認定，不應片面強調法律條文的字面含義，應當考慮立法原意，這樣才能保障條文解釋的準確性，是具有相同資格的人受到相同的法律保護。以特區法院對吳嘉玲案和莊豐源案中關於居留權的解釋為例，在吳嘉玲案中，將父母在享有香港居留權之後才出生的子女才享有居留權，解釋為在父母享有居留權前後出生的子女均享有居留權；在莊豐源案中，將在香港出生的條件，解釋為無需考慮出生時其

4　姚國建、王勇：〈論陸港兩地基本法解釋方法的衝突與調適〉，《法學評論》2013 年第 5 期。

父母在香港是否享有永久性居留權，只要考慮在香港出生這一事實即可享有居留權。在香港法官看來，基本法的立法原意是為了維護香港的普通法法制，香港法院必須按照普通法思維解釋基本法，但是，這兩種解釋放寬了享有居留權的條件，顯然都不符合立法原意。因此，我們在解釋基本法有關條文時，不應考慮因涉及的法律保護權益或是法律適用對象的不同而在作出區別解釋，應當在考慮法律條文含義的同時，適當地考慮條文之間的內在一致性及社會公正性，不能離開基本法的整體性而單純按照習慣的法律思維方式來解釋法律條文。[5]

三、解釋效力

內地和香港的法律解釋制度在解釋效力上也呈現出一定的差異。具體而言，在我國內地的法律解釋體制中，全國人大常委會的立法解釋具有同其解釋對象，即法律本身一樣的效力，並且司法解釋與行政解釋都不得同立法解釋相衝突、相抵觸。通過《立法法》的相關規定，我們也可以看出此種意涵 —— 由於全國人民代表大會常務委員會對法律的解釋與法律具有同等的法律效力，因此在我國內地，立法解釋在實質上就是帶有準立法性質的一種法律解釋，而司法解釋和行政解釋則不具有此種屬性。一方面，司法解釋和行政解釋的目的主要是解決如何在具體的司法審判和行政執法過程中適用具體法律的問題；另一方面，從解釋主體的性質上來看，「兩高」作為一種司法機關，它們所作出的司法解釋，還不具有一個立法行為所應該有的一些要素；最後，由於深受大陸法系的影響，我國一直以來都沒有判例法的傳統，因此也就不能在司法審判中通過判例這一路徑和方式來讓法律解釋具有和法律同等的法律效力。由此可見，司法解釋在性質上並

---

5 秦前紅、付婧：〈論香港基本法解釋方法的衝突與協調〉，《蘇州大學學報（法學版）》2015 年第 2 期。

沒有「準立法」的屬性，其在效力上也低於全國人大常委會所作的立法解釋。

在香港特區，終審法院的解釋具有更高的效力。解釋法律在香港司法文化中被當然地認為是法院的一種天然職能，在其法律解釋體制中根本就不存在立法解釋、司法解釋和行政解釋的區分，因此司法解釋既是唯一的，也是具有最高效力的法律解釋。但司法解釋內部也存在一種效力等級的區分。基於香港法院層級結構上的制約，終審法院的司法解釋通常具有更高的法律效力，對其他香港特區法院具有很大的約束力，而其他法院所作的司法解釋可以約束較低的法院，並且本院也不得推翻上級法院的判決。另一方面根據「新法優於舊法」的原則，做出時間較近的法律解釋即取代以前的法律解釋。這種情況發生於香港特區法院做出推翻先例判決或者補充的解釋的時候。根據普通法傳統，香港法院包含司法解釋的判決書一經做出，即成為「先例」，也就對後來的法院案件具有一種約束力，也就對香港下級法院以及本院產生一種法律上的效力。這種解釋的目的並不限於「適用法律的問題」，而是可以根據案件的具體需要，可以說涉及到法律規定的方方面面。總而言之，在香港，各級法院都具有司法解釋權，其做出的判決都具有法律效力，只是終審法院的判決效力高於其他法院的判決效力而已。

兩地對基本法法律條文理解的差異

◇◇◇

理解法律條文的價值主要在於挖掘法律原意。兩地對基本法法律條文理解上的差異,導致的最直接的結果就是對同一法律條文作出不同的解釋結果。由於基本法的每一章節、條款以及款項之間都是有內在聯繫的,如果把每個條文分離開來進行解釋,必然會斷章取義,無法準確體現立法目的。那麼,科學理解的方法是,既考慮條文之間的相對獨立性,又把立法目的因素納入其中。全國人大常委會在解釋基本法時就是嚴格遵循該方法,而香港特區法院在解釋基本法時,主要關注點在法律條文的字面含義,忽視了立法目的和條文之間的聯繫。[1]

為了討論兩地對法律條文理解上的差異,在這裏就以基本法關於行政長官任期、香港居留權的相關規定為例,進行詳細地闡釋和論述。

一、關於行政長官任期制度條款的理解

關於行政長官的任期制度,基本法第 45、46、53、55 條作了規定。其中,第 45 條規定:香港特別行政區長官在當地通過選舉或協商產生,由中央人民政府任命;第 46 條規定:香港特別行政區行政

1　參見陳歡:《論中國法律解釋語境中的「立法原意」》,華東政法大學 2016 年碩士學位論文。

長官任期 5 年，可連任一次；第 53 條規定：行政長官缺位時，應在六個月內依本法 45 條規定產生新的行政長官；第 55 條規定：行政會議成員的任期應不超過委任他的行政長官任期。

對香港行政長官「任期」的解釋，如果按照普通法的解釋方法，僅僅根據字面含義來闡釋法律條文，會根據基本法第 46 條把「任期 5 年」解釋為完整的一屆任期，那麼 2005 年行政長官辭任後，需要重新計算新一輪的「5 年任期」，而不是「補」當屆剩餘的兩年任期。這樣理解，至少會產生如下兩個基本問題：一是香港行政長官任期與行政會議成員任期不一致，這違背了基本法第 55 條的規定；二是「補任期」的期限與當屆行政長官選舉委員會的任期不一致，由只剩「2 年任期」的選舉委員會選舉「5 年任期」的行政長官，這會導致香港行政長官的任期與選舉委員會的任期脫節，不符合選舉的一般規則，也不符合基本法附件一的相關規定。如果按照內地採用尊重立法原意，考慮法律文本內容整體性的解釋方法，則我們可以得知：2005 年行政長官辭任後，補選的行政長官任期為當屆剩餘的兩年任期，該解釋符合選舉委員會任期與行政長官任期一致的立法原意，保證了基本法規定的關於行政長官任期和選舉的安排不被打亂。[2]

不可否認，基本法對香港行政長官任期的規定確實存在一些漏洞，也就給基本法解釋留下了一定爭議的空間，香港行政長官任期的「2」「5」之爭，反映的不僅僅是對法律條文理解上的差異，還有政治立場和態度上的分歧。儘管最終全國人大常委會對「補任期」時間作出了解釋，在一定程度上彌補了基本法的漏洞，但無法從根本上解決兩地在政治立場和態度上所存在的分歧。

2　郭天武、莫景清：〈《香港基本法》解釋制度的分析〉，《當代港澳研究》2009 年第 1 期。

二、關於獲得香港居留權條款的理解

表 2-1：關於獲得香港居留權的相關規定

	第二十四條第二款	第二十二條第四款
《香港基本法》	香港特別行政區居民，簡稱香港居民，包括永久居民和非永久性居民。香港特別行政區永久性居民為： （一）在香港特別行政區成立以前或以後在香港出生的中國公民； （二）在香港特別行政區成立以前或以後在香港通常居住連續七年以上的中國公民； （三）第（一）、（二）兩項所列居民在香港以外所生的中國籍子女；	中國其他地區的人進入香港特別行政區須辦理批准手續，其中進入香港特別行政區定居的人數由中央人民政府主管部門徵求香港特別行政區政府的意見後確定。
《入境條例》 （第 2 號、第 3 號修訂）	香港特區永久性居民在香港以外地區所生的中國籍子女，若要獲得香港居留權，則父母其中一方必須是中國公民， 並在上述子女出生時已擁有香港居留權。在以下的情況下，視為有父母與子女的關係存在： （a）任何女子與其婚生或非婚生子女之間的關係，為母親與子女的關係； （b）任何男子與其婚生子女之間的關係，為父親與子女的關係；如子女屬非婚生子女，只有當該子女其後因父母結婚而獲確立婚生地位，該男子與該子女之間才存在有父親與子女的關係； （c）只有父親或母親與其在香港根據法院命令領養的子女之間的關係，方為父親或母親與領養子女的關係。	對於享有居留權的人士，必須向內地公安機關申請、獲得「單程證」並同時附上香港特別行政區入境處頒發的「居留權證明書」（certificate of entitlement），才獲確認享有居留權。 符合居留權法定條件，但未獲發「單程證」或非法進入香港的人，視為未獲法律認可，將面臨被遣返內地。

	第二十四條第二款	第二十二條第四款
香港特區終審法院	第二十四條第二款（一）、（二）兩項所列居民在香港以外所生的中國籍子女應包括其所生的所有子女。 凡具有香港永久性居民身分的父親，他們在香港以外地方所生的非婚生子女，不論那些子女的母親的身分如何，都可根據《香港基本法》第二十四條享有居留權。	第二十二條第四款「中國其他地區的人」包括進入香港特別行政區定居的人，但不包括《香港基本法》已賦予其在香港特別行政區擁有居留權的特區永久性居民。這些人向香港當局證明其身份，取得香港入境處發出的「居留權證明書」便能行使其居留權。《入境條例》把「居留權證明書」和「單程證」掛鈎違反基本法。
人大釋法	「中國其他地區的人進入香港特別行政區須辦理批准手續」的規定，是指各省、自治區、直轄市的人，包括香港永久性居民在內地所生的中國籍子女，不論以何種事由要求進入香港特別行政區，均須依照國家有關法律、行政法規的規定，向其所在地區的有關機關申請辦理批准手續，並須持有有關機關製發的有效證件方能進入香港特別行政區。各省、自治區、直轄市的人，包括香港永久性居民在內地所生的中國籍子女，進入香港特別行政區，如未按國家有關法律、行政法規的規定辦理相應的批准手續，是不合法的。	第（三）項關於「第（一）、（二）兩項所列居民在香港以外所生的中國籍子女」的規定，是指無論本人是在香港特別行政區成立以前或以後出生，在其出生時，其父母雙方或一方須是符合《中華人民共和國香港特別行政區基本法》第二十四條第二款第（一）項或第（二）項規定條件。本解釋所闡明的立法原意以及《中華人民共和國香港特別行政區基本法》第二十四條第二款其他各項的立法原意，已體現在 1996 年 8 月 10 日全國人民代表大會香港特別行政區籌備委員會第四次全體會議通過的《關於實施《中華人民共和國香港特別行政區基本法》第二十四條第二款的意見》中。

總的來說，由上述分析，我們可以看出，內地和香港法律解釋理論及制度的差異直接導致了基本法解釋結果的爭議和衝突。這種爭議和衝突不僅會影響到基本法的權威性和一致性，更會影響到司法的公正性和有效性。因此，研究並探尋兩地在法律解釋理論及制度上的相融性，是完善基本法解釋權的重要前提。但是，我們也要清醒地認識到，兩地法制及法律解釋制度的融合與對接，需要兩地在各個領域、各個層次的全方位「合力」才能夠真正得以實現。

第三章

香港基本法解釋權的基本內容

　　法律解釋是對法律規範的模糊含義、用語作出說明，以使其含義清晰、用語準確。法律解釋是法律適用過程中不可缺少的一個重要環節，它直接關係到對立法者原意及立法精神的貫徹落實是否徹底。因此，法律解釋權的配置往往包含了既豐富又複雜的政治力量鬥爭和博弈。對香港基本法解釋權來說，它就涉及到了中央和特區的關係問題，這是立法者最需要進行思考和解決的問題。在香港基本法起草的過程中，有些人從國家主權的角度出發，認為既然基本法屬於中國法律體系的一部分，理應由全國人大常委會來進行解釋；而有些人則從香港普通法制傳統的角度出發，認為基本法的解釋權應當歸屬於香港特區法院。然而，無論基本法的解釋權最終歸屬於誰，我們都不可以否認的是：基本法是屬於中國法律體系的一部分，在「一國兩制」的前提下，至少應該保證對基本法解釋權的配置既符合「一國兩制」的精神實質，又要維持香港原有的司法制度體系。

　　經過多次諮詢和多方論證，在充分考慮和分析各種意見的基礎上，1990 年 4 月 4 日，第七屆全國人大三次會議審議通過的《中華人民共和國香港特別行政區基本法》第 158 條對香港基本法解釋權的配置進行了明確規定。具體而言，可以歸納為如下四個方面內容：一是全國人大常委會擁有對香港基本法的解釋權；二是香港特區法院經全國人大常委會授權也可以享有對基本法的解釋權；三是香港特區法院有條件地全面解釋基本法；四是基本法委員會有權介入基本法解釋程序。由此可見，《香港基本法》第 158 條有關香港基本法解釋權的設計既合乎我國憲法有關法律解釋的機制，又特別切合香港特區的解釋機制，並呈現出唯一性、界限性、約束性和諮詢性四個特徵。從主

觀上來講，這一定程度上緩解了「一國兩制」的內在張力問題，繼而為法制衝突的解決提供了一個安全閥門；從客觀上來講，這體現了中央對地方的主權原則，也維護了香港特區的高度自治權。然而，我們不可以否認的是，香港基本法雖然對全國人大常委會及終審法院的解釋權都設立了一些程序上的限制，但也存在一些缺陷，缺少關於法律後果和法律責任的條款，這在一定程度上弱化了法律規範的強制性功能的發揮。

香港基本法解釋權的主要內涵

◇◇◇

香港基本法是由全國人大組織起草和制定的。它雖然是一部全國性的法律，並具有全國性的法律約束力，但它主要是在香港特區予以適用和實施，而香港長期以來實行的又是一種普通法的傳統。因此，為了在法律層面上確認並保留香港特區原有的一些政治傳統和制度實際，當年在有關香港基本法解釋制度的設計和安排上，起草者們可以說是經過了一番非常激烈的討論，並引發了很多爭議。最後所設計出來的香港基本法解釋制度是「一國兩制」精神在法律解釋制度中的一個具體體現，是香港的司法解釋權與內地的立法解釋權相調和的一種產物。這種制度設計在確立和維護全國人大常委會在香港基本法解釋中的主體地位的同時也保留和整合了普通法下香港法院在司法審判中對基本法的一種有限制的司法解釋權，因此在當時受到了香港特區司法界和學術界的普遍贊同和認可。由此可見，現如今的香港基本法解釋制度是一種精心設計的法律解釋制度，它是內地和香港特區兩地法律人士智慧的一種結晶，具有很大的進步意義和時代價值。

一、基本法解釋權條款的形成

法律解釋是對法律規範的模糊含義、用語作出說明，使其含義清晰、用語準確，是法律適用過程中不可缺少的重要環節。它直接關係到對立法原意及立法精神的貫徹是否徹底，從而決定立法者所欲實

現的社會目的能否得到順利實現。[1] 因此，法律解釋往往是包含了既豐富又複雜的政治力量博弈，對香港基本法解釋來說，就涉及到中央和特區的關係問題。然而，在「一國兩制」之下，如何能一方面很好地維護國家主權統一，另一方面又能靈活運用「兩制」，使香港特區保持原有社會特性，且在「一國兩制」運行過程中，如何保持香港特區法院的正常運作、司法管轄權及終審權的獨立性，是立法者最需要思考及解決的問題。在起草過程中，有人從國家主權角度出發，認為既然基本法屬於中國法律體系的一部分，理應由全國人大常委會解釋；有人從香港普通法制傳統角度出發，認為基本法的解釋權應歸屬於特區法院。[2] 但無論基本法的解釋權歸屬於誰，都不可否認的是：基本法是屬於中國法律體系的一部分，在「一國兩制」的前提下，至少應該保證對基本法的解釋既符合「一國兩制」精神實質，又要維持香港原有的司法制度。[3] 那麼，基本法究竟由誰來解釋、如何解釋等，在基本法草擬過程中，意見紛紛。總結歸納起來，集中為三種觀點：

第一種，基本法的解釋權應該由特區法院的終審法庭擁有，因為既然 1997 年之後，香港法院擁有終審權，那麼在審判案件時就應當有權作出最終的司法解釋；或者是在基本法委員會下設法律小組，小組成員為內地及香港司法界代表，專門研究解決與基本法相關的問題，由法律小組享有基本法最終解釋權；或者是在香港特區設立憲法法庭，憲法法庭由內地及香港特區的法官組成，憲法法庭在審理案件時，可以就涉及到的基本法條款進行解釋，而全國人大常委會則不應該享有基本法的解釋權。[4]

1　管金倫：〈法官的法解釋〉，《法律方法》2003 年第 2 卷。

2　朱國斌：〈香港基本法第 158 條與立法解釋〉，《法學研究》2008 年第 2 期。

3　田雷：〈兩種居留權案件 —— 香港基本法第 24 條解釋的第三條道路〉，《交大法學》2015 年第 1 期。

4　《基本法（草案）徵求意見稿諮詢報告》第 2 冊，1988 年，第 41 頁。

第二種，基本法解釋權由特區法院和全國人大常委會共同擁有，主張將基本法所有條款劃分成兩大類：一類是純粹的香港特區內部事務；一類是涉及國防、外交以及中央與特區關係等事務。為了與之相對應，解釋權也應分為兩類：香港內部事務的法律解釋權由特區法院擁有，涉及國防、外交及中央與特區關係的事務的解釋權由全國人大常委會擁有。

第三種，香港特區法院審理的終審案件涉及基本法中不屬於自治範圍的條款，應提請全國人大常委會解釋，主張全國人大常委會擁有基本法的解釋權，但特區法院可以在審理案件時對所適用的基本法條款進行解釋，只是當案件涉及國防、外交及中央和特區關係等屬於中央政府管理的事務時，在作出終審判決前，應提請全國人大常委會解釋，並最終以全國人大常委會的解釋為準。總之，關於國防、外交等需要由中央管理的事務的最終法律解釋權歸屬於全國人大常委會。

經過反覆研究和論證，綜合各種理論、現實因素，基本法起草委員會認為：第一種意見不符合中國的法律邏輯，也違背了「一國兩制」精神，我國的政治體制是人民代表大會制度，並非三權分立，香港回歸後，特區法院就只是一個司法機關，如果單純由其對基本法擁有完全的解釋權，有違中國法理。第二種意見把全國人大常委會的解釋權和特區的解釋權非常清晰地割裂開來，兩者之間互不干涉，看上去非常簡單，但在實踐中卻是很難操作，當一個案件既是香港特區自治事務又涉及到中央和特區關係時，或者是基本法法條本身也有可能很難分清到底是中央管理事務還是自治範圍內的事務時，對基本法的解釋就會變得複雜化。與前兩種意見相比較，第三種意見相對可行，全國人大常委會授權特區法院在事實上行使對基本法的全面解釋權，只有在極少數的情況下，全國人大常委會才會對基本法作出最終解釋。[5]

5　董立坤、張淑鈿：〈香港特別行政區法院的違反基本法審查權〉，《法學研究》2010 年第 3 期。

經過多次諮詢、多方論證，在充分考慮各種意見的基礎上，根據基本法制定的特殊環境，對基本法解釋權做了最終設計。[6] 1990 年 4 月 4 日第七屆全國人大三次會議通過《中華人民共和國香港特別行政區基本法》，其中第 158 條對基本法解釋權的配置，是目前中國法制格局下相對合理的安排，它既保證了基本法在中國法律體系中的地位，又維持了香港特區的司法制度；既保障了國家主權統一，又維護了香港高度自治權。[7]

二、基本法解釋權的配置

有關香港基本法的解釋權配置問題主要規定在香港基本法 158 條。該條所設計的解釋制度，也可謂煞費苦心。正如前文所述，它既保證了「一個國家」的法律制度統一，也體現了「兩種制度」的和諧並存，尤其是體現了對香港自治的尊重和保護。具體而言，基本法第 158 條將基本法解釋權分為如下四個層次：

（一）全國人大常委會擁有基本法解釋權

依據憲法和立法法的相關規定，全國人大常委會享有對國家法律的解釋權。首先，基本法的解釋權屬於全國人大常委會，這是根據憲法而作出的最基本規定；再者，全國人大常委會授權香港特別行政區法院在審理案件時對基本法關於香港特別行政區自治範圍內的條款進行解釋；接著，香港特別行政區法院在審理案件時對基本法的其他條款也可解釋；但是，有著一定限制，在解釋時凡是涉及對基本法關於中央人民政府管理的事務或中央和香港特別行政區關係的條款時，必須提請全國人大常委會；這樣的規定是針對那些涉及中央利益的事

6　參見李昌道、龔曉航：《基本法透視》，香港：中華書局（香港）有限公司 1990 年版，第 38 頁。

7　參見蕭蔚雲：《論香港基本法》，北京：北京大學出版社 2003 年版，第 240-248 頁。

項；最後，規定了在特殊事項時的法律解釋應該徵詢基本法委員會的意見。基本法作為一部全國性的基本法律，由全國人大常委會來進行解釋，理所應當，也與中國法制統一原則相符合，而其他國家機關，如國務院、最高人民法院、最高人民檢察院以及地方級的國家權力機關都不享有對基本法的解釋權。全國人大常委會對基本法的解釋權是具有最高權威性的立法解釋，其解釋具有一種普遍性的約束力。這符合了我國複雜的單一制國家法制統一、地方高度自治的原則，符合了全國各族人民的共同願望和根本利益，同時也保證了基本法在全國範圍內的統一實施。有些學者認為，由全國人大常委會來解釋基本法可能會破壞香港法制的獨立性。然而，此觀點成立的邏輯前提是，在香港只有法院釋法才能保證獨立性。[8] 對此，也有些學者提出，全國人大常委會一般是在需要明確法律界限或者內容時才行使基本法解釋權，並非是在具體的案件牽涉有關法律時才行使基本法解釋權的，因此，它並不會干涉司法機關作出關於如何處理具體案件的解釋。

（二）香港特區法院經授權享有基本法部分條款解釋權

基本法第 158 條第 2 款規定了基本法解釋權的授權制度，即香港特區法院對自治內條款有自行解釋的權力。所謂「自行解釋」，即香港特區法院在審理案件過程中可以對自治範圍內的條款全權解釋，全國人大常委會不加干預。換而言之，香港法院在進行自治內條款解釋時，無義務提請全國人大常委會解釋，香港法院按照自己對法律條款的理解對該案件作出不可上訴終局判決，全國人大常委會事後也不能對該解釋進行審查，即便全國人大常委會認為香港特區法院作出的解釋有不適當的地方，也不能撤銷其解釋。全國人大常委會也不得直接

8　基本法起草委員會李柱銘認為，如果香港法院的解釋權受到限制，會對香港今後的司法工作造成很大阻礙，影響法院的有效運作。

接受案件當事人提交的解釋爭議。[9] 按照中國傳統的法律解釋制度，只有最高人民法院和最高人民檢察院才能擁有司法解釋權限，香港特區法院作為地方司法機關按理說不應當具備這項權力，但卻被基本法賦予解釋權，這是「一國兩制」前提下的「特事特辦」，體現了對香港 150 多年來實施普通法制度以及原有司法傳統的尊重。然而，雖然香港法院對自治範圍內的基本法條款可以自行解釋，但在司法實踐中，特區法院和全國人大常委對哪些條款屬於自治範圍存在不同的理解，這種理解也必然會導致法律紛爭。[10] 自回歸以來的人大四次釋法就是最好的例證。

（三）特區法院有條件地對基本法自治範圍外的條款進行解釋

基本法第 158 條第 3 款的規定在實質上就是全國人大常委會對香港特區法院進一步授權釋法，聯合第 2、3 款的規定，可以得知，香港特別行政區法院在審理案件時對基本法的其他條款也可解釋，這裏的「其他條款」即意味著自治範圍條款之外的其他條款。一般認為，基本法中有關中央人民政府管理的事務以及中央和香港特區關係的規定，即為基本法自治範圍外的條款。如此一來，香港特區法院實際上是對基本法的全部條款都有解釋權的，但也是受限的。基本法規定「香港特區在審理案件時需要對中央管理的事務或是有關中央與特區管轄的條款進行解釋時，而對該條款的解釋會影響案件判決，在作出不可上訴的終局判決前，應由終審法院提請全國人大常委會對有關條款作出解釋。」上述關於基本法解釋機制的安排初衷是基於一旦香港特區法院對基本法進行解釋，因其司法終審權的配置，將會造成據此判決的案例規則將成為香港特區具有普遍約束力的判例法，因此，為了避免中央統一利益與香港特區法院解釋不一致的情況發生，故而明

9　參見劉燕燕：《〈香港基本法〉第 158 條的完善》，暨南大學 2011 年碩士學位論文。

10　郭天武、莫景清：〈《香港基本法》解釋制度的分析〉，《當代港澳研究》2009 年第 1 期。

確在終局判決之前提前全國人大常委會進行解釋,並最終以全國人大常委會解釋為判決依據。此種基本法解釋制度的安排讓基本法在全國範圍內的統一實施得到了很好的保證,它既尊重到香港普通法規定的由法院來解釋法律的慣例,繼而有效地緩和了這兩種法律制度的矛盾之處,又同時避免了因內地和香港對基本法解釋出現不一致而導致的可能後果。這也是立法者用心良苦地將靈活性和原則性相結合的一個範例。

(四)基本法委員會介入解釋程序

根據基本法第 158 條第 4 條規定,全國人大常委會在解釋基本法之前,徵詢其所屬的香港特別行政區基本法委員會的意見。細究其中,能夠發現,有別於一般立法習慣,在這裏沒有用「應當」之類的詞語,這是否意味著「徵詢基本法委員會的意見」是由全國人大常委會「酌情而定」呢?此條文中關於全國人大常委會解釋基本法過程中「徵詢」基本法委員會意見是否是立法解釋必要程序的模糊規定讓人們提出了質疑。然而,從立法者的立法意圖來看,「徵詢」基本法委員會意見應當是必不可少的立法解釋環節。基本法委員會的組成人員中有不少香港人士,這實際上是架起了中央和特區之間的橋樑,基本法委員會的設立,不僅有助於傳達香港各界的意見,也有利於中央指示的下達。[11] 因此,條文設計全國人大常委會解釋基本法時,「徵詢」基本法委員會的意見,也是為了使全國人大常委會的釋法工作能儘可能地顧及香港民意,從而具有更強的主導性。總而言之,這一條款是有關基本法解釋程序上的一種特別規定,它主要是便於全國人大常委會在解釋基本法時能夠儘可能地考慮到香港人民的意願,反映出了全國人大常委會行使基本法解釋權時的一種慎重態度。

11　李昌道:〈香港基本法解釋機制探析〉,《復旦學報(社會科學版)》2008 年第 3 期。

通過對基本法解釋權配置的分析可見：從主觀上來講，希望從香港的普通法下的司法傳統出發，來解決「一國兩制」雖存在的內在張力的問題，繼而為法制衝突的解決提供一個安全閥門[12]；從客觀上來講，則體現了中央政府對地方政府的一種主權原則，也維護和確保了香港特區的高度自治權；從法制建設上講，它既突顯出基本法是中國法律體系的重要組成部分，又在相當程度上保留了普通法系的司法傳統。然而，不可否認的是，基本法雖然對全國人大常委會及終審法院的基本法解釋權也都設立了一些程序上的限制，但也存在一些缺陷，缺少對法律後果和法律責任的相關規定，這就在一定程度上弱化了基本法中法律解釋規範的強制性功能的發揮。[13]

三、基本法解釋權的立法原意和目的

基本法解釋權配置的立法原意和目的是在堅持國家主權的原則下，通過對權力的配置，來確保解釋權力劃分的合理性、權責的確定性以及權力行使的穩定性。只有基本法解釋權制度合理、穩定，才能使全國人大常委會和特區法院解釋行為穩定、規範。反之，就會導致解釋行為的隨意與混亂。基本法第 158 條表明，第一，基本法解釋權歸屬於全國人大常委會：全國人大常委會可以自行解釋，也可以授權特區法院解釋；可以主動解釋，也可以經香港特區請求解釋；可以事前解釋，也可以事後解釋；第二，特區法院對基本法的解釋權並不是香港原有普通法法制的延續，而是來自於中央的授權，而且其對基本法的解釋只能在案件審理中解釋，不得事前解釋；第三，香港特區法院對基本法的所有條款都擁有解釋權，但這種解釋權是受到限制的。總之，基本法明確了香港特區解釋權的來源、內容和範圍，確定了全

12　朱國斌：〈香港基本法第 158 條與立法解釋〉，《法學研究》2008 年第 2 期。

13　參見劉燕燕：《〈香港基本法〉第 158 條的完善》，暨南大學 2011 年碩士學位論文。

國人大常委會的最終解釋權，一般情況下，全國人大常委會不需也不宜解釋屬於香港自治範圍內的條款，香港法院也不宜解釋屬於中央管轄事務或是涉及中央與特區關係的條款，減少了兩地對基本法解釋的爭議和衝突，體現了「一國兩制」下對基本法解釋權配置的合理性和正義性要求。[14]

14　參見陳歡：《論中國法律解釋語境中的「立法原意」》，華東政法大學 2016 年碩士學位論文。

第二節

全國人大常委會與香港法院基本法解釋權的比較

◇◇◇

　　通過對基本法解釋權配置及層次的分析，比較全國人大常委會與香港法院的解釋權，可以發現兩者在解釋權的性質地位、解釋程序、範圍、解釋效力等方面存在較大差異。[1]

一、性質地位方面

　　在解釋體制方面，有以下幾點：（1）人大常委會和香港特區法院均可行使基本法解釋權。（2）不同的是，人大常委會的解釋權是原始解釋權和普遍解釋權；香港法院的解釋權是授權解釋權和有限解釋權。香港法院的解釋權源自人大常委會的授權，這一點基本法第 2 條也可以印證：「全國人民代表大會授權香港特別行政區依照本法的規定實行高度自治，享有行政管理權、立法權、獨立的司法權和終審權。」這也就是說，基本法解釋權的權源是一元的，即只有人大常委會是解釋權的所有者，香港法院的解釋權並非固有的，不是解釋權的所有者而是權力的行使者。（3）既然是授權解釋，香港法院所作解釋的效力必然低於人大常委會所作解釋的效力。正如法條所說，「如全國人民代表大會常務委員會作出解釋，香港特別行政區法院在引用該

1　鄒平學：〈全國人大常委會解釋法律與解釋基本法的若干問題研究〉，《港澳研究》2006 年第 2 期。

條款時，應以全國人民代表大會常務委員會的解釋為準。」（4）另外，香港法院的解釋權相較人大常委會的原始解釋權是有限的，其關係可以類比於所有權和用益物權的關係。人大常委會的解釋範圍是全面的，香港法院對基本法的解釋範圍是香港自治範圍的條款、其他條款。香港法院不得解釋關於中央人民政府管理的事務或中央和香港關係的條款。有學者將基本法解釋的體制構造概括為「一元雙重解釋制」，筆者贊同。

就基本法的立法初衷及其所堅持的「一國兩制」而言，受普通法制影響的香港法院的釋法權也不具有制度上的固有性，而根據基本法 158 條第 2 款規定，全國人大常委的解釋又是具有最高效力的。因此，可以說，香港法院的解釋具有從屬性。

二、啟動機制方面

根據全國人大常委會的法律地位，它有權主動啟動解釋權，其解釋可以是抽象解釋，也可以是具體解釋，但基本法對其解釋機制的設計，卻好似是被動解釋（經香港特區終審法院提請解釋）、具體解釋（案件對關於中央管理事務或是涉及到中央和特區關係的條款的具體適用）。事實上，全國人大常委會釋法程序的啟動是「主動」或是「被動」相對來說比較複雜：一方面，從宏觀上說，根據憲法和基本法賦予的職權，全國人大常委會行使解釋權具有「主動性」，它可以「主動釋法」，但從微觀操作上說，它在解釋法律過程中又總是「被動」的，經常是在有要求的情況下進行釋法行為；另一方面，對那些不屬於香港法院解釋範圍的條款的處理，既可以「主動」，又可以「被動」，如針對大陸法系下「國家行為」或是「政府行為」問題以及普通法系下的「政治問題」或是「憲法問題」，有時主動（2004 年第二次釋法），有時被動（2005 年經國務院提請第三次釋法）。反之，香

港法院解釋基本法則簡單的多，它是法院的內生功能，法院在審理具體案件時根據需要對法律作出解釋，具有主動性。

根據立法法 43 條規定，有權向全國人大常委會提請法律解釋要求的主體是國務院、中央軍事委員會、最高人民法院、最高人民檢察院、全國人大個專門委員會以及省、自治區、直轄市的全國人大常委會。而根據基本法和立法法的相關規定，提請全國人大常委會解釋基本法的主體只有三個：國務院、香港特區終審法院和全國人大常委會主動釋法。[2] 這其中，國務院提請既可以是根據自己的判斷主動提請，也可基於香港特區政府請求，香港特區政府不可以直接向全國人大常委會提出釋法請求。近二十年來，全國人大常委會對基本法的五次釋法：兩次是全國人大常委會主動釋法，兩次是基於香港特區政府的請求、經國務院向全國人大常委會提案啟動，還有一次釋法是終審法院主動提出。五次釋法採用了三種模式，這不僅填補了基本法解釋提請程序的立法「真空」和「漏洞」，而且鑒於這五次釋法效果的有效性和正當性，可以被認為是基本法解釋程序啟動的「慣例」。

需要注意的重要環節是 —— 案件審理中香港法院釋法與人大常委會釋法的銜接。同時滿足以下兩個條件時，香港終審法院有義務提請人大常委會釋法：A. 關於中央人民政府管理的事務或中央和香港特別行政區關係（類別條件）；B. 需要進行解釋，該條款的解釋又影響到案件的判決（有需要條件）。如果人大常委會釋法，香港法院應以其為準。當然，人大常委會的釋法並無溯及力。人大常委會釋法前需要徵求香港基本法委員會的意見。

該環節之所以最重要，原因如下：（1）兩個機關釋法的銜接本質上是一種權力分配，而有權力分配的地方必有紛爭，不論是橫向的還是縱向的權力分配皆是如此，因而銜接環節本身就是容易出問題的環

2　韋洪乾：〈構建「一國兩制」下的法律解釋制度〉，《方圓法治》2007 年第 3 期。

節。（2）從微觀看，該環節是釋法權在人大常委會和香港終審法院之間的對接；而從宏觀上看，該環節是一國主權和香港自治之間的連接點。如果不能實現「無縫對接」，很可能會對一國兩制產生危害。（3）由於是在案件審理過程中，涉及司法權獨立價值和基本法解釋權價值的關係處理問題。

三、解釋範圍方面

從理論上講，全國人大常委會對基本法的解釋範圍具有全面性，它有權解釋基本法所有的條款；從實踐來看，對於香港自治範圍內的條款，全國人大常委會基於審慎立場，一般不作解釋，而是授權香港特區法院「自行解釋」。根據憲法和法理，這種「自行解釋」並不意味著全國人大常委會放棄了解釋權，香港法院對基本法的解釋是一種有限解釋，對超出自治範圍內的條款，經全國人大常委會「授權」也可解釋，但不能理解為「自行解釋」。此外，香港法院對基本法條款的解釋，還必須遵從兩個附加條件：第一，法院只有在「審理案件」時，方可作出解釋，這一限制條件，在普通法系之下，看似多餘，但其特殊意義只有在與全國人大常委會釋法的啟動程序比較時方能顯現，全國人大常委會對基本法的解釋並不受是否「審理案件」這一條件限制；第二，對超出自治範圍之外的條款的解釋，在不可上訴的終局判決作出前，終審法院應當提請全國人大常委會解釋，並且案件判決所適用的法律條款須以全國人大常委會的解釋為準。[3]

3　季奎明：〈香港基本法的解釋權 —— 芻議全國人大常委會和香港法院在基本法解釋上的關係〉，《甘肅政法學院學報》2006 年第 3 期。

四、解釋程序方面

　　根據《香港基本法》第 158 條的規定，全國人大常委員有徵詢基本法委員會的意見的程序。但香港特區法院在解釋自治範圍內的條款時，基本法並沒有規定任何程序性的限制，但是在解釋自治範圍外的其他條款時，則有限制性的條件，即在解釋其他條款時，在案件不可上訴終局判決作出之前，香港特區終審法院應當提請全國人大常委會對相關條款作出解釋。目前，全國人大常委會解釋香港基本法程序的依據主要是《香港基本法》和《全國人大常委會議事規則》以及可參照適用的《立法法》。根據《香港基本法》和相關法律的規定，有三個主體可以啟動全國人大常委會解釋基本法，分別是全國人大常委會自己主動解釋基本法；國務院提請全國人大常委會解釋基本法；香港特區終審法院提請全國人大常委會解釋基本法。

　　香港法院在解釋法律前，法官要聽取當事人的意見。作出解釋時，要闡述這樣解釋的理由，必要時還要闡述採納或不採納當事人意見的理由。香港法院的釋法是由案件雙方當事人提出訴訟程序啟動的，也就是說法院解釋法律具有被動性。香港是普通法影響的地區，其法律解釋權主要是由法院來行使，準確地說是由法官來行使。法官在處理具體案件時對所涉及的法律進行解釋，並對該條文的含義作出符合立法原意的宣告。解釋法律被認為是法官正當和特有的職責，法官只在具體案件審理過程中解釋相關法律條款，但不能抽象性、原則性解釋法律。

五、解釋效力方面

　　基本法 158 條第 3 款明確規定，全國人大常委會對基本法作出的立法解釋，對此解釋之前的判決無溯及力。1999 年 6 月 29 日，因吳

嘉玲案，全國人大常委會第一次釋法之後，曾發表聲明：本解釋公佈之後，香港特區法院在適用本法相關條款時，應以本解釋為準。本解釋不影響香港特區終審法院於 1999 年 1 月 29 日對案件判決的有關當事人所獲得的香港特區居留權。這一聲明不僅符合基本法 158 條第 3 款規定，又符合立法原意。但在基本法的起草過程中，關於此點，有委員提出不同意見：一般認為不應溯及既往，但不能籠統地認定完全無溯及力，是否可以將人權或是公民權利作為決定解釋有無溯及力的標準？凡是作出的解釋可能剝奪公民權利的，不具有溯及力，凡是可能擴大公民權利的，具有溯及力。[4] 筆者認為，可以參照我國刑法解釋關於溯及力認定標準來進一步發展基本法解釋理論並上升到實踐。

4　閻承琳：〈香港《香港基本法》第 45 條的文本解釋〉，《中國法律評論》2015 年第 3 期。

第三節

基本法解釋權的特徵

◇◇◇

香港由於歷史原因等，至今仍然實行的是普通法系的法律制度。按照這種司法體制，一般是由立法機關制定法律，司法機關在處理具體案件過程中，可以根據需要對具體案件涉及的法律問題進行解釋，即所謂的「司法解釋」。當然這種司法解釋，只能在案件審理過程中進行，不能對法律進行原則性、規範化、抽象性的解讀。而且，更為重要的是，在這種司法機制之下，法院在具體案件中對法律的解釋具有權威性，對後來的案件也具有指導價值，一切法律的解釋都以法院的最終解釋為準。這與內地明顯不同，內地是由全國人大常委會進行立法解釋，解釋的範圍包括全國人大常委會制定的基本法律以及全國人大常委會自己制定的非基本法律；最高人民法院也可以根據具體的司法實踐對法律適用的具體問題進行解釋，但這種解釋必須在全國人大及常委會制定的法律框架之下，遵循立法本意，當具體的解釋出現衝突的時候，可以由立法解釋予以明確，也就是說在內地的法律框架下憲法賦予了全國人大常委會解釋法律的最高權威。由此可以看出，香港的法律制度與內地的中國特色社會主義成文法差異較大。

《香港基本法》由全國人大負責制定，依法應當由全國人大常委會行使法律解釋權，進而確保基本法在全國範圍內法律效力的統一性。然而，按照「一國兩制」的內涵要求，難以完全按照內地的立法解釋模式而排斥基本法的精神，內地的法律解釋體制也難以適應

香港特區的特殊情況。換句話說，《香港基本法》第 158 條的內容設計既合乎我國憲法有關法律解釋的機制又符合香港特區的法律解釋傳統。歸納而言，《香港基本法》解釋權設計的基本特徵包括以下四點：

一、唯一性

香港基本法第 158 條第一款明確規定：「本法的解釋權屬於全國人民代表大會常務委員會。」按照我國有關法律解釋的一般規定而言，在各級的國家機關中，只有全國人大常委會是法律解釋的核心主體，其對法律所做出的解釋也是最具有權威的，同時也是最終的解釋。因此基本法第 158 條的規定也是迎合了我國關於法律解釋的基本規定，體現了中央與香港特區在關係上的「一國」的宗旨。基本法第 1 條規定：「香港特別行政區是中華人民共和國不可分離的部分。」第 12 條規定：「香港特別行政區是中華人民共和國的一個享有高度自治權的地方行政區域，直轄於中央人民政府。」換而言之，香港特區與中央政府的關係，是根植於基本法這一法律規定的基礎之上的，同時這也是全國人大常委會被授權解釋香港基本法機制的準則。結合自建國以來的四部中華人民共和國憲法也可以看出，雖然在表述上略有細微差異，比如，在 1954 年憲法以及 1975 年憲法都規定全國人大常委會有「解釋法律」的職權，而 1978 年以及 1982 年憲法則將其發展為「解釋憲法及法律」的權力，但不管如何進行細微調整，都不難看出全國人大常委會是法律解釋權的主體，是自建國就已經確定的，是歷史性的選擇。

同時，也必須明確的是全國人大常委會雖然是依法唯一被授權解釋香港基本法的主體，但全國人大常委會實施基本法解釋權並非是單一的，相反正好是多元的，具體可以從形態、程式、性質以及規則

等方面予以闡釋。[1] 首先，在具體形態上，包括全國人大常委會自己行使解釋權以及授權解釋兩種形態。前者自不待言，也就是全國人大常委會根據基本法的規定就基本法的有關問題進行解釋釋明，而所謂授權解釋就是依據基本法第 158 條第二款「全國人民代表大會常務委員會授權香港特別行政區法院在審理案件時對本法關於香港特別行政區自治範圍內條款自行解釋」，據此可以看出全國人大常委會授權香港地區法院在審理案件過程中對基本法有關香港特別行政區自治範圍內的內容進行釋明。同時，在基本法 158 條第三款還規定香港特區終審法院對本法其他條款「也可解釋」，然而依法這種解釋必須符合一定的條件，屬於一種有前置條件的法律解釋。其次，就程序來說，全國人大常委會對基本法的解釋包括自動解釋或有被動解釋。所謂自動解釋，也就是全國人大常委會根據某種需要自己主動就基本法進行解釋。而被動解釋，顧名思義，就是其他主體在滿足某一條件下請求全國人大常委會對基本法進行解釋，根據基本法第 158 條第三款所規定，在一定條件下由特區終審法院提請全國人大常委會作出解釋，這就是所謂的被動解釋。並且，一般情況下全國人大常委會也會根據有權向它提出議案的特殊國家部門，比如某些國家機關向國務院或全國人大常委會委員長會議提出的請求以作出相關的解釋，比如香港特區行政長官不能直接提請全國人大常委會解釋基本法，但是其可以向國務院提交報告的形式，將釋法的請求報告國務院，再由國務院向全國人大常委會提出解釋基本法的請求。再次，就法律解釋的性質而言，一般可以分為抽象解釋或具體解釋。所謂具體解釋，也就是可能會結合著某一案件需要進行法律的具體解釋，而抽象解釋則可能與具體案件無關，就是法律的一般解釋。[2] 最後，以解釋的一般規則來看，對

1　朱世海：〈香港基本法中的權力結構探析 —— 以中央與香港特別行政區關係為視角〉，《浙江社會科學》2016 年第 6 期。

2　張志銘：〈法律解釋探微〉，《法學研究》1998 年第 5 期。

基本法的解釋包括應含之義解釋或實含之義解釋。質言之，全國人大常委會解釋基本法必須符合立法原意，闡明應該含有的意思或實際含有的意思。

二、界限性

所謂「界限性」，就是指按照現行的香港基本法解釋機制，全國人大常委會對基本法的解釋有香港自治範圍內的基本法內容上的解釋以及自治範圍外的相關條款的解釋兩種主要情形，這也體現了對香港自治區高度自治的尊重。這種類似的規定在行政管理權、立法權以及司法權等中都有一定的體現，也反映了現行法下基本法解釋權設置的邏輯前提。[3] 就全國範圍而言，中央對香港地方的行政管控是寬鬆的，其他內地省市都是在中央統一領導下來進行管理的，中央也是直接對各地各省市進行行政領導和行政監督，這就意味著一方面地方省市要根據中央的指示決定具體的行政管理事項，同時如果中央認為地方省市的某一行政管理事務不恰當的時候，也可以直接予以糾正或者撤銷。而香港地區則不同，其可以自行根據基本法的規定來處理自治範圍內的一些香港地區事務。

另外，香港地區行政長官的法律地位具有一種雙重性，一方面行政長官是香港地區的首長，能夠代表香港特區（依據基本法第 43 條），另一方面基本法第 60 條又規定了特區行政長官也是香港行政長官，這自然也與國內的其他省市相不同。[4] 並且，根據基本法得相關規定，香港特區在中央政府的授權下，能夠依據基本法的規定處理某些對外事務。根據基本法的內容，全國人大常委會授權香港地區法院在案件審理過程中可以在自治範圍內的有關法律條款進行解釋，自

---

3   參見梁雲峰：《香港基本法解釋權的完善》，華中師範大學 2015 年碩士學位論文。

4   王薇：〈論「一國兩制」下香港特別行政區行政長官的獨特作用〉，《河北法學》2003 年第 1 期。

治範圍外的法律條款則在經過全國人大常委會的授權後也可以進行解釋。但是，必須明確的是，授權並不是分權，儘管香港地區法院在經過全國人大常委會授權後可以對基本法進行解釋，但這並不意味著法院本身就享有法律解釋權，或者說全國人大常委會因為授權而喪失了對基本法的解釋權。同時，根據基本法的規定也可以看出，香港地區法院對基本法在自治範圍內的「自行解釋」與自治範圍外法律條款的「也可解釋」是明顯不同的。換句話說，「也可解釋」依據基本法是有條件的，即對自治範圍外的條款進行解釋，而又影響到案件的判決時，在對該案件作出不可上訴的終局判決之前，應當由香港特區終審法院提請全國人大常委會作出解釋。[5] 質言之，有關基本法的法條解釋，只有全國人大常委會的解釋才是有最終約束力的，而香港地區法院雖然也可以進行解釋，但也只有在全國人大常委會通過立法解釋予以認可的前提下，才能具有最終的法律約束力。

三、約束性

雖然按照香港基本法的內容，已經對全國人大常委會的法律解釋機制進行了比較明確的規定，但是也有一些比較明確的自我約束，這也是香港高度自治的一個縮影，同時也說明了中央和全國人大充分相信香港地區法院能夠嚴格按照基本法的立法本旨以及保持內地和香港繁榮發展的初衷來解釋基本法。對於全國人大常委會解釋基本法機制的限制主要包括如下兩層含義：[6]

其一，全國人大常委會授權香港地區法院釋法的範圍比較廣泛，按照基本法第 158 條的規定，香港地區法院在審理案件時可以在

5　馬嶺：〈從《香港基本法》規範看中央與香港的權力關係〉，《哈爾濱工業大學學報（社會科學版）》2016 年第 3 期。

6　鄭賢君：〈我國憲法解釋技術的發展 —— 評全國人大常委會' 99《香港特別行政區基本法》釋法例〉，《中國法學》2000 年第 4 期。

自治範圍內，主要包括財政經濟、工商貿易、交通運輸一集土地和資源的開發與管理、教育科技、文化體育、社會治安、出入境管制等方面進行解釋；同時，基本法還規定對自治範圍外的其他條款，在一定條件下「也可解釋」。據此，我們基本上可以認為香港地區法院在審理案件的過程中，可以對基本法的全部條文進行法律解釋。

其二，全國人大常委會只能解釋法律而不能立新法。全國人大常委會在解釋基本法之時應該遵守立法本旨，尊重立法者的原意，不能超越基本法本身進行任何形式的隨意創設新的法律規範。按照《中華人民共和國立法法》第 42 號條規定，全國人大常委會釋法是進一步明確具體含義，或者針對法律制定後所出現的新情況，而需要對基本法的適用進一步明確相關依據的。也就是說全國人大常委會對法律解釋是有相應規範進行約束的，而不能因為誰高興與誰不高興來決定，即隨意的「變法」，必須作出公正的法律解釋。

四、諮詢性

香港基本法第 158 條第四款明確規定，「全國人民代表大會常務委員會對本法進行解釋前，徵詢其所屬的香港特別行政區基本法委員會的意見。」這條內容是香港基本法所體現出來的法律解釋前唯一的法定徵詢機構，不僅可以在中央和香港地區之間就法律解釋和適用問題搭起一座橋樑，很好地緩衝了兩地在法律適用上可能存在的一些爭議和衝突，同時這也構成了全國人大常委會基本法解釋機制的一個有機組成要素，對完善全國人大釋法也大有裨益。[7]

基本法委員會是在基本法解釋機制的形成過程中創制的，其實在最早的《中英聯合聲明》中並沒有對基本法委員會的涉及。在

7　參見林穎璐：《〈香港基本法〉第 158 條法律適用問題研究》，廣東外語外貿大學 2014 年碩士學位論文。

1998 年 4 月頒布的《基本法徵求意見稿》中，明確提出了基本法委員會的名稱、隸屬關係、職能以及組建建議等情況，進而在基本法草擬制定的過程中，對基本法委員會設置的必要性以及該委員會本身的定性和成員機構設置等情況進行比較充分的討論。按照 1989 年 2 月頒發的「基本法（草案）」列了一個附錄：香港特別行政區基本法起草委員會考慮到香港特別行政區基本法生效以後，沒有機構就基本法若干條款實施中的問題進行研究，並向全國人大常務委員會提出意見。據此，建議在基本法生效的同時，在全國人大常務委員會下設立一個工作委員會，也就是基本法委員會，其成員由內地和香港人士經過全國人大常委會的任命程序後組成，同時也明確了基本法委員會的名稱、隸屬關係、職能、以及具體的組成方案等相關內容。最後確定香港基本法委員會是在 1990 年 4 月的四屆全國人大三次會議，明確批准設立全國人民代表大會常務委員會香港特別行政區基本法委員的建議，同時在《中華人民共和國香港特別行政區基本法》生效實施之時，成立全國人大常委會香港特別行政區基本委員會，並且明確規定基本法委員會作為專門負責協調、研究─集徵詢中央與香港特區之間事務的一個機構。這個「橋樑」的重要性自不待言，對於保證基本法解釋機制的高效良性運作具有十分重要的現實意義。

基本法解釋權制度的正義性

◇◇◇

目前來看，基本法解釋制度雖然也存在一些缺失，但也無法掩蓋其在解釋權配置以及結構層次劃分的合理性與正義性。基本法對全國人大常委會和香港法院解釋權的配置、劃分與行使，從總體上來說，是符合「一國兩制」方針的要求的，也符合中國傳統的國家權力劃分，更能維持兩地現行法律解釋制度的運行。從這些層面出發，可以說，我國基本法解釋制度是具有正義性的一個制度。

▌一、立法原意和立法目的的正義性

香港基本法解釋權限的劃分和配置的主要立法目的及立法原意是確保解釋權力劃分的合理性和正義性，以此來保障香港基本法解釋制度的穩定性和確定性，進而促使內地和香港的法律制度能夠在最大的限度內實現協調與融合，最終推動「一國兩制」方針的順利貫徹實施。[1] 通過前文對香港基本法的解釋權配置一集層次結構的詳細論述，我們可知，香港基本法解釋的權力主要歸屬於全國人大常委會，香港特區法院經過授權有條件的全面解釋基本法，這種解釋權配置真實地反映了香港基本法解釋權分配的合理性與公正性。一方面，全國人大常委會對基本法解釋權的最高和最終效力，不僅堅持和體現了國

1　參見孟燁：《香港基本法解釋研究》，中國地質大學（北京）2013 年碩士學位論文。

家主權統一的原則，也符合國家授權解釋法律的性質，體現了以「一國」為根本的目的；另一方面，賦予香港特區獨立的司法權和終審權，也賦予其在自治範圍內對基本法的自行解釋權，反映了「兩制」一種現實，更體現了「高度自治」特點；[2] 此外，對香港特區法院的解釋權又作出一定的限制，實現了基本法解釋權「一國」和「兩制」的協調。一言以蔽之，這是一種體現社會正義價值目標的良好制度設計。

二、全國人大常委會對基本法享有立法解釋權的正義性

當我們說全國人大常委會享有對基本法的解釋權時，不言而喻，我們就能夠斷定全國人大常委會的這項權力不僅具有憲法的授權，更是獲得了人民的同意和認可。那麼，如果能夠證明全國人大常委會的解釋行為是正當的呢？如此，那些對全國人大常委會的解釋行為的質疑便會無從談起。為此，筆者將從立法解釋權的制度理論淵源出發，來論述全國人大常委會對基本法享有解釋權的正義性。

（一）立法解釋權的理論淵源之一：比較憲法的透視

解釋主體是憲法解釋模式的一個重要構成要素，解釋主體的不同也就決定了不同的憲法解釋模式。無論是歐洲大陸國家的憲法解釋模式，還是美國的憲法解釋模式，它們都是在各自一般法律解釋模式的基礎上經過長期的變異和進化而來的。《中華人民共和國香港特別行政區基本法》是一部典型的憲法性法律，如此一來，其解釋模式也應當由我國傳統法律解釋模式以及香港傳統法律解釋模式在「一國兩制」體制下，根據《中華人民共和國憲法》和《中華人民共和國香

2　參見王鈺：《試論香港基本法解釋權的有限性》，華東政法大學 2012 年碩士學位論文。

港特別行政區基本法》的具體規定，並經過一定的變異與進化而生成。[3]

　　在歷史上，大陸法系國家的法官根本無權對法律進行解釋，法官在審理案件時就像美國學者梅利曼所分析的那樣：「呈現出來的畫面是一種典型的機械式活動的操作圖，整個審判過程被限於形式邏輯的三段論式之中。成文法規是大前提，案件事實是小前提，案件的判決則是推論出的必然結果。法官的形象就是立法者所設計和建造的機器的操作者，其作用與機器無異。」[4] 早在古羅馬時期，「誰制定的法律誰就有權解釋」就已經成為了一句非常著名的法律格言，即便是在 18 世紀，歐洲大陸國家依舊堅持認為只有立法機關才有權力對法律作出權威的解釋。從比較憲法史角度來看，立法解釋制度最早是在法國正式確立的，在法國大革命之後，為了杜絕舊時期的司法干政現象，實施嚴格的立法、司法與行政分立，從而造就了立法之上的制度格局。法國於 1790 年 8 月的 16-24 號法令確立了立法提請制度，它在第二編第 12 條當中明確規定，法庭不得制定任何規章，必要時，必須提請立法機關解釋法律或是制定新的法律，從此，立法解釋制度在法國得以確立。[5] 隨後，這一模式被世界很多國家所效仿。[6] 在後期，隨著社會的發展，雖然歐洲大陸的一些國家的法官在司法審判的過程中也逐步獲得了一定的解釋法律的權力，如法國的最高法院即擁有對法律的解釋權，但是法院在解釋法律時所採用的解釋方法必須是原意主義方法。「儘管隨著資產階級革命取得勝利，立法的神話色彩不再那麼耀眼，但立法是神聖不可侵犯的觀念卻被延續了下來。對法

3　參見劉永偉：〈變異與進化：美歐憲法解釋模式的生成 —— 兼論香港基本法解釋模式的建構〉，《法商研究》2012 年第 1 期。

4　【美】約翰·亨利·梅利曼著，顧培東、祿正平譯：《大陸法系 —— 西歐拉丁美洲法律制度介紹》，北京：知識出版社 1984 年版，第 39-40 頁。

5　薩孟武：《政治學與比較憲法》，北京：商務印書館 2013 年版，第 58-94 頁。

6　翟小波：〈代議機關至上，還是司法化？〉，《中外法學》2006 年第 4 期。

律的解釋必須符合立法者原意因而也就成為了自然的結果。」[7]

在早期，英國由於並沒有專門的立法部門，一些法律問題主要是由法院根據一些社會習慣和先前的判例來進行處理的。倘若我們說判例法制度本身就是對法律的一種解釋的話，那麼也可以這樣認為，即早期的英國的法律解釋只是法官的一個專屬的事情。如此一來，「司法權威主義」便在英國形成一種觀念，法院也因此認為其的主要職責就是對各類法律作出解釋，制定法也唯有在經過法官的解釋後才能在實踐中予以適用和實施。另外，英國的議會產生較晚，並且議會立法權最初的主要目的是為了限制王權，並伴隨著這個目的而逐步發展完善，因此英國的立法機構並不像一些大陸法系國家的立法機構那樣，天然地就享有了對法官的一種權威。如此，在英國，議會認為自己能夠獲得對某一事項的立法權就已經是一個非常重大的勝利，更遑論去獲得對其所制定法律的解釋權，它認為這是司法者所專屬的事情。至於美國，在建國之初雖然對英國的法律制度已經形成了很多反感，但它還是繼承了很多的英國法律制度，其中就包括英國的法律解釋制度。並且，時至今日，美國的法律解釋制度還沒有很大的改變和發展，仍具有很多的英國色彩，在美國的憲法解釋模式中，其解釋主體依舊是司法者，立法者的角色和作用並不是太重要和突出。

嚴格說來，在我國實行的人民代表大會制度實際上就是盧梭人民主權理論的制度形態，它體現的是立法至上或是議會至上的原則。在一個人民主權國家，法律就應該是民眾意志的體現，那麼也就只能產生一個機構來代表人民進行制定法律、修正法律，而解釋法律則是人民代表大會立法權力的自然延伸與擴展，全國人大常委會作為人民代表大會的常設機關，解釋法律是其應盡的職責要義。

7　范進學：《認真對待憲法解釋》，濟南：山東人民出版社 2007 年版，第 175 頁。

（二）立法解釋權的制度與理論來源之二：中國憲法

憲法發展軌跡的巨大差異導致了中西兩地憲法學語境的決然不同。[8] 一般情況下，英美法系的國家的立法機關沒有解釋憲法和法律的職能，但全國人大常委會解釋憲法和法律則具有充分的法理和憲法基礎，這點跟大陸法系國家具有很多類似之處。全國人民代表大會制度是我國的根本政治制度，而「人民主權原則」和「民主集中制」則是這一制度的政治哲學，這種制度與盧梭的主權在民思想、列寧的國家理論有著精神上的一脈傳承關係。在人民代表大會制度之下，國家權力的源泉只有一個，也即是說國家所有權力都來自於人民，國家權力有分工但無分權。在這種權力分工之下，全國人大及其常委會享有立法權，不僅包括制定憲法、基本法律，還包括修改憲法、解釋憲法、解釋法律。無論是制憲權、修憲權還是釋憲權以及釋法權，它們都是一脈相承的關係。細究之下，中國現行的立法解釋體制又有三個特別之處：一是有權解釋法律的機關不一定有權制定該法律，如全國人大常委會有權解釋全國人大制定的基本法律，卻無權制定這些基本法律，且對這些法律作出解釋時，不得違背該法律的基本原則；二是有權制定法律的機關也有權解釋法律，如全國人大常委會可以制定除應當由全國人大制定的法律以外的其他法律，並有權對這些法律作出解釋；三是有權制定法律的機關不一定會親自解釋法律，如全國人大，從其性質和地位來看，有解釋法律的權威；可出於內部分工及會期設置考慮，憲法並沒有賦予其解釋法律的權力，因此，從現實需要來看，由全國人大常委會解釋法律是可取而又可行的選擇。

根據憲法第 67 條、立法法第 42 條規定，全國人大常委會享有解釋法律的權力，也正是這兩個法律條文確定了全國人大常委會的立法解釋權。這裏的「法律」有著確定的含義，即立法法第 7 條規定的全

8　田飛龍：〈中國憲法學脈絡中的政治憲法學〉，《學海》2013 年第 2 期。

國人大制定修改的刑事、民事、國家機構和其他基本法律以及全國人大常委會制定修改的其他法律，而立法法第 8 條相繼規定了十大事項只能制定法律來加以規定，其中第三大事項是「民族區域自治制度、特別行政區制度、基層群眾自治制度」。顯然，香港基本法作為規定香港特別行政區制度的法律，理應涵蓋其中，因此，全國人大常委會對其擁有解釋的權力。這些年，全國人大常委會對香港基本法共展開了五次釋法活動。

表 3-1：五次人大釋法情況實踐概括表

次數	解釋時間	解釋主體	解釋條文	爭議主題	提請主體	爭議案件
第一次釋法	1999 年 6 月 26 日	九屆全國人大常委會十次會議	22（4）23（2）[3]	中國其他地區居民入港批准與永久性居民資格	國務院	吳嘉玲案
第二次釋法	2004 年 4 月 6 日	十屆全國人大常委會八次會議	附件一，7 附件二，3	行政長官的產生辦法、立法會的產生辦法和法案、議案的表決程序的修改	委員長會議	無
第三次釋法	2005 年 4 月 27 日	十屆全國人大常委會第十五次會議	53（2）	補選行政長官的任期	國務院	無
第四次釋法	2011 年 8 月 26 日	十一屆全國人大常委會第二十二次會議	13（1）19	國家豁免問題是否屬於國家行為	香港特區終審法院	剛果（金）案
第五次釋法	2014 年 8 月 31 日	十二屆全國人民代表大會常務委員會第十次會議	104	香港特別行政區行政長官普選問題和 2016 年立法會產生辦法的決定	委員長會議	無

三、限制香港特區法院對基本法解釋權的正義性

香港基本法賦予了香港特區法院自行解釋自治範圍內條款的權力，同時也賦予其在審理案件過程中對關於中央管理事務或者是涉及中央和特區關係條款的解釋權，但這種解釋權是受到一定限制的。基本法是全國人大根據憲法制定的，只有全國人大常委會最清楚基本法的立法意圖，因而最有資格對基本法條文的立法原意作出最符合立法目的而又最有權威的解釋。香港特區法院並不是立法主體，加之香港法官的法律理念、法律思維方式主要是建立在普通法系基礎上而形成的，這為準確把握基本法的立法原意又增加了一些不確定性和不穩定性。在這種情況下，如果賦予香港特區法院所有的基本法解釋權限，那麼，當法院解釋與立法原意出現爭議和衝突時，國家最高立法機關將失去對其所立之法的解釋功能。從法理的角度來說，對香港特區法院的解釋權進行一定的限制，不僅符合授權解釋法律的一般規則，也是保證基本法立法原意準確的一種需要。[9]

兩地學術界在關於香港特區法院對基本法的解釋權是否應當受到限制問題上，主要存在兩種觀點：適當限制和無須限制。[10] 香港部分法官和學者認為，應當將香港法院的解釋權擴展為對基本法所有條款都擁有解釋的權力，比如，香港法院的李福喜法官曾經明確提出：不應當限制香港法院對基本法的解釋權，反之應當限制全國人大常委會的解釋權限。從司法實踐來看，全國人大常委會並不經常解釋基本法，反倒是香港法院對基本法的解釋實踐活動較多，既然如此，就沒有必要限制香港法院的解釋權，總歸來說，香港法院的判決只有在香港本地有執行效力，除非是需要得到中央政府或是其他地區的協助

9　鄭賢君：〈隱含權力：普通法對香港政制的影響——解釋權的民主性〉，《河南財經政法大學學報》2016 年第 1 期。

10　李樹忠、姚國建：〈香港特區法院的違基審查權——兼與董立坤、張淑鈿二位教授商榷〉，《法學研究》2012 年第 2 期。

時，香港法院的判決對香港以外的地區不產生法律效力。在法院對基本法解釋的問題上，中央政府應當對香港法院有更多的信任，如果法官真的做出錯誤解釋，可以由全國人大常委會作出最終解釋予以糾正。香港李柱銘法官也曾主張：香港法院必須擁有對基本法的全部解釋權，即使在自治範圍以外的條款以全國人大常委會的解釋為準，但全國人大常委會的解釋是沒有溯及力的。為了維護法院審判的權威性，香港法院解釋錯誤時，也不能通過全國人大常委會的解釋來否決已生效判決的效力。基本法委員會也曾有委員提出，《中英聯合聲明》已明確規定香港特區得以沿用普通法，在普通法制之下並不存在「立法解釋」概念，故此，全國人大常委會的立法解釋權並不足取。在 1999 年的吳嘉玲案中，儘管終審法院已經在判詞中闡明了香港特區任何一級法院都無權質疑和否定全國人大常委會對基本法作出的解釋，但在香港法律界依然存在不同聲音，並未真正認可全國人大常委會對基本法解釋的權威性。[11]

相反，內地的學者大都主張必須對香港特區法院對基本法的解釋權予以適當的限制，所根據的理由主要有如下三個：第一，基本法是全國性的法律，而不是純粹的地方性法律，它的很多條款都涉及到中央與特區關係，如果由一個地方法院對其享有無限制的解釋權，不僅會影響到香港特區，而且也會輻射到全國；第二，涉及國防、外交等重大事項，由香港法院來進行解釋，如果法院依據錯誤的解釋作出了終審判決，在現行審判機制下是很難進行有效糾正的；第三，在回歸以前，香港特區法院並無終審權，當事人不服判決還可以向倫敦樞密院司法委員會進行上訴，可以說，香港特區法院並不享有最終的解釋權，對香港特區法院的解釋權進行適當的限制並不會給終審法院的

11　夏引業：〈「一國兩制」下香港特區終審法院的角色與立場 —— 以「吳嘉玲案」終審判決為中心的分析〉，《法治與社會發展》2015 年第 4 期。

工作帶來實質性的障礙。[12] 總而言之，香港基本法是由全國人大起草和制定，而不是由香港立法會起草和制定的，雖然基本法在香港具有最高的權威，但它並不是普通法的一個補充。如此，香港特區終審法院在對香港基本法以外的其他法律進行解釋時可以具有較大的自由權限，但在對香港基本法進行解釋時決不能繼續再以其在普通法下所享有的司法權威進行毫無限制的解釋，目無旁騖。香港法院可以追求與香港立法會進行適當地制衡，但絕不能忽視全國人大的權威而追求與全國人大的制衡，因為「一國兩制」並不允許香港法院不尊重中央政府的權威，「一國」永遠都是底綫。

綜上分析，筆者認為，有必要對香港特區法院的基本法解釋權予以適當限制，這是由權力具有擴張性特點所決定，只有進行適當的限制才能保障權力不會被濫用。香港特區法院對基本法所享有的解釋權來自於全國人大常委會授權，無論是否屬於自治條款範圍，都不應當由香港特區法院任意解釋，且對非自治條款的解釋除了嚴格遵守基本法的規定以外，還要受到國家政策方針的限制。「一國兩制」共識的達成，就意味著承認全國人大常委會對香港特區法院的基本法解釋權限制的合理性與公正性。因此，限制香港特區法院對基本法的解釋權、規定全國人大常委會對基本法的最終解釋權，不僅保障了基本法解釋權的完整性與行使的有效性，而且符合授權解釋法律的法理，利於基本法解釋權力的實現。

12　王玄瑋：〈香港基本法解釋權的衝突與協調〉，《雲南大學學報（法學版）》2007 年第 3 期。

第五節

基本法解釋權的法理分析

◇◇◇

　　前文對香港基本法解釋權的配置作了比較詳細的闡述，學界關於基本法解釋權的配置、中央和香港特區對基本法解釋的權力關係問題上主要存在三種學理觀點，即「剩餘權力」「灰色地帶」和「尚未界定權力」。其中，學界對「剩餘權力」爭論較為激烈，學界對基本法職權配置的焦點也主要集中於此，尤其是在 2007 年 6 月 6 日，全國人大常委會委員長吳邦國在「紀念香港特別行政區基本法實施十週年座談會」上明確指出：香港特別行政區的高度自治權主要是來源於中央授權，中央授予多少權力，香港特區就擁有多少權力，至於沒有明確規定的，根據基本法第 20 條規定再授予，不存在所謂的「剩餘權力」的問題。[1] 相較之下，兩地對「灰色地帶」和「未界定權力」卻只是泛泛而談。為此，本文僅針對「剩餘權力」進行詳細地分析，深入挖掘香港基本法對中央和香港特區之間權力配置的理論淵源，以便更加深入地了解香港基本法解釋權配置的法理基礎。

一、「剩餘權力」問題的由來

　　在香港基本法起草初期，曾有委員就主張將聯邦制國家的「剩餘權力」的法律概念，用來處理中央和香港特別行政區的職權劃分問

1　吳邦國：〈紀念香港基本法實施十週年座談會〉，《文匯報》2007 年 6 月 6 日。

題。其的主要觀點可以作如下總結：在香港特別行政區，由中央政府行使國防、外交等事務的權力，除此之外的其他權力都可以作為「剩餘權力」，繼而概括地由香港特區來予以行使。從形式上來看，「剩餘權力」的問題是基於基本法的性質而展開的爭論，即基本法應當被視為香港特別行政區的憲法，還是中華人民共和國的基本法律。儘管很多學者從基本法在香港特區的最高法律地位以及憲法功能的角度來考量，認為應當被視為香港特區的「小憲法」，但從嚴格的政治意義上來講，我國是單一制國家，將基本法定位為香港特區的「小憲法」，容易使人們對我國的國家結構產生誤解。實際上，從這一爭論衍生的真正問題是「本源權力」的歸屬問題。[2]根據憲法第 31 條規定可知，國家在必要時得以設立特別行政區，在特別行政區實行的制度按照香港特區具體情況由全國人大以法律形式規定。這個條文至少涵蓋了四層意思：一是基本法以憲法為依據，其內容要符合憲法，不得與之相違背；二是基本法的制定是根據香港特區的具體情況而制定的，香港特區享有高度自治權是出於對香港政治、經濟、法制環境及市民生活方式的尊重；三是全國人大是基本法的立法主體，基本法是一部保證香港享有自治權的授權法；四是香港特別行政區的制度、政策及法律的制定以基本法為依歸。從這條規定所表達的四層含義來看，基本法的授權性質是十分清晰的。但依然有部分學者認為，在「一國兩制」之下，中央和香港特區之間的職權配置問題上存在著「剩餘權力」。他們認為，既然基本法已經明確列舉了中央和香港特區的權力，如果中央的權力為本源性權力，香港特區的權力是授權性權力，那麼基本法未明確列舉的，中央未授權的那部分權力是否可以借用聯邦制國家的「剩餘權力」概念來指代。

自香港特別行政區正式成立以來，隨著香港的發展以及基本法的實踐，特別是香港政治體制改革的展開，「剩餘權力」問題由於涉

2　參見魏定仁、甘超英、付思明：《憲法學》，北京：北京大學出版社 2001 年版，第 425 頁。

及到香港特別行政區政治體制決定權的歸屬問題，再次成為了香港政治界、學術界以及社會民眾所探討的一個熱門話題。在當下，香港民眾觀念理念的「剩餘權力」問題，大致可以作如下描述：既然基本法已經分別明確列舉了屬於中央和屬於香港特別行政區的權力，那麼那些基本法沒有明確列舉的權力，尤其是隨著實踐發展而新產生的一些權力，香港特別行政區是否可以不經過中央的同意或者授權就直接行使呢？對這一問題的解答，必然會牽涉到中央與特別行政區的權力界分，也就必然會影響到特別行政區的政治實踐進程。因此，在理論框架內運用憲法知識和憲法思維，對「剩餘權力」問題進行全面細緻的梳理，在理論上授業解惑、在實踐中定分止爭具有重要的現實意義。說到此，不得不首先對「剩餘權力」的概念進行辨析。

二、「剩餘權力」概念的辨析

「剩餘權力」的概念源自於聯邦制國家，當聯邦成員國出於共同利益的考慮以主權讓渡的方式組建一個聯邦制國家時，通常是以憲法的形式列舉聯邦權力或聯邦成員國權力，依次作為解決聯邦與聯邦成員國未來可能發生的爭議的法律依據，對它們而言，無論誰的權力被列舉出來，都意味著另一方將享有「剩餘權力」。[3] 在基本法起草過程中，自「剩餘權力」問題產生以來，「剩餘權力」概念的使用就變得紛繁複雜，通過梳理，對「剩餘權力」概念的解析大致分為三類：[4]

其一，將「剩餘權力」等同於憲法學上的「保留權力」。此意義上的「剩餘權力」是憲法學上常用的法學概念，又稱「殘餘權」。[5]「保留權力」是聯邦制國家內部除以憲法形式列明的權力之外的權力的集

3　黃曉亮：〈刑法契約化的概念辨正——以社會契約論為切入點〉，《政法論壇》2016 年第 2 期。

4　張定淮、孟東：〈是「剩餘權力」，還是「保留性的本源權力」？——中央與港、澳特區權力關係中一個值得關注的提法〉，《當代中國政治研究報告》2009 年。

5　參見王世傑、錢端升：《比較憲法》，北京：商務印書館 1999 年版，第 361 頁。

合。首先，它一般與聯邦制國家密切相關，凡是國家結構形式是聯邦制的國家，在憲法設計中必然會存在「保留權力」的歸屬權問題；其次，保留權力未被明確列舉的原因是由聯邦和成員之間的分權性質決定的，出於效率的考慮，故省略了對保留權力的列舉，按照慣例，通常以列舉方式規定權力較少的一方，而保留權力則屬於權力較多的一方；最後，「保留權力」存在的憲法意義是為了釐清聯邦和成員之間的權力界限，無論憲法規定保留權力是屬於聯邦還是成員邦，獲得保留權力的一方可以根據憲法對保留權力條款的規定主張自己的權力，並在該類權力受到侵害時主張救濟，而另一方除非在被授權或者被委託的情形下，否則不得侵犯保留權力。

其二，將「剩餘權力」等同於立法者在立法過程中的遺漏權力。此種意義上的「剩餘權力」在形式上與保留權力是一樣的，都沒有在憲法或是法律文本中被明確列舉出來 [6]，但遺漏權力的特徵與保留權力有著本質上的區別。首先，遺漏權力產生的根源是在制定憲法或是法律過程中，由於立法者認識上的局限性，在既定的認識水平上制定的憲法或是法律，以抽象的概念和邏輯來概括具象的社會現實，不可避免會出現遺漏，而被遺漏的權力卻是天然的存在於一切立法活動中，而不是必然與某種國家結構形式相關；其次，遺漏權力是隨著社會實踐的發展而不斷發展變化的，是在制定憲法和法律的時候沒有進入立法者視綫的權力，基於此，它應當不屬於國家權力，只能通過憲法、法律變遷的形式被納入國家權力範疇，方能具備國家權力的一般性質特徵，在此之前，它也只能是一種權力學說；再次，遺漏權力的產生是立法者不欲卻又無法避免的，與保留權力提高效率的考量無關，它存在的意義是推動國家權力結構和範圍隨著社會發展而發展，

6　遺漏權力一般以法律文本中兜底條款的形式存在，如我國憲法第 89 條第 18 款規定：國務院行使下列職權：（一）根據憲法和法律，規定行政措施，制定行政法規，發布決定和命令；……（十八）全國人民代表大會和全國人民代表大會常務委員會授予的其他職權。

否認它會從認識論上造成國家權力僵化，最終加劇國家權力和社會現實需要之間的張力；[7] 最後，值得注意的是，保留權力和遺漏權力之間也存在著交集：概括保留給聯邦或成員邦的權力中，必然也會由於認知的局限性或是社會發展現實狀況而存在遺漏權力，那麼，也就意味著，一旦以保留條款的形式將聯邦權力和成員邦權力作出劃分，新產生或是新認知的遺漏權力就會因歸屬問題而產生爭議，清晰把握遺漏權力和保留權力的功能差異就成為解決此問題的重要依據，因此，一旦涉及對已知權力的分配為保留權力，涉及對未知權力的擴張則為遺漏權力。[8]

其三，將「剩餘權力」等同於我國特別行政區的高度自治權。「剩餘權力」問題在香港基本法制定過程中被提出，提出者將香港特區所享有的高度自治權認為是「剩餘權力」，此觀點主張：第一，根據《中英聯合聲明》第 3 條第 2 款規定 [9]，除外交和國防事務屬中央人民政府管理外，香港特別行政區享有高度自治權，其他事務應由香港特區自己管理；第二，這些由香港特別行政區自主管理的事務，沒有被明確列舉，具備「剩餘權力」屬性，只有堅持此規定，才能體現「高度自治」原則。而在基本法制定和實施之後，「剩餘權力」問題有了新的發展和演變，香港有部分輿論認為，既然基本法相關條款對中央權力已作出明確列舉，同時又未對保留權力作出規定，那麼未明確列舉的權力應當屬於香港特別行政區，對其行使無需通過中央授權。梳理此意義上的「剩餘權力」，與前文分析的保留權力、遺漏權

7　李元起、黃若谷：〈論特別行政區制度下的「剩餘權力」問題〉，《北方法學》2008 年第 2 期。

8　以美國憲法為例，如根據美國憲法第 2 條第 2 款規定，美國總統是合眾國陸軍、海軍及徵召為合眾國服役的各州民兵的總司令。在當時的情況下，未對領導和指揮空軍的權力作出明確列舉，而領導和指揮空軍的權力就是對當時未知權力的擴展，應當擴大解釋該條款，將該權力作為遺漏權力補充到合眾國總統權力中，而不應視為保留權力由各州行使。

9　《中英聯合聲明》第 3 條第 2 款規定：中華人民共和國政府聲明，中華人民共和國對香港的基本方針政策如下：（二）香港特別行政區直轄於中華人民共和國中央人民政府。除外交和國防事務屬中央人民政府管理外，香港特別行政區享有高度自治權。

力相概念比較，可得知：《中英聯合聲明》中規定的「國防、外交以外的權力」在內容上更接近保留權力概念，都是在列舉某些權力之後用總括性的詞語來表述的其他權力，此種意義上的「剩餘權力」雖與保留權力相似，但也有很大差別：保留權力本身就承載著聯邦和成員邦之間權力劃分界限的意義，儘管授權和基於分權而產生的保留權力有本質區別，但「剩餘權力」問題的最初提出者對權力的來源關心較少，他只是想用此概念表述香港特區的權力應該更豐富，享有除「外交、國防事務」以外的其他所有權力；而在基本法制定之後，基本法中「未列舉的權力」在內容上則更接近遺漏權力概念，都是立法者在立法過程中未能預知的權力，而此種意義上的「剩餘權力」雖與遺漏權力相似，但也由差別：遺漏權力問題產生的根源在於立法者認知的局限性，一旦它在未來進入人類認知範圍，就變成了一種權力需求，需要立法者重新作出判斷、取捨，通過制定或修改法律將其納入國家權力，而基本法制定、實施之後的「剩餘權力」概念，一方面承認立法者在制定基本法時認知的局限性，另一方面又認為其天生屬於香港特區，而否定立法者對其作出重新判斷和取捨。[10]

三、「剩餘權力」的基本法解讀

如前所述，人們在涉及香港特別行政區的「剩餘權力」問題的討論中，主要是集中在分權、授權、保留權力、遺漏權力以及高度自治權等意義上來使用「剩餘權力」一詞的。因此，要想回答特別行政區是否擁有「剩餘權力」這一核心問題，就必須對中央與香港特區的關係到底是分權還是授權進行思考，以及回答特別行政區是否擁有保留權力、遺漏權力以及高度自治權等方面的問題。

10　李元起、黃若谷：〈論特別行政區制度下的「剩餘權力」問題〉，《北方法學》2008 年第 2 期。

（一）分權與授權的差異

從比較憲法學的視野來看，「剩餘權力」是與聯邦制這樣的國家結構形式緊密相連的。聯邦制國家的國家權力是在聯邦和成員之間進行縱向劃分，國家權力的界限是很明晰的，要麼屬於聯邦政府，要麼屬於成員邦政府，這就意味著聯邦憲法應當在制定之時就對聯邦各成員之間的權力作出了分配，這種權力分配必須一次性完成，否則聯邦制國家的憲法秩序就無法正常運行，這也就為「剩餘權力」的產生提供了必然性：既然只有採用總括式語言才能對聯邦和成員邦的權力作出分割，且兩者之間的權力劃分是非此即彼的關係，那麼該權力無論是以總括方式或者是以列舉方式進行規定都是完全一致的。[11] 不可否認，聯邦制國家存在聯邦和成員邦之間分權的問題，單一制國家同時也存在中央和地方之間的權力分配的問題，但二者之間還是存在較大的差異的。具體而言，首先，聯邦制的分權模式的存在基礎在於聯邦和成員邦所擁有的雙重主權，而單一制的授權模式的存在基礎則在於國家所擁有的單一主權。[12] 在聯邦制國家，聯邦和成員邦分別享有主權並彼此獨立存在，他們所擁有的權力也就必須分離開來，聯邦憲法中分權制度的規定也是為了使現實的需求法律化；而在單一制國家，國家主權是唯一的，其他所有權力也只有源於此才是合法的，中央授權也就成為地方行使國家權力的唯一合法途徑。其次，聯邦制國家權力的縱向分配是憲政建立的前提條件，如果沒有在制定聯邦憲法過程中一次性完成權力的分配，具備雙重主權性質的聯邦制國家就無法得以建立和正常運行；而單一制國家中央向地方的授權是單向的，也是可以分多次完成的，且授權的形式是多元的，法律、法規和規章等都可以成為授權的載體。最後，聯邦制國家的分權是在制憲過程中進行的，是全民及制憲代表

11　參見王麗萍：《聯邦制與世界秩序》，北京：北京大學出版社 2000 年版，第 7 頁。

12　參見童之偉：《國家結構形式論》，武漢：武漢大學出版社 1997 年版，第 210 頁。

共同參與完成的，具有最高權威性，對分權的變更需要通過修憲程序；而單一制國家的授權是在憲法運行過程中完成的，主要通過立法機關的立法行為來實現，對其進行變更只需賦予授權的國家的變更行為即可，其剛性較之分權要弱。[13]

（二）香港特區是否擁有「剩餘權力」

如前文所述，在涉及「剩餘權力」的問題上，學界都是在保留權力、遺漏權力和高度自治權這三種意義上討論的。鑒於此，回答香港特區是否擁有「剩餘權力」問題，就必須探討香港特區所擁有的自治權是否具備上述三種權力特性。

首先，關於特別行政區是否擁有保留權力問題。基本法第 16 條至 19 條列舉了香港特區享有的權力，即行政管理權、立法權、獨立的司法權和終審權，同時，第 20 條規定，香港特別行政區可享有全國人大及其常委會授予的其他職權。從這些授權條款可得知：香港特區不享有任何形式的主權，其所擁有的權力均來自於中央的授權，之所以不採取保留權力的設置，主要出發點有以下三個：其一，保留權力大多與聯邦國家結構形式相關聯，這主要是基於聯邦國家通常為了便宜、周延考慮，則會以列舉的方式確定一方的權力，而相應的用總括的方式確定另一方的權力。而在我國，中央政府和香港特區政府之間並不存在所謂的分權問題，自然也就不存在保留權力的問題；其二，拋開保留權力與聯邦制體制本身的血肉聯繫不說，就「保留權力」本身的內涵來講，香港基本法也已經明確並且比較全面的列舉了香港特區的自治權範圍，而再次基礎上再規定所謂的「保留權力」是多餘的；三是我國憲法除了關於社會主義制度的規定不適用於香港特區，其餘條款均適用，因此，關於國家權力分配的條款對香港特區也

13　參見王世傑、錢端升：《比較憲法》，北京：商務印書館 1999 年版，第 361 頁。

是適用的，既然我國憲法已經對國家權力的歸屬作出明確規定，如果再在基本法中總括式的規定未明確列舉的權力屬於特別行政區，就會造成違憲的後果。總之，香港基本法已經確定了香港特區權力國家授予原則，這與我國單一制的國家結構形式相契合，而在保留權力意義上主張香港特區享有「剩餘權力」與我國國家主權唯一性相背離，換言之，香港基本法不存在保留權力問題。[14]

其次，關於特別行政區是否擁有遺漏權力問題。如前文所述，遺漏權力的產生主要是由於人類的局限性所導致，而基本法第 20 條的規定正是基於對遺漏權力認識的自覺。根據基本法第 20 條規定，可以得知：第一，香港基本法對香港特區享有的權力列舉可能存在一些遺漏，並且隨著實踐的發展，將來可能會產生新的權力的需要；第二，基本法中未列舉的權力，不能當然的由香港特區來予以行使，必須經全國人大及其常委會和中央政府的授權方可予以行使；第三，全國人大及其常委會和中央政府的授權必須經過法定程序以單獨列舉的方式授予，不宜以概括的方式授予；第四，香港特區權力的擴展以現實需要為依據，根據「一國兩制」內涵及基本法立法精神的解讀，除涉及主權事項外，凡是能夠由香港特區行使的權力，全國人大及其常委會和中央政府會儘可能地授予香港特區行使。對於在遺漏權力意義層面上的「剩餘權力」，當遺漏權力為香港特區所需要時，只能由全國人大及其常委會和中央政府根據相關規定授權之後才能行使。此時，遺漏權力的性質就發生了變化，香港特區所行使的就不再是遺漏權力，而是一種法定權力。[15] 因此，香港特區所行使的權力並不包含遺漏權力。

最後，關於香港特區是否擁有作為高度自治權意義上的「剩餘

14　參見黃傑：《比較歷史視野下的大國治理問題研究：以耦合治理結構與治理績效的關係為綫索》，復旦大學 2012 年博士學位論文。

15　參見柯婧鳳：《論「一國兩制」下中央與香港特區的權力關係》，暨南大學 2013 年碩士學位論文。

權力」問題。根據我國憲法及基本法相關規定，香港特區享有高度自治權，但將這種高度自治權與「剩餘權力」等同起來是缺乏法律根據的。事實上，「剩餘權力」之所以與高度自治權產生聯繫，主要是由於在基本法制定之初，個別起草委員希望在基本法中規定「除國防、外交事務以外的其他一切權力都歸屬於香港特區」，在這裏「剩餘」就是指除國防、外交事務以外的其他權力，這充分證明了「剩餘權力」問題的產生源於對《中英聯合聲明》第 3 條第 2 款的錯誤解讀。[16] 而關於基本法制定之後所發展演變的「剩餘權力」主張，即認為基本法未明確列舉的權力都歸屬於香港特區，根據前文所述，當新的權力需要產生時，必須經全國人大及其常委會和中央政府的授權，香港特區不能當然的享有該權力。

總之，立足於我國憲法和基本法規範角度分析「剩餘權力」問題，可總結歸納為三點：[17]（1）不管是作為保留權力還是遺漏權力，香港特區並不擁有所謂的「剩餘權力」，作為保留權力，它不符合我國單一制國家結構形式，作為遺漏權力，它所享有的只能是獲得中央授權後而轉化成的法定權力，而承認香港特區不享有除中央授權以外的其他權力，則有助於理解香港特區權力來源的正當性及合理性；（2）不管是基本法制定之初的「剩餘權力」主張還是基本法制定實施後演變的「剩餘權力」主張，都是既缺乏法律依據，又違背主權唯一原則，進一步來說，這兩種主張既無法為香港特區權力的擴展提供合理合法依據，也無法為香港居民謀得福祉利益，只是單純的強調與中央權力的競爭關係，有損於中央和香港特區關係的良性互動，必須加以抵制；（3）基本法第 20 條是基於立法行為本身的局限性而自覺作出的對未來權力發展變化的一種制度安排，在此框架之下，香港特區

16　參見胡錦光：《中國憲法問題研究》，北京：新華出版社 1998 年版，第 310 頁。

17　黃志勇、柯婧鳳：〈論基本法框架下中央與特別行政區的權力關係——以「剩餘權力說」不成立為視角〉，《暨南學刊》2011 年第 4 期。

的整個權利體系具有靈活性和適時性，它既能夠讓立法者因為社會的發展而不斷調整權力的張力，又能夠保持基本法作為香港特區基本法律的穩定地位。總的來說，基本法第 20 條規定的香港特區權力授權制度，有利於正確處理中央與地方之間的相互關係，基於此，香港民意、輿論等對自治權力的合理合法需求都可以通過此得到滿足，而毋需藉助「剩餘權力」之說。

解釋基本法的法律根據

◇◇◇

因為《香港特別行政區基本法》本身對基本法條款的解釋有著
專門的規定，有關基本法解釋的主體、程序以及權限等問題當然也要
以此為標準。但在此之外，是否還有其他法律能夠成為基本法的正式
淵源或者法律根據呢？囿於篇幅及論證的必要性考慮，本文著重論述
《憲法》《立法法》以及 1981 年 6 月全國人大常委會〈關於加強法律
解釋工作的決議〉這三個重要文本。

一、《憲法》

憲法是否可以作為解釋香港基本法的法律根據？眾所周知，憲
法是我國的根本大法，是制定其他一切法律的依據，具有最高的法律
效力。[1] 中國對香港擁有主權，憲法適用於香港特別行政區乃是應有
之義。基本法在序言中明確指出是根據中華人民共和國憲法而制定。
在「一國兩制」制度的安排之下，憲法在香港特區的適用有其自身的
特點，即必須在遵循「一國」精神的前提下實行「兩制」。憲法在香
港特區具有最高法律效力，其關於社會主義制度的相關內容並不適用
香港特區，但是與「一國」有關的條款卻應當在香港被適用，如憲法
中關於堅持中央統一領導的規定，關於國家最高權力機關、最高行政

1　參見張千帆：《憲法學導論 —— 原理與應用》，北京：法律出版社 2004 年版，第 231 頁。

機關的規定，關於中國國旗、國徽以及國歌的規定，關於國家主權、外交以及國防的規定等，都應當適用於香港特區。1999 年 1 月 29 日，香港特區終審法院對吳嘉玲居港權案的判決旗幟鮮明地引用了憲法第 31 條、57 條和 58 條。這就說明了，無論是內地還是香港，對將憲法作為解釋基本法的法律根據是已經達成共識的。

二、《立法法》

《立法法》是否可作為解釋基本法的法律根據呢？在這裏討論立法法是考慮到《立法法》在第二章第四節專門就「法律解釋」作了詳細規定。從法律地位上來看，《立法法》是除了憲法之外，在規定法律解釋制度的有關法律當中法律效力最高的一部法律，全國人大常委會在解釋基本法時應當嚴格遵循《立法法》；但是對香港特區法院來說，在解釋基本法時，是否需要遵循《立法法》，還需要進一步探討。基本法第 18 條明確規定了在香港特區所適用的全國性法律，這些法律涉及國籍法、國旗法、國徽法、領海毗連區法、專屬經濟特區和大陸架法等，這當中並無立法法。有學者提出，為了保障香港特區的高度自治權，基本法明確規定了全國性法律除非列入附件三，否則不得在香港特區實施，但是，當國家機關根據基本法對香港行使有關職權時，如全國人大常委會對基本法作出的解釋、中央政府對香港行政長官發出指令等屬於國家專門針對香港特區所作的決定和命令，可直接適用於香港特區，並不受是否列入附件三影響。[2] 全國人大常委會法制工作委員會主任顧昂然曾在第九屆全國人民代表大會第三次會議上所作的〈關於立法法（草案）的說明〉中明確指出，根據憲法第 31 條所制定的香港基本法對其解釋和修改程序等方面都作了特別

---

2   參見王禹：《「一國兩制」憲法精神研究》，廣州：廣東人民出版社 2008 年版，第 79-81 頁。

規定，對基本法的修改和解釋都應當嚴格根據基本法的相關規定執行。[3] 據此，筆者認為，儘管《立法法》對我國法律解釋制度作了詳細的規定，但是考慮到基本法的特別性及立法原意，《立法法》不宜作為相關釋法主體解釋基本法的法律根據，而只能作為重要參考。

三、〈關於加強法律解釋工作的決議〉

全國人大常委會通過的〈關於加強法律解釋工作的決議〉是奠定我國法律解釋體制的基礎，討論此決議是否可以成為解釋基本法的法律根據，必須先梳理該決議的法律地位、立法背景等相關內容。首先，關於法律地位，一般來說，全國人大常委會通過的決議，效力是低於「基本法律」的；其次，關於〈決議〉的制定背景，該〈決議〉是在 1981 年通過，主要是為了抵制林彪、江青反革命集團對社會主義法制的破壞；再次，關於〈決議〉規定的內容，其中某些並不正確的提法已被《立法法》修改，部分內容已經失效，而予以保留的部分與基本法並無很大的關聯性。基於上述考慮，筆者認為，該〈決議〉不宜作為解釋基本法的法律根據。

由此看出，《憲法》應當成為解釋香港基本法的依據，而《立法法》和〈關於加強法律解釋工作決議〉則不宜成為解釋基本法的法律根據或是正式淵源。

---

3 參見喬曉陽：《立法法講話》，北京：中國民主法制出版社 2007 年版，第 336 頁。

第四章

基本法解釋的
實踐考究

◇◇◇

　　法律得以延續和發展的源泉不僅僅在於法理知識的理論研究或者邏輯推理，更重要的是法律的適用過程中所獲得的實踐經驗，並應在實踐經驗積累的基礎上，不斷根據實踐情況對法律進行必要的修正完善並發展。因此，對於香港基本法解釋權問題的研究，不僅要從法律解釋的理論及法律解釋制度出發，而且有必要對香港基本法解釋的實踐進行深入考究和反思。通過審視基本法解釋實踐的過程，可以了解基本法解釋過程中的衝突是如何產生，又是如何很好地度過這種解釋權衝突危機，艱難地「活」過來並形成基本法解釋對接「慣例」的軌跡。[1] 同時，通過整理基本法解釋實踐衝突的脈絡，這麼一個相互衝突到磨合、再到很好地銜接內地與香港法制差異的過程，對以後基本法解釋的完善能夠起很好的引領作用。

　　本章共精心挑選五個典型事例，其中，馬維騉案是香港特區法院第一次行使基本法解釋權，並基本闡明了解釋基本法的原則和方法；吳嘉玲案涉及的居留權條款經歷了香港特區法院的解釋和人大釋法兩個過程，最終以人大釋法明確了居留權條款的含義和香港特區法院解釋基本法與全國人大常委會的解釋相對接的原則、路徑、程序、方法以及解釋的效力；莊豐源案是又一次涉及居留權條款解釋的案件。在審理莊豐源案中，香港特區政府建議終審法院就有關居留權條款提請全國人大常委會解釋，但終審法院並未提請，全國人大常委會也未對終審法院對居留權相關條款作出的解釋與全國人大解釋存在不

1　憲法規定全國人大常委會對所有法律都有解釋權，但全國人大常委會在行使解釋權方面非常謹慎。據學者統計，新中國成立以來全國人大常委會只進行了八次憲法性法律的解釋。參見周偉：〈憲法解釋個案實證問題研究〉，《中國法學》2002 年第 2 期，第 72-78 頁。

一致現象專門行使解釋權，只是「表示關注」；香港特區的政治改革涉及到中央和特區關係，不屬於香港自治範圍之內的事務，為維護香港政制穩定，全國人大常委嚴格依照基本法相關規定，於 2004 年 4 月因香港政制改革對基本法第二次釋法，這次釋法確立了循序漸進發展香港政制原則，為香港政制改革奠定了法律基礎，對香港政制的發展具有里程碑意義；剛果（金）主權豁免案是自香港回歸以來全國人大常委會第四次釋法，也是香港法院首次根據基本法第 158 條第 3 款規定的程序，主動提請全國人大常委會釋法，成為內地與香港在基本法解釋領域展開良性互動的重要司法實踐。

馬維騉案[1]

◇◇◇

　　馬維騉案貫穿於香港回歸之前後，此案是香港特區法院第一次行使基本法的解釋權，並基本闡明了解釋基本法的原則和方法。該案對「一國兩制」下兩種法律制度的衝突與交流以及「一國兩制」下中央與香港特區的憲制關係的建立健全、香港司法審查制度和司法管轄權的確立與完善，都具有開創性和歷史性的奠基石意義。

▌一、基本案情介紹

　　1995 年 8 月 15 日，馬維騉與其他兩名被告人一起，被香港政府以串謀妨礙司法公正罪被起訴至香港高等法院。該罪是一項普通法的罪名而非成文法的罪名。案件被排期在 1997 年 6 月 16 日開庭。在庭審的第 5 天，第二上訴人就向法庭提出了永久終止刑事訴訟程序的請求。6 月 27 日，也就是香港回歸前的最後一個工作日，法官明確拒絕了第二上訴人的請求。在香港正式回歸之前，該案已經開庭審理了九天，因為香港回歸公眾假日而中止。

　　1997 年 7 月 3 日，也就是香港正式回歸後的第一個工作日，也即該案開庭審理後的第十日，被告人向法庭提出了《香港回歸條例》的合法性、香港「原有法律」，尤其是普通法的延續和繼續有效等一

1　由於案件的特殊性，本部分主要借鑒了陳友清：《1997-2007：　國兩制法治實踐的法理學觀察 —— 以法制衝突為視角》，北京：法律出版社 2008 年版，第 51-69 頁。

系列法律問題。馬維騉等三名上訴人因此針對他們的串謀妨礙司法公正的指控拒絕認罪，並動議法庭推翻政府的指控。香港特區政府明確反對這幾位被告人的動議，並請求法庭根據《刑事訴訟程序條例》第81 條的相關規定，將被告人提出的有關法律問題提交給上訴庭進行裁決。上訴庭意識到被告人所提出的一些法律問題在憲法上可能十分重要，就要求香港法律援助署為本案指定知名大律師進行辯護。

（一）辯方觀點概要

在整個論辯過程中，辯護方的觀點主要集中在如下幾點：

其一，由於香港的回歸，普通法沒有在 1997 年 7 月 1 日香港主權更替中得以保留。因為香港基本法特別是基本法第 160 條明確規定「原有法律將被採用為香港特區的法律，全國人大通過其常務委員會或者香港特區立法機關有必要採取積極的採用行為。」而對此，全國人大常委會並沒有採取這樣的積極行為，相反，採取了這種行為的香港特區臨時立法會的合法性是值得懷疑的。

其二，香港基本法中所指的原有法律的截止時間在法律上並不確定，可能是中英聯合聲明簽署的 1984 年，也有可能是基本法頒布的 1990 年，還有可能是 1997 年 6 月 30 日。倘若是前兩個，那麼普通法中的「串謀罪」已在 1996 年就被廢除，而全國人大常委會 1997 年 2 月 23 日的決定中並沒有規定該廢除無效，故此，串謀罪也就不能存在於香港特區的法律之中；如果是後一個，並且 1996 年的條例仍然有效，特區的法律中也不存在串謀罪。

其三，被告的犯罪行為是發生在香港回歸之前，對被告人的檢控也應該在回歸之前審理，而回歸前審理此案的香港最高法院已經從 1997 年 7 月 1 日正式停止運作，被告人不應該接受現在的高等法院原訟庭的審判。另外，原訟庭的成員組成並不是恰當的，回歸前開始的一些法律程序不能在原訟庭繼續，因為基本法對此並沒有明確的規

定，而對其有規定的《香港回歸條例》，因制定它的主體並不是一個法律上合格的機構，也就不能說《香港回歸條例》是合法而有效的。

其四，臨時立法會並不合法。[2]《中英聯合聲明》規定香港特區立法機關由選舉而產生，香港基本法第 68 條也對此有著專門的規定，基本法附件二也規定了相應的具體辦法。現在的臨時立法會在事實上就是第一屆立法會，而它的產生並不符合《中英聯合聲明》和基本法的相關規定。1990 年，全國人大關於成立香港特區籌備委員會的決定，賦予籌委會負責組建香港特區政府的有關事宜，但其成立臨時立法會的行為在事實上並不符合該決定第 6 條的標準，違反了香港基本法第 68 條的規定，也就不符合香港的實際情況以及循序漸進發展民主的基本原則。即便，如果說全國人大常委會 1990 年成立香港特區籌委會的決定具立法性質，如果其具有設立臨時立法會的意圖，那就意味著是對香港基本法的修改，而作出該決定的程序並不符合《基本法》第 159 條規定的修改程序。

其五，香港特區法院有權力和義務來解釋基本法。它們能夠審查全國人大及其常委會的行為以決定全國人大常委會是否適當地成立了臨時立法會以及臨時立法會是否與基本法和全國人大的立法行為相一致。並且，它們還有權審查全國人大的決定和行為以決定其是否與中國在《中英聯合聲明》中宣佈的一些政策相符合。

概而言之，從司題設置的角度來看，辯方的核心觀點可以簡單地概括為：被告是否應該被審判以及是否有罪主要取決於普通法在香港回歸後是否能夠延續有效；香港回歸後普通法的延續性、有效性則取決於全國人大或特區立法機關是否採取了積極的採用行為；雖然臨

2　臨時立法會於 1996 年 12 月 21 日由 400 人組成的推選委員會在深圳選舉產生，被選出的 60 位議員中，33 人是時任立法局議員。1997 年 1 月 25 日，臨時立法會在深圳舉行首次會議，開始運作並選出了主席。此後，臨時立法會多次在深圳舉行會議。4 月 2 日，臨時立法會審議了首部特區法律草案《假日（1997 及 1998）條例草案》，該草案由特區候任行政長官董建華向臨時立法會提交。

時立法會在其制定的《香港回歸條例》中採取了積極的採用行為，但臨時立法會的合法性並不確定，還是存疑的，並且該條例的合法性也取決於臨時立法會本身的合法性；特區法院負有解釋基本法的權力和責任，有權審查全國人大及其常委會的行為是否符合基本法以及中國在《中英聯合聲明》中宣佈的政策。因此法院必須也有權對臨時立法會的合法性作出裁決。

（二）特區政府觀點概要

對於辯方的觀點，特區政府的立場可以簡單地概括為：香港基本法已經明確規定了普通法是特區法律的組成部分，而不需要再以積極的行為予以採用。1997 年 2 月 23 日，全國人大常委會的決定雖然廢除了《英國法律適用條例》，但這並不影響普通法在香港特區的效力；臨時立法會是由香港特區籌委會設立的一個臨時性立法機構，並不是第一屆立法會；籌委會設立臨時立法會的行為得到了全國人大的授權，而且該行為已經得到了全國人大 1997 年 3 月 14 日決議的確認，即使對臨時立法會是否符合基本法存在質疑，但設立臨時立法會是全國人大香港特區籌備委員會基於國家主權的行為，特區法院作為一個地方法院，無權審查國家主權行為的合法性。這種情況與回歸前的香港法院無權審查和裁定英國議會或政府的行為是否符合《英皇制誥》一樣，對英國議會在其權限內制定的法律，香港法院只能遵照執行，而即使香港法院對此提出質疑，也無相應的法律救濟存在。

（三）上訴庭的判決

上訴庭於 1997 年 7 月 29 日正式判決被告人敗訴，對於上訴庭來說，雖然原訟庭提交的法律問題僅僅只有兩個，但在實際上，上述庭在審理和判決的過程中，論證並裁決了很多相互關聯的法律問題。概括起來，主要有如下幾個：

其一，普通法是否在香港回歸之後還得以延續的問題。對此，上訴庭認為，回答這個問題要涉及到基本法的性質和解釋。香港基本法不僅僅是《中英聯合聲明》這一國際條約的腦力成果，而是將《中英聯合聲明》內含的基本政策轉化為更具實踐性的條款，在主權移交後保持這一連續性至關重要。基本法是一份獨特的文件，它反映了兩個國家間的條約，它處理的是一個主權國家與一個實行不同制度的地區間的關係，它規定了不同政府部門的組織和功能、明晰了公民的權利和義務。因此，基本法起碼具備三個維度——國際性、國內性和憲法性。寬泛的、目的性的解釋方法或許並不適用於解釋基本法的每一個條款，但對本案來說卻是十分恰當的。對於香港社會來說，每一分鐘的法律真空都是可怕的，都有可能導致社會混亂。基本法是香港特區的憲法，基本法在用詞上可以說十分清楚，從香港特區成立和基本法開始實施的 1997 年 7 月 1 日開始，基本法中沒有任何規定明示或隱含要求香港原有的法律在香港特區的適用需要一種正式的採用行為。

其二，基本法第 160 條實際上包含的也是一種連續性意義，其目的在於將以後發現的與基本法相抵觸的原有法律排除在特區的法律之外。因此，解釋基本法第 160 條以及同其相關的其他條款後，筆者堅定地認為，該條並不要求必須以一種正式的行為採用原有法律，以便使其在 1997 年 6 月 30 日以後還可以繼續有效。事實上，基本法中並沒有條款表現出這個意思。

其三，全國人大常委會廢除《英國法律適用條例》主要是因為基本法已經採用了香港原有的法律，該條例所列舉的原來適用於香港的英國法律或者不再適用於香港特區，或者已經本地化了，該條例也就不再需要了。況且，引入英帝國的法律的行為本身也違反了基本法。

其四，《中英聯合聲明》只是一個表明意圖的條約和聲明，基本法在 1997 年 7 月 1 日才正式生效。因此，原有法律的截止時間不可

能是 1984 年，也不可能是 1990 年，而只能從邏輯上推斷為 1997 年 6 月 30 日。

其五，被告人犯罪時間在 1995 年 6 月，被檢控在同年 8 月，而根據《刑事罪行（修訂）條例 1996》第 159E（7）條的規定，對被告人的檢控根本就不受影響。上訴庭認為，上述五個方面足以應對和解決原訟庭所提出的兩個法律問題，但是，為了發生前述裁決的可能錯誤，也由於本案引發的問題是公眾所普遍關心的一個話題，所以以附帶意見的方式來處理本案提出的另一些重要的法律問題。

其六，即使基本法沒有自動地使原有法律過渡為特區法律，那麼條例在闡明其立法目的內容中，在其第 5 和第 7 條的規定中，也達到了此種目的。而且，該條例已經明確規定了特區成立後法院的前後對應關係，原最高法院即為特區的高等法院，原高等法院即為特區的高等法院原法庭。另外，該條例還明確規定了法律程序的繼續。

其七，特區法院的司法管轄權。中華人民共和國是香港特區的主權國家，特區法院不能挑戰全國人大設立籌委會的決定、決議及其中的理由。這些決定和決議是體現主權的行為，它們的有效性是不容地方法院來進行挑戰的，一如回歸前香港法院不能審查英國國會的行為和立法的合法性和有效性一樣。以筆者的觀點，香港特區法院也不能審查籌委會在行使其全國人大所賦予的權威、執行主權的決定和決議，以及其設立臨時立法會的理由。但筆者認為，特區法院確實有管轄權去審查主權或其代理人的行為是否存在。正如此案，這種情況出現在法院面前，不進行審查則是法院的一種失職。香港特區法院應該有權審查如下三個方面內容：其一，全國人大是否有權決定或決議設立或授權設立籌委會；其二，是否真正存在籌委會設立臨時立法會的決定或決議；其三，籌委會是否事實上設立了臨時立法會，以及現在香港特區的臨時立法會是否事實上就是根據全國人大和籌委會決定或決議設立的那個機構。

最終，上訴庭在回顧了臨時立法會產生的背景和被告人、政府代表律師的觀點後，就臨時立法會的合法性問題作出如下四點裁決：第一，或許設立立法會的行為在政治上未必是明智的，但這與法院實際上沒有太大關聯，畢竟臨時立法會是由全國人大通過其籌委會並在其授權範圍內合法設立的機構。全國人大是香港特區的主權機關，特區法院無權挑戰其行為的合法性和有效性。第二，1997 年 3 月，全國人大關於籌委會工作報告的決議構成了對籌委會設立臨時立法會決定的一種確認，而這一確認也是一個主權行為，不容香港特區法院質疑。第三，臨時立法會並不是特區的第一屆立法會，而只是出於必要而設立的一個過渡性的機構。第四，上述三個方面，足以證明臨時立法會的合法性，而不需要再處理政府代表律師提出的「必須原則」。

二、判決所引起的社會爭議

上訴庭的判決正式宣佈後，立即在香港學術界和實務界引起了廣泛關注和討論，也引發了許多爭議。有些人認為，對於「一國兩制」下的香港特區憲制而言，該案或許可譽為香港特別行政區法制史上的麥迪遜案。香港剛剛回歸不久，司法就使得憲法的複雜性經受了火的洗禮，這正是香港最美好的時刻之一。但也有些人認為，這是香港人民權利的黑暗之日。上訴庭在此案中對臨時立法會合法性的裁決，對香港特區法律體系的完整性是災難性的一擊，影響深遠。

三、馬維騉案的價值與意義

馬維騉案具有無論是對「一國兩制」的實踐，還是對香港居民的法律認知，都有重大價值與意義。

（一）法律意義

馬維騉案對「一國兩制」下兩種法律制度的衝突和融合，對「一國兩制」下特區與中央的憲法關係和憲政定位、香港司法審查制度的確立和司法管轄權的歸位，都具有開創性和歷史性的奠基石意義。

其一，該案是香港回歸後第一起違憲審查的案件，涉及到學者頗為關注和頗為爭議的香港法院是否具有違憲審查權的問題。此問題不但是在香港與內地學界之間的看法存在很大分歧，就是在香港學界內部，看法也不盡一致。有香港學者傾向於認為理論上香港法院一直都享有違憲審查權，只不過極少予以行使而已。但也有香港論者持一種相反的主張。1991 年《人權法案條例》的立法，以及隨後英國對《英皇制誥》的修改，使得法院違憲審查司法管轄權的行使日趨頻繁。因而，有香港論者認為《人權法案條例》的立法是香港法制史上的一次憲制革命。[3] 但內地有不少學者特別是一些參與過基本法起草的知名學者則持相反看法，比較有代表性的是蕭蔚雲教授的觀點，其基於的主要理由之一就是英國從來就不存在美國式的違憲審查制度，香港法院從來就沒有違憲審查意義上的司法管轄權。香港回歸後，審查特區立法是否符合基本法的權力在全國人大常委會而不在香港法院。[4] 也有內地論者認為，香港一直以來實行的是英國式的司法審查制，即在英國議會至上的憲法原則下，司法只對行政行為的合法性進行司法審查，而無權對立法機關的立法進行合憲性審查。1992 年以後，由於《人權條例法案》所引發的一系列立法與該條例相抵觸的司法審查判例，屬於抵觸基本法而不應予以保留的判例，因此不能成為香港特區的法律淵源。[5] 還有論者指出，從基本法規定的政治體制

3　陳弘毅：〈香港特別行政區基本法的理念、實施與解釋〉，載氏著《法理學的世界》，北京：中國政法大學出版社 2003 版，第 350 頁。

4　蕭蔚雲：〈略論香港終審法院的判詞及全國人大常委會的釋法〉，載氏著《論香港基本法》，北京：北京大學出版社 2003 年版，第 854 頁。

5　宋小莊：〈對居留權案件終審判決的分析〉，載蕭蔚雲主編：《香港基本法的成功實踐》，北京：北京大學出版社 2000 年版，第 136 頁。

視角來看，提出司法機關對立法機關制定的法律是否違反基本法進行司法審查的做法與基本法規定的「一國兩制」下的政治體制是不兼容的。[6]

　　事實上，上述看法雖不能說是完全錯誤，但也並非全面。英國的確是不成文的憲法國家。「主權至上」是英國憲法的一個最重要原則，歷史上英國確實不存在與美國完全相同的違憲審查制度，英國法院也無權審查國會立法是否違憲。依照戴雪的觀點，議會是主權者，有權制定或者廢止任何法律，而且沒有任何個人或者機構在法律上有權撤銷或者廢棄議會的立法。唯一的限制則是議會的立法不能拘束今後的議會廢止或者改變以前的立法。英國的法官從未主張自己有權撤銷議會的立法，他們在事實上也從未撤銷過議會的立法；相反，議會卻有權廢除法官創造的法律，並在事實上經常廢除法官創造的法律。但在今天，這一情況已經發生了很大的變化。這種變化表現在如下兩個方面：一是法官們進行法律改革的勇氣和智慧，即運用法律解釋中的區別技術，避開既有法律或判例的約束，這也在相當程度上反映了法官們在法律改革中的一種政治智慧；二是自英國加入歐盟以後，歐洲式的違憲審查制度對英國法制的影響非常巨大，以致通過歐盟法優先適用的原則和法院的技術變通，從根本上動搖了「主權至上」的原則。[7]

　　其二，如果對上一問題的答案是肯定的（至少上訴庭的回答是肯定的），那麼此案也第一次正式確立了香港法院司法審查權的權限。具體而言，作為一個地區法院，香港特區法院可以審查特區立法和行政行為是否符合香港特區「憲法」——基本法，但對於代表主權的全國人大及其常委會的立法和行為，香港特區法院絕對是沒有權力去挑戰其合法性的，相反，只能就事實問題審查是否存在有關的全國人大

6　鄭偉：〈對港澳基本法政治體制及其實踐的探討〉，載《憲法與港澳基本法理論與實踐研究——紀念蕭蔚雲教授八十華誕誌慶集》，北京：北京大學出版社 2004 年版，第 373 頁。

7　何海波：〈沒有憲法的違憲審查——英國故事〉，《中國社會科學》2005 年第 2 期。

或人大常委會的立法或行為。上訴庭的這一裁定，對實際上的三權分立，並視司法裁定為最高權威的香港法治來說，其歷史和現實意義都是不容置疑的。同時，從上訴庭的判詞中，我們也能夠明顯地體會到上訴庭法官在行使司法權時對自己權力邊界的某種自律和限制。雖然上訴庭並沒有進行較為深入地闡述，但其區別政治問題和法律問題的意向卻十分明顯，或許設立立法會在政治上未必是明智的，但這與法院根本沒有任何關聯。可惜的是，上訴庭未能從現代憲政理論的深度來闡述「一國兩制」下法院保持這種自律和自制的重要性，後來終審法院在居留權案中更未能合理地關注上訴庭的這一觀點的價值。

其三，此案是香港特區法院第一次行使對基本法的解釋權，並基本闡明了解釋基本法的原則和方法。在解釋方法上，上訴庭並沒有採用普通法理論的傳統解釋方法，而是選擇了目的論方法。之所以說是「基本上」，是因為法官在選擇解釋方法時，仍然有所保留，而且上訴庭的判決也並非是一致的判決。

（二）學理意義

在上訴庭的判詞中，在回答了與案件相關的法律問題的同時，也提出了一些引人深思的學理性問題。

其一，上訴庭是否應該闡述臨時立法會的合法性問題？換而言之，在「一國兩制」法治實踐的開始，面對這樣一個充滿外交爭議和政治爭議的複雜領域，上訴庭是否應該選擇進行介入呢？如果對此的回答是肯定的，上訴庭選擇的全面介入策略本身是否存在憲法問題呢？

對此，筆者的看法是，上訴庭的介入，既不必要，也十分必要。這一說法並不矛盾。因為就本案而言，上訴庭已經證明了基本法足以使普通法在香港主權回歸後得以延續，完全可以對本案作出了決，而沒有必要繼續討論臨時立法會合法性這一十分政治性的問題。正如有

香港論者指出，法院承擔的問題越多，出差錯的機會就越多，最優秀的司法判決往往是針對特定事實而作出的，法院應承認和劃出適當的司法能力和司法權力界限，在法律和政治世界中尋找自己適當的位置。故此，也許後來終審法院在吳嘉玲案中，可能也不會涉及到這個問題，或許也就不會發生終審法院與中央最高權力和立法機關的直接衝突，全國人大常委會或許也不會做出如此強烈的反應。但問題的另一方面卻是，從社會背景和現實上來看，臨時立法會自其成立的第一天起就備受爭議，法院早晚要必須面對這一重要的憲法性問題，在香港這樣一個奉行司法中心主義的法治社會中，政治問題的最後歸屬基本上就是法律問題，解決爭議的最後也是依靠最權威的途徑 —— 司法裁判；[8] 從社會利益上來看，正如上訴庭首席法官陳兆愷在判詞中所言，這是一個公眾十分關心，對特區憲制非常重要的憲法性問題，法院確有就此做出澄清和裁決的必要；從訴訟程序上來看，主動要求介入的辯方律師申請作為法庭顧問的主要目的就在於臨時立法會合法性這一憲法性問題。其實，在本案中，上訴庭已經無法迴避這一問題了，正如審理該案的另一位法官 Mr. Gerald Paul Nazareth 指出的：「對於《香港回歸條例》以及由此引出的臨時立法會的合法性問題，對本案來說，我已經得出了結論，處理了需要我們處理的問題，沒有必要再涉及到這個問題了。在通常情況下，我也不會那麼做。但本案不是一個平常的案件，這個問題已經被提起，對我而言，迴避它不符合公眾利益。如果本案上訴的話，也同時破壞了終審法院和全國人大常委會明確地解決這一問題的潛在機會。」這也告訴我們，對於上訴庭來說，至少對於 Nazareth 法官而言，他是準備或期望本案上訴到終審法院，或最終由人大常委會通過解釋來明確解決這個問題的。

8　其實，早在 1997 年 3 月 14 日全國人大關於批准香港特區籌委會工作報告之前，香港就有學者指出了回歸後出現臨時立法會合性訴訟的可能性，並認為成功挑戰其合法性的可能性並不小，如果那樣，在香港特區的生命之初，就會陷入一場憲法性危機。但是，一旦全國人大在其決定中包含了確認臨時立法會的語言，問題便可以得到解決。

　　那麼，對於一個 1997 年 3 月 14 日全國人大關於籌委會工作報告的決議中已經明確了的問題，為什麼 Nazareth 法官還是期望終審法院甚至是全國人大常委會來最終作出裁決？他在判決中其實也已經提到了這個問題。一般而言，全國人民代表大會關於籌委會工作報告的決議接受和批准了籌委會的工作這一說法是公平的，但他還是持有一種保留的態度。因為他認為，從他的純普通法規範的角度來看，這一報告構成確認似乎還是不太夠，如果從純普通法規範來看，不得不承認這是不夠的。但這不是普通法的立法，或者甚至不是普通法的管轄權問題。以傳統的普通法的方法和立法先例來處理這種確認的問題，也是不對的。全國人大的決定批准了籌委會的工作，但這是否構成確認，是一個很難僅憑法學專業就能判斷的問題。例如，決定是否被接受為一個立法性的確認？或者通過專家證據的協助，根據庭長已然給出的理由 —— 他們滿意於決定構成了確認，而 Nazareth 法官被說服不作出反對。Nazareth 法官的上述判詞反映了他對臨時立法會的合法性也持有一定的懷疑，而作為一名法官，他同樣期待著一個司法裁判能夠依賴最權威的法律準則。我們從他的這種懷疑看出的是，對於全新的「一國兩制」法治實踐來說，社會對法官期待甚多，奉若神明，法官也同樣面臨很多不確定性的挑戰。而這又再進一步地說明，面對兩種法律制度的磨合與衝突，司法選擇介入的領域、時機和介入的程度，必須十分慎重。正如有香港論者指出的那樣，香港法院所面臨的挑戰是如何採取一種中庸之道 —— 一方面勇於堅持它們的獨立司法權，敢於發揮它們的法定管轄權，藉以維護香港的法治和權利保障等原則；另一方面，不採取過高的姿態，避免法院的角色過於政治化，因為這樣可能導致特別行政區政府或中央政府對法院進行激烈的反擊，屆時作為巧妙而脆弱的權力均衡狀態的法治制度便會毀於一旦。因此，香港法院所需要的不單單是豐富的專業法律知識和明辨案情事實的能力，還需要有一種高度的政治智慧。我們可以設想，如果馬維

騆案如他所願上訴至終審法院，如果終審法院在審理本案的上訴中堅持與其後來審理吳嘉玲案同樣的立場（這幾乎是可以肯定的），那麼特區司法和中央立法之間的直接衝突則可能提前一至兩年，而這種提前對「一國兩制」的法治實踐和香港法治秩序的延續和穩定則會帶來更大的傷害。

其二，上訴庭在審理臨時立法會合法性的過程中，是否存在法律問題？如果我們仔細考察上訴庭的證明過程而不僅僅是其得出的結論的話 —— 臨時結果正確並不完全會符合基本法，那麼就不難發現，問題並沒有就此結束，結果正確並不完全意味程序合法。審理此案的兩位法官（庭長陳兆愷和副庭長 Barry Mortimef）都提到，香港法院無權審查全國人大或其常委會的行為是否合法，這是不證自明的道理。但是，他們也同時認為，香港法院有權質疑全國人大及其常委會是否作出過立法行為並審議立法的效力，香港法院也有權審查類似臨時立法會的機構是否依法建立，以及其建立是否符合那些有效的法律。這是否意味著對人大常委會的行為的一種事實審查？答案應該是不言而喻的。換而言之，循著他們的證明邏輯，全國人大或人大常委會的決定具有法律效力，他們無權對之審查，但如果他們認為類似臨時法會的機構並不是依據全國人大或人大常委會制定的法律設立，或者與那些有效的法律並不相符，他們該怎麼辦呢？上訴庭的一致判決是臨時立法會與那些有效的法律相符，但這一結論並不能否認他們事實上已經審查了人大常委會的行為這一邏輯事實，而這種審查，即使並不是直接審查，或是在他們聲稱的無權審查的前提下的審查，或者審查的目的是為了證明其合法性，結論也確實如此 —— 本身就是缺少法律依據的。換而言之，在臨時立法會合法性的裁決上，上訴庭裁判結論的正確與其管轄權的缺失或僭越是共存的。另外，上訴庭在處理這一政治和法律上都十分敏感的問題時，應選擇什麼法統作為判斷依據？筆者同意陳弘毅教授的看法，即在香港的過渡期內，香港事務

存在著三個規則體系，第一個是殖民地的法律體系；第二個是外交層次的，即建立在《中英聯合聲明》基礎之上的規則體系；第三個是規範中國政府籌組香港特區政府的規範體系，即中國法律規定的規則。對於臨時立法會的合法性問題，只能適用第三者。1997 年 7 月 1 日以後，如果出現了關於臨時立法會的法理依據的訴訟，香港特別行政區法院只能也必須在中華人民共和國的法律秩序中尋求解決問題的答案。在這一點上，筆者倒是同意有的香港論者的觀點，即上訴庭以回歸前香港法院對英國議會立法和英國政府的行為沒有司法管轄權，推出回歸後特區法院對作為主權的全國人大和人大常委會的行為同樣沒有管轄權，是一種不適當的比較，沒有區別英國統治下的香港殖民地與英國皇權的關係和「一國兩制」下特區與中央的憲法關係。但這種香港在不同憲政體制下的不同憲法地位不具有可比性，也並不能推導出特區法院有權審查全國人大或人大常委會的立法和行為，更不意味著由於上訴庭的判決，高度自治的承諾就蕩然無存了。其實，對上訴庭而言，起碼有兩個選擇來證明自己的判斷：一種是安全的選擇，以英國的可審查性理論或以美國司法審查制度中的政治問題理論，拒絕就臨時合法性問題進行裁決。如果上訴庭決定介入以終結長時間以來的爭議，則另一個可能選擇是，在國家憲法體制內的權力分配和權力關係，以國家憲法制度（而不是基本法）為基本依據，判斷中央與特區的權力關係。換而言之，在「一國兩制」的憲政體制下，特區的所有權力都是由國家授予的，而代表國家授權的最高權力機關則是全國人大及其常委會。雖然全國人大或人大常委會也無權作出違反基本法的行為（也即承認全國人大和人大常委會自身也應當受基本法的法律約束），但判斷全國人大或人大常委會的某個行為是否違反基本法，並不是特區司法管轄權所能及的。[9] 顯然，上訴庭選擇的是普通法，

9　當然，必須承認，在香港特已然確認了違憲審查制度而尚未建立國家違憲審查制度的情況下，對於類似的中央立法或行政機關與特區之間的可能衝突或爭議尚缺少應有的裁決機制，這確實是「一國兩制」下的一個現實矛盾，也可以說是基本法制建設設計上的一個缺失。

這或許是基於普通法應當成為香港司法的當然裁判理據，或許是因為上訴庭對內地法律制度還相對比較陌生。如果是前者，就很難證明上訴庭判決成立的法理依據，如果是後者，則出現證明過程的邏輯錯誤，甚至是判斷失準，也似乎是在所難免了。

其三，關於原有香港法律的截止時間。對此，上訴庭庭長陳兆愷認為，唯一符合邏輯的和事實上合適的截止時間是 1997 年 6 月 30 日。但另一位副庭長 Mr. Gerald Paul Nazareth 對截止時間的表述卻不是 6 月 30 日，而是 7 月 1 日。兩位法官的看法並不一致，這是顯而易見的。問題是，即使將截止時間判定為 6 月 30 日，是否就是符合邏輯和事實上合適呢？筆者並不這麼認為。原因有二：一是所謂的「邏輯問題」。關於《中英聯合聲明》和基本法中的香港原有法律的截止時間，中英兩國、香港以及內地學者們的看法從來就沒有一致過。對此，權威的話語者應該是全國人大常委會。但由於其並沒有就此作出過專門的決定，那麼有關的文件、說明、或者官方的表態就十分具有參考意義。英國和港英政府當時的看法也如上訴庭一樣，即 1997 年 6 月 30 日。但中國政府並不這麼看。早在 1984 年《中英聯合聲明》簽署前的談判中，中國政府就聲明，中國政策中所說的「目前」或「現行」的各種制度（當然包括法律制度），只能是指協議達成時的狀況，而將「目前」或「現行」指向 1997 年 6 月 30 日僅僅是英國政府的單方立場，被中國政府予以嚴辭拒絕了。[10] 上訴庭顯然忽略了 1997 年 2 月 23 日全國人大常委會決定的邏輯效力和影響。如果截止時間是 6 月 30 日，則意味著英國和港英政府擁有了在《中英聯合聲明》簽署後對現行法律的單方面完全修訂權，而中國政府對此無權過問、無能為力，即使這個原有法律一早已經不是中國政府簽署《中英聯合聲明》時的原有法律了，中國政府和香港特區也必須照

10　袁求實：《香港回歸大事記（1979-1997）》，香港：三聯書店（香港）有限公司 1997 年版，第 17 頁。

單全收。這不可能是中國政府簽署《中英聯合聲明》時的邏輯。事實上，港英政府確實在《中英聯合聲明》簽署後單方面對法律進行了大面積地修改，而中國政府也多次聲明無法接受這種單方面的修改，這是全國人大常委會 1997 年 2 月 23 日決定的邏輯基礎。二是法律問題。全國人大常委會 2 月 23 日的決定不但對 7 月 1 日特區成立後適用「原有法律」的解釋原則做了原則性限制，更重要的是直接廢除了部分香港的「原有法律」，如全部不採用為香港特區法律的有 14 部條例，部分不採用 10 部條例中的部分條文。雖然決定中並沒有明確生效時間，但顯然的理解應該是 1997 年 7 月 1 日。從決定的立法意圖來看，特別是從附件二部分廢除的有關條例來看，這些條例中有的是《中英聯合聲明》簽署後港英政府單方面進行的修訂，大部分則是基本法頒布後港英政府所做的修訂，而全國人大常委會則是在相當大程度上恢復了基本法頒布之前的法律狀況。這至少從法律上說明了原有法律的截止時間不可能是 6 月 30 日。因此，這也就引出了一個上訴庭判決是否合法的問題。如果我們將此視為上訴庭對人大常委會 1997 年 2 月 23 日決定的解釋，那麼這個解釋也就存在著一個是否符合立法意圖的問題。而對於這一點，卻到目前為止都未經終審法院或是任何論者提及，筆者也感到奇怪。雖然對原有法律的這一界定並不必然影響上訴庭對案件的判決，但這顯然也並不是一個簡單的學術或時間的問題。

居港權系列案件之一：吳嘉玲案

◇◇◇

吳嘉玲案涉及的居留權條款經歷了香港特區法院的解釋和人大釋法兩個過程，最終以人大釋法明確了居留權條款的含義和香港特區法院解釋基本法與全國人大常委會的解釋相對接的原則、路徑、程序、方法以及解釋的效力。

一、基本案情介紹

在香港正式回歸之前，一直盛傳香港特區政府將會對香港居民在內地所生而後生活在香港特區的子女予以特赦，受此影響很多香港人在回歸之前通過各種手段將其子女從內地進入香港並無證滯留。[1] 與此相關的主要爭議規則便是香港特區《入境條例》中關於享有居留權兒童需要經過合法審批的安排才能合法居留香港特區的條款，他們認為這條規定明顯與基本法不符，因此要求通過司法程序確定其居留的合法性問題。[2] 香港法律援助署出於人道主義對其中 72 名無證兒童進行了法律協助，代表其向香港高等法院訴請確認該 72 名兒童依法在香港享有居留權。原審法院於 1997 年 8 月 11 日對其中比較有代表性的 4 個案件進行立案並進行審理，並作出判決認定香港

1　強世功：〈司法主權之爭 —— 從吳嘉玲案看「人大釋法」的憲政意涵〉，《清華法學》2009 年第 5 期。

2　田瑤：〈從「吳嘉玲案」看香港法院「違憲審查權」及其限度〉，《比較法研究》2012 年第 6 期。

特區《入境條例》中關於「兒童在內地出生時，如果其父或者母不是香港特區永久居民的情況下，那麼該兒童便不享有香港特區的居留權」的規定與基本法不符，因此應該認定其沒有法律效力，也就認可了訴訟兒童依法享有居留權。香港特區政府不服，遂訴至香港高等法院上訴法庭。上訴法庭經過審理最終認為，孩子出生時其父母至少一方必須是香港永久居民，否則孩子出生後將不能合法享有香港特區的永久居住權，據此推翻了原一審法院的判決，支持了香港特區政府的關於實施居留權證明書的行為。

被訴的無證兒童們自然就不服該判決，於是便隨後向香港特區終審法院提起訴訟。香港特區終審法院認為《入境條例》的有關規定不符合基本法第 24 條第 2 款第（三）項的規定。第（三）項所指的香港居民所生子女，應該不僅包括孩子出生時父母一方已經是香港特區的永久居民，也包括父母一方是香港特區永久居民之前所生的孩子。因此，香港特區終審法院於 1999 年 1 月 29 日對吳嘉玲案作出了終審判決，認定吳嘉玲依法享有香港特區的永久居住權，香港特區的《入境條例》的相關條款因為與香港基本法的有關內容相悖而不具有法律效力。[3] 同時，香港特區終審法院駁回了香港入境事務處要求其提請全國人大常委會解釋《香港基本法》相關條款〔第 22（4）、24（2）（3）條〕的請求。這正是法院最大的失誤。

3　1997 年 7 月 3 日即香港回歸後的首個工作日，500 餘名非法入境或滯留不歸的香港人在內地所生的子女在他們的家長帶領下，到香港入境事務處要求根據基本法給予他們的子女香港居留權。此後數日內，申請辦理居留權的人數劇增。因當時香港政府對這部分子女居留香港無具體的法律規定，入境事務處採取臨時性措施，給這些無居留權證的兒童暫發「行街紙」（持有這種證明的人可以按照證明書的內容在香港合法居住），以證明他們在一定期限內可以在香港合法地正常生活。當時入境事務處處長表示，依據香港特區臨時立法會制定的法令，即 1997 年 7 月 9 日通過的《入境條例》，入境事務處有權遣返這些無證兒童，但會謹慎處理，首先採取勸說的方法要求其自願遣返，如勸說無效不排除必要時採取拘捕行動將其強制遣返內地。參見《文匯報》1997 年 7 月 3-9 日。

二、居留權的條款性質及解釋

　　吳嘉玲案終審判決於 1999 年 1 月 29 日公佈後，立即引來軒然大波，學者們紛紛進行探討。由於涉及到了很多法律的問題，在過去十多年中，該案一直都是港澳基本法學術研究的富礦，並且這種狀況似乎還將延續。毫無疑問，對這一問題進行研究，其前置性的一個要點就是對居留權條款的性質進行明晰。

（一）居留權的條款性質

　　所謂居留權，就是在香港特區能夠永久居住的資格和權利。吳嘉玲案中涉及對居留權條款的解釋，其實質就是香港特區法院和全國人大常委會對基本法第 22 條和第 24 條相關內容的法律含義作出的闡述。基本法第 22 條第 4 款屬於規定中央與香港特區關係的內容，而第 24 條 2 款（三）項則是界定香港特區居民的基本權利和義務。基本法第 22 條 4 款的內容「中國其他地區的人進入香港特別行政區須辦理批准手續，其中進入香港特別行政區定居的人數由中央人民政府主管部門徵求香港特別行政區政府的意見後確定」包括兩層含義，其一中國其他地區的人不管是不是符合香港居留條件意欲進入香港都必須履行相應的批准手續，其二能夠接受允許進入香港特區的人口數量應該由兩地政府共同決定。由此不難發現，基本法第 22 條第 4 款所確定的內容不是香港特區完全自治的範圍，質言之，香港特區法院也不能完全自行進行條款解釋。

　　另外，關於基本法第 24 條所確定的能夠獲得香港特區永久居留權的居民資格範圍，究竟是屬於中央和香港特區共同管理的事務亦或是應該屬於中央政府或者香港特區獨享的管理事務，對此是有爭議的。筆者以為，這應該屬於香港特區政府所管理的事務範圍，基於的理由主要有如下兩個：一方面，兒童在出生之時是否在香港，以及出

生後是否符合在香港連續居住滿七年，以及其父母的居民身份資料信息都是由香港特區掌握，因此自然也只能由掌握這些資料的香港特區政府負責審核認定有關事實。比如在連續居住滿七年的問題上，只能依據香港特區的出入境記錄才能審核確定，內地的有關機關不可能掌握這些信息，自然也難以對這些事項行使管轄的權力。[4] 另一方面，關於香港永久居民的身份認定問題以及有關這些居民如何被安排到香港定居生活的審批程序是兩個不同的問題，屬於兩個不同的範疇。詳言之，前者是確定資格的實體問題，而後者則是屬於如何實現這個確定資格的程序問題。換句話說，對於香港永久居民如何到香港定居的問題不僅涉及香港特區，同時這個審批程序需要與內地對接，涉及兩地共同管理的出入境事務，自然也應該屬於中央和香港特區共同管理的事項。按照一般理解基本法第 24 條第 2 款第（一）至（三）項的內容屬於永久性居民資格的定性問題，並不涉及在香港定居的審批和程序問題。也就說基本法的本條內容界定該事項屬於香港特區自治範圍的內容，而不能誤以為其實屬於兩地關係的內容。

（二）兩地對居留權的解釋

1. 香港特區法院對居留權的解釋

吳嘉玲案在經過香港特區高等法院原訴法庭、高等法院上訴庭和終審法院終審庭三級審理，作出兩種完全不一樣的判決結果，其核心就是香港特區法院對基本第 22 條第 4 款以及第 24 條第 2 款第（一）至（三）項中關於香港永久性居民身份及在香港有居留權性質和含義的理解所產生的不同和差異。

香港特區終審法院認為根據香港基本法的授權，其可以解釋有關香港基本法的條款，進而據此在對香港基本法有關香港永久性居民

4　焦洪昌：〈香港基本法解釋衝突之原因分析 —— 以居港權系列案件的討論為例〉，《廣東社會科學》2008 年第 3 期。

身份及香港居留權等問題的性質基礎上，並結合基本法解釋的一般原則和方法對該問題進行明確地闡述，進而認定「第3號條例」違憲，並認定了吳嘉玲等人自1997年7月1日起擁有香港永久性居民的身份。[5] 香港特區終審法院做出上述判決的依據主要在於，香港特區終審法院認為按照香港基本法第158條第3款的規定，居留權所涉及的第24條第2款第（一）至（三）項內容應該是屬於所謂的「範圍之外的條款」，因此自然也無須就該條款的適用及解釋請示全國人大常委會；同時，鑒於香港基本法第22條第4款並不存在受第24條第2款第（三）項之規限的關係，也不存在所謂的互為關聯的關係。在這種情形下，「第3號條例」要求永久性居民必須先持有單程證才可以享有居留權的規定缺乏法律根據；另外，按照普通法法律解釋的一般原則，對於涉及解釋保障居民權利的憲法性條款之時一般都會採取一種比較寬鬆的解釋取向。正是基於上述理由，香港特區終審法院對香港基本法第24條第2款第（三）項所指的香港居民所生子女作出解釋，即香港居民所生子女包括在其父或母在成為香港永久性居民之前或之後所生的子女。

2. 全國人大常委會對居留權條款的解釋

在香港特區終審法院對吳嘉玲案做出終審判決之後，香港特區政府認為該判決將會給香港特區的未來發展帶來極其不利的影響，同時終審法院對基本法所涉的居留權問題的解釋並不符合香港基本法的立法本旨，因此有必要糾正香港特區終審法院對該法條的解釋及適用。[6] 因內地居民進入香港的管理辦法一開始就是由中央政府和香港特區政府協商制定的，因此香港特區政府認為有關該事項應當屬於中央和香港關係的事務，是自治範圍外的一種事務，而不是香港特區自

5　徐靜琳：〈從「居港權」爭訟案看香港基本法的司法解釋〉，《法治論叢》2003年第1期。

6　湛中樂、陳聰：〈論香港的司法審查制度——香港「居留權」案件透視〉，《比較法研究》2001年第2期。

治範圍內的事務，香港特區終審法院自然也就不能自行進行解釋。據此，香港特區政府向國務院請求其提請全國人大常委會就該基本法的適用進行解釋。

國務院接受了香港特區政府的請求，以正式提案的方式提請全國人大常委會解釋基本法第 22 條第 4 款和第 24 條第 2 款第（三）項，其理由也是認為香港特區終審法院就居留權解釋的事務屬於中央和香港特區政府關係的事務，是香港特區自治範圍外的一種事務。按照基本法的相關規定終審法院應在判決前將該問題所涉及的法規提請全國人大常委會解釋。[7] 全國人大常委會審議上述國務院提案之後，並就有關事實及問題徵求香港特區基本法委員會委員和當地各界代表的意見，於 1999 年 6 月 26 日全國人大常委會作出〈全國人民代表大會常務委員會關於《中華人民共和國香港特別行政區基本法》第 22 條第 4 款和第 24 條第 2 款第（三）項的解釋〉。該解釋的核心觀點，概況而言主要有如下兩個：一方面，基本法第 22 條第 4 款規定的「中國其他地區的人進入香港特別行政區須辦理批准手續」，是指各省、自治區、直轄市的人，包括香港永久性居民在內地所生的子女，均須依照國家有關法律、行政法規的規定，依法向其所在地區的有關機構申請辦理批准手續，並須持有相關的有效證件方能進入香港特區；另一方面，基本法第 24 條第 2 款第（三）項的規定，是指無論本人是在香港特區成立以前或以後出生，在其出生時其父母雙方或一方必須符合基本法第 24 條第 3 款第（一）項或第（二）項規定條件的人，即香港人必須在成為香港永久性居民後，其在內地所生的子女才享有在香港的居留權。另外，基本法第 22 條第 4 款的立法本意是對接內地和香港特區長期以來實行的出入境管理制度，而不包括其他制度。這種內地與香港特區之間人員往來的管理制度能夠在一定程

7　凌兵：〈香港特別行政區基本法與全國人大立法權的界限 —— 對香港特區終審法院居留權案判決的憲法思考〉，《法治論叢》2003 年第 1 期。

度上確保內地居民有序赴港，也是符合香港特區經濟社會整體利益的有效措施。[8] 至此，各方有關居留權條款的解釋方面的僵局被徹底打破，以後有關當事人是不是符合基本法第 24 條第 2 款第（三）項規定的條件，都必須按照全國人大常委會的解釋為準。

三、有關居留權解釋存在的問題

對於基本法的解釋既要能夠滿足立法者的最初意願，也必須符合屆時社會經濟發展對法律的需求，同時在邏輯上還應當遵循法律解釋科學的一般法律規則。所謂「科學就是這樣奇妙；角度略轉一下，或多加一個層面，就可能看得很遠，很遠」，[9] 對於基本法解釋的角度定位和轉換方向過程中，如果不能兼顧上述法律解釋的一般原則，那麼就很可能使真理變成了謬論，基本法的整體社會效能也將難以得到發揮。[10] 總結香港特區終審法院以及全國人大常委會對基本法有關居留權條款的解釋過程中，都不能算得上完美，換句話說都存在進一步完善的空間。

（一）終審法院方面

在吳嘉玲案中，香港特區終審法院對該案中所涉及有關基本法中居留權條款的解釋，不僅存在著偏離立法本旨之虞，同時也不符合基本法對於法律解釋問題的程序規定，如此自然也會影響其對基本法有關居留權問題解釋的合法性。

8　喬曉陽：〈對「全國人民代表大會常務委員會關於《中華人民共和國香港特別行政區基本法》第二十二條第四款和第二十四條第二款第（三）項的解釋（草案）的說明」〉，《人民日報》1999年 6 月 27 日。

9　張五常：〈制度的選擇〉，載《經濟解釋》（卷三），香港：花千樹出版有限公司 2002 年版，第58 頁。

10　參見時任香港特區終審法院首席法官李國能作出的判決書：〈入境事務處處長訴莊豐源案〉，終院民事上訴 2000 年第 26 號 /（2001）4 HKCFAR，第 234-242 頁。

總結香港特區終審法院對基本法居留權相關條款的解釋，其主要存在的不足有以下幾點：其一，在「中國其他地區的人」的理解上，一般理解應該是不管其是否具有香港永久居民的資格，只要符合在中國境內居住這一核心實質要件的中國人，都應該認定屬於「中國其他地區的人」，也就是說不僅包括在大陸居住的所有內地居民，也包括滿足香港特區永久性居民資格但沒有辦理在香港特區定居手續，仍然在內地居住的人。而事實上，在實踐中上述人員確實都需要按照內地的出入境管理法規的有關規定辦理相應手續，否則不能隨意進入香港特區。所以，即使是在內地居住的但依法享有香港特區永久性居民資格的人，雖然其具有進入香港特區的資格，但不排除其也應該依法辦理相關手續，而不能隨意進入。其二，香港特區終審法院對「定居」含義的理解是不完整的，對於享有香港特區居留權而生活在內地的人，其從內地移居香港時應該按照內地的相關規定來辦理「定居」批准手續，在取得「單程證」的前提下才能按照規定進入香港特區。由此可見，所謂的「單程證」與「定居」是具有密切關係的，「定居」是區分在香港特區永久居留的「類別」概念，而不是確定是否在香港特區居住或者居住時間長短的「行為」概念，當然定居也與用於商務活動以及學習交流等而取得的「雙程證」是不同的。最後，按照香港特區終審法院對居留權問題的解釋，其也相應地變更了香港特區永久居民有權在香港特區「隨意逗留」的適用性條件。[11]

香港特區終審法院法官「執意」追求普通法所奉行的所謂「人權、自由以及平等」等理念，並堅持所謂「涉及公民基本權利和自由即適用寬鬆解釋」的原則，在吳嘉玲案中放寬了香港特區永久性居民的資格要件，雖然從法理上來說也可以理解，但是這種解釋明顯沒有全面考慮基本法有關居留權條款本身設置的本意、目的以及業已形成

11　參見馮舟：《論香港〈香港基本法〉下中央政府對香港特區的「制度控制」──從「吳嘉玲」案說起》，中國政法大學 2009 年碩士學位論文。

的香港與內地之間的出入境管理秩序。可以說,香港特區終審法院做出了一個在某種程度上符合香港基本法形式意義上的解釋,而實質上卻是一個並不符合香港基本法原旨的解釋和判決。[12] 同時,香港特區終審法院在審理吳嘉玲案的過程中,並沒有依法提請全國人大常委會對基本法所涉居留權條款進行解釋,這使得全國人大常委會喪失了在其裁判之前行使最終解釋權的權力,而按照香港特區的法制,法院的解釋也是現行有效之法律,儘管全國人大常委會後來糾正了香港特區終審法院對居留權條款的解釋,但依然改變不了香港特區終審法院據此判決所作出的判決效力。在法律解釋不溯及既往的法制安排下,就會出現同一性質的法律案件依據不同的法律解釋而出現不同的判決結果的現象。這給案件當事人造成了法律權益上的完全不同結果,也明顯不符合司法公正的基本要求,繼而有礙於香港特區的法制穩定與和諧秩序。

(二)全國人大常委會方面

各方對全國人大常委會解釋基本法的褒貶不一,反對全國人大常委會釋法的大多是站在「兩制」的優先立場上,他們認為全國人大常委會應該受到基本法的約束,其釋法行為破壞了香港地區的高度自治以及司法獨立;而支持全國人大常委會釋法者則更多考慮的是「一國」系作為處理內地和香港特區關係的根本所在。[13] 筆者以為,按照基本法第 158 條的規定,基本法的解釋權屬於全國人大常委會,這就意味著全國人大常委會當然對基本法具有解釋權,包括其根據需要主動解釋,也可能在基本法確定的有關方的請求下對基本法進行解釋。同時,香港特區法院根據基本法第 158 條的授權可以對屬於香港特區

12　王振民、孫成:〈香港法院適用中國憲法問題研究〉,《政治與法律》2014 年第 4 期。

13　Paul Zewirtz, "Approaches to Constitutional Interpretation: Comparative Constitutionalism and Chinese Characteristics", (2001) *Hong Kong Law Journal* 31, pp. 200-223.

自治範圍內的條款進行解釋，並對其它不屬於香港特區自治範圍內的條款也享有一定條件下的解釋權，而且並沒有相關法律規定香港特區法院對基本法解釋時需要向全國人大常委會報批，也就是說從基本法授權香港特區法院對法律進行解釋的本意出發，香港特區法院一旦依法在其自行解釋範圍內對法律進行了解釋，那麼全國人大常委會就沒有再進行解釋的必要和價值。[14] 因此，筆者以為任何一種簡單肯定或者否定全國人大常委會釋法的觀點都是不符合法理原則和基本法的本旨精神的。[15]

在香港回歸之後，其法律體系自然也會發生一些改變，是普通法和內地法律體系的一個有機組合，因此再想繼續按照普通法的法理來對解讀已經變化了的社會現實，得出的結論自然也就是不符合社會實踐所需要的。香港基本法本身也是按照我國現有的憲法框架下起草和制定的，因此也不可能與內地的法律體系相分離，自然對香港基本法的解釋也不能脫離內地的法律解釋制度框架。香港特區終審法院依法對香港特區案件具有終審權，但並非意味著是對基本法有最終解釋權。在吳嘉玲案中，全國人大常委會的釋法否定了香港特區終審法院對基本法所涉居留權條款的解釋，但並沒有否定香港特區終審法院對案件的終審權，所以自然不存在所謂全國人大常委會的本次釋法破壞了香港特區的法治和司法獨立這一可能。[16] 質言之，香港特區的法治精神的實質是嚴格依法辦事，承認全國人大常委會釋法的權力正是尊重法律、遵守法律的一種體現，也是「一國兩制」制度安排下香港特區法律解釋機制的一個必然選擇。因此，從法理上來講，全國人大常委會釋法符合法律解釋授權理論和立法解釋權下限原則；從香港基本法實施的法律實踐來看，全國人大常委會釋法可以在遵循基本法的立

14　參見王振民：《中央與特別行政區關係》，北京：清華大學出版社 2002 年版，第 48-61 頁。

15　鄧敏貞：〈對人大解釋香港基本法的法律思考〉，《法學研究》2006 年第 19 期，第 22-24 頁。

16　張霄龍：〈香港居留權法律問題分歧及其解決路徑探析〉，《武漢大學學報》2013 年第 2 期，第 65-69 頁。

法背景、目的、本旨以及香港特區經濟社會發展的現實需要等多重角度下進行綜合考量，進行相應的基本法解釋，是當下解決香港基本法解釋爭議和衝突最有效的一個途徑與方法。

總結而言，法意明確和政治和諧是解決香港基本法解釋過程中存在爭議的基本前提。從吳嘉玲案所牽涉的基本法居留權條款的解釋過程中，我們可以看出，內地和香港特區在基本法的解釋上，不僅體現著因法律體系以及歷史原因所造成的衝突因素，更反映了兩地在政治傾向上的相悖。具體而言，在法律解釋層面，吳嘉玲案所涉及的基本法中居留權條款的解釋過程一方面說明基本法的某些條款內容的法律意義不夠明確，另一方面也能夠看出基本法解釋制度不完善以及缺少內地和香港特區之間統一的解釋對接規則和方法，也包括終審法院並沒有嚴格按照基本法的內容行使解釋權的問題。同時，也反映了各方對「一國兩制」理解上的差異，也就是站在不同的政治立場，自然會影響其對基本法解釋權問題的態度。比如，內地解釋基本法時，可能更多強調的是「一國」的根本性，在某種程度上會忽略「兩制」本身因歷史因素所造成的一種現實差異，甚至會有觀點認為香港特區法院對基本法解釋中所體現出來的問題是對全國人大常委會立法解釋權威的一種挑戰，這種放大政治問題而缺乏法律解釋本身所應該依據的法理層面的分析，明顯是片面的。同時，在香港特區方面，也有諸多所謂「捍衛香港固有法治」的人士，他們過分強調「兩制」，而忽略甚至排斥「一國」之根本，這也不利於基本法解釋衝突的解決以及兩地未來的持續繁榮。因此，吳嘉玲案的實踐再次證明，有必要進一步完善基本法以及基本法解釋機制的對接規範，進而減少因基本法解釋所帶來的不必要的爭議和衝突，使得各方都能夠自覺遵守法律、承擔責任，繼而在社會發展的實踐過程中形成基本法解釋的良性法治態勢

和習慣[17]。當然，基本法解釋背後的政治和諧也不容忽視，[18] 只有內地與香港特區的政治和諧，理性看待對基本法適用過程中的一些解釋，才能夠為基本法解釋提供良好的和諧環境，進而妥善解決因為基本法解釋所帶來的一些分歧和爭議。

17　Priscilla Leung Mei-fun, *The Hong Kong Basic Law: Hybrid of Common Law and Chinese Law* (LexisNexis, 2007).

18　強世功：〈和平革命中的司法管轄權之爭 ——從馬維騉案和吳嘉玲案看香港憲政秩序的轉型〉，《中外法學》2007 年第 6 期，第 667 頁。

居港權系列案件之二：莊豐源案

◇◇◇

莊豐源案是有關居港權的另一個重要案件[1]，它是繼吳嘉玲案之後，又一次涉及居留權條款解釋的案件。該案最終是由香港特區終審法院作出判決，認定莊豐源享有居留權。莊豐源案是香港特區政府與香港特區終審法院法官針對基本法精神解讀的一場博弈，在審理莊豐源案的過程中，香港特區政府建議香港特區終審法院就有關居留權條款提請全國人大常委會進行解釋，但香港特區終審法院並未進行提請，全國人大常委會也沒有對香港特區終審法院對居留權相關條款作出的解釋與全國人大的解釋存在不一致現象專門去行使解釋權，只是「表示關注」。這說明，內地和香港兩地在香港基本法的解釋問題上依然存在著深層次的衝突。

一、基本案情及香港高等法院判決

莊豐源的祖父莊曜誠於 1978 年赴香港定居，但莊豐源父母親均在內地居住，一直未獲得香港居留權。[2] 1997 年 9 月，莊豐源父母在香港探親期間誕下莊豐源，同年 11 月，莊豐源父母返回內地，留下莊豐源在香港由其祖父撫養，而根據當時香港的《入境條例》，莊豐源不是香港永久性居民，不得在港居住。1999 年 4 月，香港入境事

1　居港權案是指一系列案件，在兩地引起眾多關注的主要有吳嘉玲案、劉港榕案、莊豐源案等。

2　〈莊豐源案掀起來港產子潮〉，《文匯報》2001 年 7 月 21 日。

務處根據《香港法例》第 115 章《入境條例》附表一第 2（a）段規定，在香港出生的居民必須滿足下列條件之一才能在香港享有永久性居留權：第一，在 1987 年 7 月 1 日以前出生的中國公民；第二，在 1987 年 7 月 1 日當日或之後出生，且在出生之前或是之後的任何時間，其父母任意一方在香港享有居留權。據此，判定莊豐源屬非法留港，應當被遣返回內陸。然而，根據基本法第 24 條第 2 款第一項規定，在香港特別行政區區成立以前或以後在香港出生的中國公民即享有在永久性居港權，莊曜誠遂代表莊豐源向香港高等法院提出司法覆核，質疑《香港入境條例》的合憲性。[3]

莊豐源案經過香港特區高等法院原訴法庭、上訴法庭和終審法庭三級審理，原訴法庭認定《香港入境條例》關於居留權的規定與《香港基本法》第 24 條規定相抵觸，裁定莊豐源勝訴，入境處處長先後兩次向上訴法庭、終審法庭提出上訴，均被駁回上訴，維持原判。事實上，在終審法院作出終局判決之前，香港特區政府曾要求終審法院提請全國人大常委會解釋相關條款，但終審法院並未提請全國人大常委會解釋，最終還是依據自己的解釋作出了判決。2001 年 7 月 21 日，全國人大法制工作委員會發言人指出：香港特區終審法院 7 月 20 日對莊豐源案的判決，與全國人大常委會的解釋不盡一致，對此我們會表示關注。[4] 儘管如此，全國人大常委會並未明示「不盡一致」之意，也未對終審法院作出的解釋與全國人大常委會解釋不一致現象作出回應。莊豐源案的司法程序已經完結，香港特區政府未向全國人大常委會提出釋法申請，接受並執行了終審判決。[5] 莊豐源案引起的爭議，深刻展現了兩地在基本法解釋方面存在的衝突依然存在。

3　湛中樂、陳聰：〈論香港的司法審查制度 —— 香港「居留權」案件透視〉，《比較法研究》2001 年第 2 期。

4　2001 年 7 月 22 日香港各大報社都報道了全國人大法工委關於香港特區終審法院於 2001 年 7 月 21 日對莊豐源案作出的終審判決的談話內容。

5　〈香港特區政府就人大法工委發表關注聲明的回應〉，《江南時報》2001 年 7 月 23 日。

二、終審判決結果引發的負面效應

根據普通法系的司法慣例，法院對法律的解釋和判決具有判例功能。香港地區實行出生地主義，莊豐源案的判決根據結果賦予了內地孕婦無論以什麼樣的形式進入香港，只要在香港產子，其所生子女都無條件的享有永久性的居港權利。這導致在很長一段時間內，內地孕婦赴港產子形成一種熱潮，繼而給香港社會經濟發展帶來了極大的壓力，也改變了長期以來行之有效的出入境管理制度。

終審法院在審理莊豐源案的過程中，曾要求入境處處長提交內地孕婦到香港產子的相關數據，以作為終審法院的判決結果是否會引發赴港產子潮的事實基礎。入境處處長當時提交的數據是從 1997 年 7 月 1 日到 2001 年 1 月 31 日之間的數據，大約有 1900 多名中國籍嬰兒在香港出生時其父母均不是香港永久性居民，終審法院以此判定，並無確鑿、明顯的證據顯示若接受這些類似莊豐源的嬰兒為香港永久性居民，將會引發大量的赴港產子現象。然而，在事實上，莊豐源案初審判決之後未產生大規模赴港產子潮的原因主要在於有出入境條例的管制，內地孕婦在香港所生子女如果不符合相關規定，不能當然地享有居港權。當終審法院的判決「覆蓋」了出入境條例中對非法入境、逾期居留或是臨時居留香港的人士在此期間所生的子女不享有居留權的規定時，再加上自 2003 年開始內地居民自由出入香港擴展到各大城市，內地孕婦赴港產子變得十分隨性，截至到 2006 年，共有 26000 多名內地嬰兒在香港出生，佔當年香港新生兒數量的一半。內地孕婦赴港產子，從短期看影響的是香港孕婦生產的權益，擠佔了稀缺的醫療衛生資源，但從長遠來看，更是擠佔了香港地區的教育、社會福利以及就業等資源。為此，香港政府於 2007 年 2 月出台新政策，對內地孕婦到香港產子採取高收費。[6] 儘

6　〈港府出台新政策控制赴港產子潮〉，《新民週刊》2007 年 2 月 11 日。

管如此，但「雙非」嬰兒數量依然在逐年飆升，從 2001 年 620 名「雙非」嬰兒的出生，佔當年香港 48219 名新生嬰兒數的 1.2%，到 2010 年 32653 名「雙非」嬰兒的出生，佔當年香港 88323 名新生嬰兒數的 37%，這十年來，「雙非」嬰兒累計總數超過 17 萬。[7] 此外，這項政策的出台又會在某種程度上加劇了社會的不公，有錢人可以自由在香港生子並享有居留權，無錢人只能按規定排期。這種由於終審法院判決導致的取得居港權機會和權益的不公平現象，引起了社會分化，加大了貧富差距，破壞了社會秩序，背離了司法維護社會公正的宗旨。

顯然，上述現象的發生並不是基本法第 24 條第 2 款的立法原意。而在如何解決香港特區終審法院判決帶來的一些社會問題上，政治界和學術界都存在很多不同的看法。比如，香港特區行政會議成員認為，法院在今後的判決中應當考慮社會需求。也有議員認為，法官的職責是根據法律對案件作出判決，在判決時是不會考慮到判決結果是否會帶來赴港產子潮的後果的。終審法院的首席法官在談及是否應當重新判決莊豐源案時，以控制內地孕婦赴港產子潮現象為例，明確表態：為了解決香港的社會問題而隨意變更法院的裁決是違反法治精神的，作為法官，應當不偏不倚地履行職責。學者陳弘毅也曾經對此表示，假如法官對法律條文的初始解釋為 A，但因社會或者其他過多不便等問題而將其解釋為 B，這違背了法治社會的基本精神，得不償失。[8] 筆者認為，就莊豐源案來說，香港特區終審法院在對相關條文作出解釋時，如果只是重點考慮法律條文的字面含義，而忽視了條文背後所蘊含的立法原意，只考慮依法審判，而不考慮社會的公正性和可接受性，將司法公正和社會公正剝離開來，那麼，這種認為只要是法院判決，無論什麼原因都不能修正的觀點，才是真正違背了法治精

7　曹旭東：〈博弈、掙脫與民意 —— 從「雙非」風波回望莊豐源案〉，《政治與法律》2012 年第 6 期。

8　參見陳弘毅：《法理學的世界》，北京：中國政法大學出版社 2003 年版，第 390-393 頁。

神的。而「法官對法律條文的初始解釋為 A，但因社會或其他過多不便等問題而將其解釋為 B，這是違背法治精神的做法」的表述則應該修正為「法官對法律條文的解釋應當為 B，在審判時卻解釋為 A，現在改為 B，這是一種體現法治精神的做法」。[9]

三、相關條款的法律淵源及立法原意

莊豐源案所揭示的本質性問題主要是內地持雙程證的人士在港期間所生的子女是否享有居留權這一問題以及是否涉及到中央和特區的關係問題，[10] 而終審法院面對此案所作的解釋是否符合基本法的立法精神和立法原意呢？要想回答這兩個問題，有必要分析基本法第 24 條的法律淵源及其立法原意。

關於基本法第 24 條規定的在香港享有永久性居留權問題，最早在《中英聯合聲明》附件一第 14 段當中的表述是：在香港特區享有永久性居留權的必須符合下列三種情形之一。(1) 在香港特區成立以前或是以後，在當地出生或是通常居住連續 7 年以上的中國公民及其在香港以外地區所生的中國籍子女；(2) 在香港特區成立以前或是以後，在當地通常居住連續 7 年以上並以香港為永久居住地的其他人及其在香港特區成立以前或是以後在當地出生的未滿 21 歲的子女；(3) 在香港特區成立前只在香港有居留權的其他人。上述規定明確了在香港享有永久性居留權的條件。當時在香港實行的居留權辦法是：子女出生時其父母雙方或是一方享有居留權的，該子女就享有居留權，而在內地出生的享有永久性居留權資格的子女到香港定居必須首先取得單程證，然後按每天 150 個名額的限制在內地排期入港。1985

9　參見周霞輝：《香港特區「雙非」問題研究》，深圳大學 2013 年碩士學位論文。

10　田雷：〈兩種居留權案件——香港基本法第 24 條解釋的第三條道路〉，《交大法學》2015 年第 1 期。

年，在香港基本法草擬時，針對居留權條款，基本法起草委員會主任認為，考慮到法律條文本身的規範性，不便直接寫「按照現行辦法管理」，應當把現行管理辦法用法律條文的形式寫入到香港基本法。因此，香港基本法在第 22 條和 24 條中將享有居留權的資格條件、定居程序等予以落實。

基本法第 24 條第 2 款規定了享有香港永久性居留權的條件和資格。其中，第（一）項是在香港特區成立以前或者以後在香港出生的居民，第（二）項在香港特區成立以前或者以後在香港通常居住連續 7 年或以上的居民。從字面含義來看，第（一）項當中的「出生」是指在任何情況下，只要有在香港「出生」這一事實，就是香港永久性的居民，第二項當中的「通常居住」是指只要在香港連續不中斷的居住 7 年或以上就是香港永久性的居民。基本法並未規定「出生」和「通常居住」的法律含義，按照普通法系的字義解釋規則，「出生」僅僅是一個單純的事實判斷，是生物學意義上的一個概念，「通常居住」則是社會學意義上的一個社區概念，與「非通常居住」相區別，二者均不能準確、全面地概括其背後所蘊含的法律含義。根據香港基本法的立法目的和立法精神，立法者在制定該條款時，「出生」和「通常居住」可以說是附帶法定條件的一種事實判斷。

正確解釋基本法第 24 條第 2 款，至少要滿足如下兩個基本條件：一是應當符合法律規範的內在邏輯。獲得永久性居民資格和條件應當比非永久性居民更加嚴格，不能單純以在香港「出生」這一事實就認定其獲得永久性居民資格，這是符合常識和公義的一種解讀；「通常居住」按照一般的法律邏輯，應當理解為持單程證或者是經過其他法定程序審批的在香港連續居住 7 年以上的居民，這體現了香港地區關於入境管理的一貫政策；二是應當符合穩定的社會管理秩序對法律的要求。「一國兩制」之下的香港基本法更多地是為了在穩定香港秩序的前提下，最大限度地保留香港的原有法律。在香港基本

法實施前後，香港的出入境管理主要是依據《入境條例》，管制行之有效，保障了香港地區合法出入境的秩序，但如果把「出生」解釋為「只要在香港發生了出生這一事實」，必然會擴大享有香港永久性居留權資格的範圍。因此，只有把「出生」解釋為「出生時，其父母雙方或一方在香港享有永久性居留權」，才能夠最大限度地維持香港原有的出入境管理秩序，繼而體現了一種公平、公正、合理的法律原則。

四、終審法院對 1999 年人大釋法效力的理解

香港特區終審法院的補充説明消除了內地法律界的一些疑慮，也因此化解了一場憲制危機。全國人大常委會對基本法享有最終解釋權的地位又得到了進一步確認和肯定，繼而維護了中央政府的權威，也體現了「一國」的內在要求。然而，香港特區終審法院對案件實體部分所作出的判決的影響猶在，尤其是作為敗訴方的香港特區政府十分擔心這個判決，因為基於此判決內地今後有資格來港定居的人數會出現突飛猛進地增長，這將會讓香港特區無力承受。[11] 有鑒於此，香港特別行政區政府決定正式請求國務院協助，希望國務院能夠提請全國人大常委會根據《憲法》和《香港基本法》的有關規定對《香港基本法》的相關條款作出解釋。不久，國務院接受了香港特區政府的這

11　根據香港特別行政區政府的調查統計表明，依照終審法院的判決，內地新增擁有香港居留權資格的人士至少 167 萬人（其中即時享有居留權的「第一代人士」約 69 萬人；當「第一代」在香港通常居住連續 7 年以上後，其現有子女也即「第二代」符合居留權資格的人士約 98 萬人），香港特區政府的評估顯示「吸納這些新移民將為香港帶來巨大壓力，香港的土地和社會資源根本無法應付大量新移民在教育、房屋、醫療衛生、社會福利及其他方面的需要。因此而引發的社會問題和後果將會嚴重影響香港的穩定和繁榮，是香港無法承受的。」見董建華：〈關於提請中央人民政府協助解決實施《中華人民共和國香港特別行政區基本法》有關條款所遇問題的報告〉，1999 年 5 月 20 日，轉引自王振民：《中央與特別行政區關係——一種法治構的解析》，第 268 頁；另見陳弘毅：〈單一與多元——「一國兩制」下的特別行政區基本法〉，張千帆：《憲法學》，北京：法律出版社 2004 年版，第 518 頁。

一請求，並以提案的形式向全國人大常委會提出了解釋申請。全國人大常委會按照《香港基本法》所規定的解釋程序，並徵詢了全國人大常委會香港特別行政區基本法委員會的意見和建議，在 1999 年 6 月 26 日正式審議了國務院的提案，最終決定根據《憲法》第 67 條第 4 項和《香港基本法》第 158 條第 1 款的相關規定對香港基本法的有關內容作出立法解釋。

（一）終審法院對相關法律文件的認定

基本法第 24 條第 2 款對享有香港永久性居民資格條件作了原則性規定。[12]1996 年 8 月 10 日，全國人大常委會香港特區籌備委員會第四次會議通過的〈關於實施《中華人民共和國香港特別行政區基本法》第二十四條第二款的意見〉對基本法第 24 條第 2 款的立法原意作了進一步闡釋，該〈意見〉中規定，基本法第 24 條第 2 款第（一）項規定的在香港出生的中國公民是指父母雙方或是一方已經在香港合法定居，享有永久性居民資格，並在此期間所生的子女，不包括非法入境、逾期居留或是臨時居留的父母所生的子女。[13]

1999 年 6 月，在吳嘉玲案中，全國人大常委會應香港特區政府的請求，對香港基本法第 22 條第 4 款和第 24 條第 2 款第 3 項的兩個法律條文作出了解釋，闡明了其立法原意，並在之後闡述到：本解釋所闡明的立法原意及基本法第 24 條第 2 款其他各項的立法原意已經體現在籌委會的〈意見〉當中，本解釋公佈後，香港特區法院在日後應用相關條文時，應當以本解釋為準。這個闡述對香港基本法第 24 條第 2 款其他各項條款作了一個先行的立法原意的澄清，這也是為了避免頻繁解釋香港基本法，繼而有力地保障了香港基本法的權威。

12　姚國建：〈論 1999 年《人大解釋》對香港法院的拘束力〉，《法商研究》2013 年第 4 期，第 3-4 頁。

13　Yash Ghai. *Hong Kong's New Constitutional Order: The Resumption of Chinese Sovereignty and the Basic Law* (Hong Kong: Hong Kong University Press, 1999).

在莊豐源案中，法官並未採納籌委會〈意見〉中的立法原意，後終審法院的判決書道出緣由：儘管基本法是 1997 年才正式實施，但其在 1990 年已經制定並確立，按照一般法理，與解釋基本法相關的「外來資料」應當是在基本法制定之前已經存在的資料。其言下之意是，籌委會〈意見〉是 1996 年通過，即使經過全國人大的審議而成為具有拘束力的法律文件，但它並不是對基本法的解釋，也不是對基本法的修改，因而，對終審法院來說，並不構成具有約束力的解釋。換言之，1999 年的人大釋法對基本法第 22 條第 4 款以及第 24 條第 2 款第（三）項構成有效解釋，而在解釋文案中所援引的籌委會〈意見〉部分僅是出於說理需要，不具有拘束力，這也就是學者們所稱的「莊豐源案規則」。[14]

（二）終審法院對居留權條款的解釋

全國人大常委會對香港基本法享有解釋權已經在香港的司法實踐中獲得了普遍認同，香港法院在曾經的「劉港榕案」中就已經明確指出了，如果全國人大常委會根據基本法第 158 條，無論是根據第 1 款對「任何條款」還是根據第 3 款對「自治範圍以外的條款」，那麼香港法院均需要以其解釋為準。在莊豐源案中，香港特區終審法院並未根據全國人大常委會所設想的依照體現立法原意的籌委會〈意見〉來解釋基本法第 24 條第 2 款第（一）項含義，而是對 1999 年人大解釋文件的效力進行限定和區分。在莊豐源案的終審判決書中，有 4 處明確提到了 1999 年人大釋法，但並沒有就基本法第 24 條第 2 款第（一）項作出對香港法院具有拘束力的解釋，並以此論證法院要按照普通法的解釋方法來解釋香港基本法。根據普通法字義解釋規則，香港特區終審法院對第 24 條第 2 款第（一）項解釋為：在任何情況下，

14　秦前紅、黃明濤：〈普通法判決意見規則視閾下的人大釋法制度──從香港「莊豐源案」談起〉，《法商研究》2012 年第 1 期，第 52 頁。

不論父母是如何進入香港的，是否在香港享有居留權，其子女只要在香港出生，就當然的在香港享有一種永久性的居留權。

針對此，筆者認為，無論是普通法系還是大陸法系，為了保護社會、國家和他人的合法權益，對具體法律的實施作出一些限制性的規定，是法治國家立法應當遵循的一個普遍原則。比如，美國憲法就規定人民可以擁有軍火，但各州又都對此有一些限制性的規定，規定人民擁有軍火的種類、數量以及範圍等。沒有人會指責這些規定違反了美國憲法，甚至法庭在判案時也需要考慮擁有軍火可能給社會帶來的一些負面效應。再回到莊豐源案，受法治傳統的影響，香港法律理念的目標就是保護個人權利和個人自由，在香港法院看來，居留權問題是一個人權的問題，它涉及到人的遷徙自由，只需要在法律框架內予以處理即可，而在任何涉及到人權和自由且受憲法保障的條款，都應當採取一種寬容的解釋。

誠然，法院以法律理念為本位是無可厚非的，但是在法院判決中，如果過度地向個人權利予以傾斜而忽略社會效果，必然會走向另一個極端。居留權是一項重要的權利，但它的實現往往也需要考慮該區域的承載能力，以避免公共資源無法滿足該區域居民的生存需要這一現象的發生。[15] 總的來說，在法治社會，不存在不受限制的權利和自由，即使這些權利和自由是憲法賦予的也不例外，對權利和自由的限制也是為了保證全體社會成員更好地、全面地、有效地享受這些權利和自由。因此，對香港基本法第 24 條第 2 款第（一）的解釋應當受立法目的、立法精神以及社會需要的限制，而不宜單純依據字面意思來作一種任意解釋。

15　王曉麗：《歐盟對第三國國民的權利保護 —— 以移民與避難法律為核心》，中國社會科學院研究生院 2014 年博士學位論文。

（三）終審法院對《入境條例》的解讀

莊豐源案涉及到是否適用《入境條例》，香港特區終審法院在解釋基本法相關條款時不得不考慮到這兩者之間的法律關係，如何詮釋《入境條例》附表一第 2（a）段與基本法第 24 條第 2 款第（一）項之間的關係是審理莊豐源案必須要解決的法律問題。對二者關係的解讀不僅關係到莊豐源案的判決，更是關係到現行的出入境管理制度的合法性。

《入境條例》第 2（a）段規定，在香港出生的公民，符合下列情形之一，就可成為香港永久性居民：（1）出生日期在 1987 年 7 月 1 日之前；（2）出生日期在 1987 年 7 月 1 日當天或是之後，且在出生之前或是之後的任何時間，其父母任意一方在香港享有居留權。之所以把「1987 年 7 月 1 日」作為時間節點，是因為在此之前香港尚未有居留權概念。根據前文提到的籌委會〈意見〉可知，該條規定與基本法第 24 條第 2 款的立法原意是一致的。基本法第 24 條第 2 款第（一）項只是抽象性的規定了「在香港特區成立以前或是以後在香港出生的中國公民屬於香港永久性居民」，並未明確闡述在香港「出生」的具體條件。這種抽象性規定緣於基本法作為全國性法律的特質所決定，對該條款的貫徹落實需要通過本地立法或是相關主體的解釋而使其具體化。《入境條例》第 2（a）段就是對「出生」含義的具體化，是對該條款的具體化，它符合基本法所秉持的保持香港原有法律基本不變的原則，符合香港出入境管理的一貫政策。

香港特區終審法院受普通法傳統的影響，在審理案件的過程中，對關於公民人權和自由條款的解釋向來採取一種寬鬆的態度，且在解釋法律條文時堅持一種字義解釋規則。香港特區終審法院對基本法第 24 條第 2 款第（一）項自行作出解釋，而未提請全國人大常委會釋法，理由主要有三：一是《入境條例》第 2（a）段的有關規定違反基本法；二是籌委會的〈意見〉不具有法律約束力，全國人大常

委會並未對基本法第 24 條第 2 款第（一）項作出有效解釋；三是「居留權」是香港自治範圍之內的事務，中央不應當進行干預，香港法院無須提請全國人大常委會釋法。以上三點說明，香港法院過於傾向「法律條文文義至上」觀念，而忽視了「一國兩制」對香港司法領域的影響，試圖在法律的真空中解決現實的社會生活問題，這種理念是造成其對基本法的解釋與立法原意相去甚遠的重要根源之一，不利於法律的貫徹落實，也不應該是良好法治地區、國家所追求的狀態。[16]

五、莊豐源案引發的思考

香港特區終審法院對基本法第 24 條第 2 款第（一）項的自行解釋並非是不尊重人大釋法權威，而是與司法權理念的差異和人大司法的模糊性有關。

（一）司法權理念的差異

莊豐源案展現給我們最明顯的問題就是香港特區終審法院對相關條款的解釋與全國人大常委會在此案之前的解釋不一致。之所以在此案中未提請全國人大常委會解釋，最主要的原因就在於兩地司法理念存在巨大的差異。細思吳嘉玲案和莊豐源案的判決書，我們可以發現，香港特區終審法院對「在什麼情況下提請全國人大常委會解釋」的態度是必須要滿足兩個條件，即「自治範圍之外的條款」和「有需要」。那麼，何為「自治範圍之外條款」，即「香港特區終審法院認為有關條款是中央管理事務或涉及到中央與特區關係」；而何為「有需要」，即「對這些條款的解釋影響到對案件的最終判決」。[17] 進一步

16　秦前紅、黃明濤：〈普通法判決意見規則視閾下的人大釋法制度 —— 從香港「莊豐源案」談起〉，《法商研究》2012 年第 1 期。

17　姜霜：〈居港權之爭 —— 對香港莊豐源案的思考〉，《中國審判》2015 年第 3 期。

說，香港特區終審法院對這兩個條件認知的最重要態度是：有且只有終審法院才可以決定相關條款是否符合上述兩個條件，全國人大常委會是不能決定相關條款是否符合這兩個條件。這一點深受普通法系「司法審查」理念影響，而在內地，只有立法機關才可以確定法律含義，當出現上述情況時，應當由全國人大或是全國人大常委會決定。

我們必須承認，在大陸法律與香港法律傳統互動初期，莊豐源案的發生具有必然性。[18] 雖然終審法院的判決引發了一些負面效果，但也並未對全國人大常委會的釋法權限帶來難以接受的衝擊，反而促使全國人大常委會在日後的解釋中更多地去考量香港原有的法律傳統，發展出適應「一國兩制」方針的解釋制度。從長遠來看，莊豐源案實際上是推動基本法不斷發展與成熟的契機。

（二）人大釋法的模糊性

法律解釋是需要對被解釋的對象作出一個明確的說明與闡釋，從法理上來說，一般法律解釋的結構話語主要是「……是指……」，而 1999 年全國人大常委會在吳嘉玲案中，對基本法第 24 條第 2 款第（三）項的解釋所使用的話語結構是「……是指……」，而對第 2 款其他各項則是「……體現在（籌委會〈意見〉）」，由此看來，全國人大常委會對莊豐源案涉及的第 24 條第 2 款第（一）項確實存在一定的模糊性。香港特區終審法院在吳嘉玲和莊豐源兩案的判決中都明確表示承認全國人大常委會釋法的效力，儘管香港特區終審法院在吳嘉玲案中堅持自己有權決定解釋相關條款是否符合「自治範圍之外的條款」和「有需要」這兩個條件，但依然表示尊重全國人大常委會對基本法作出的解釋。然而，在莊豐源案中，香港特區終審法院在關於基本法第 24 條第 2 款第（一）項立法原意的解釋卻採取了嚴格的法

18　黃明濤：〈論全國人大常委會在與香港普通法傳統互動中的釋法模式 ——以香港特區「莊豐源案規則」為對象〉，《政治與法律》2014 年第 12 期，第 85 頁。

律形式主義的審查方式，認定全國人大常委會並未明確對該條款立法原意作出解釋，籌委會〈意見〉並不具有法律約束力。正是由於人大釋法的不徹底性、模糊性，給香港特區終審法院留下了「任意解釋」的空間。莊豐源案所揭示的問題，說明了全國人大常委會需要進一步提升釋法技藝和規範釋法用語。

（三）終審法院的擺脫情緒

訴訟在實質上就是一種博弈，人大先前的釋法存在不足，入境事務處的應對策略也存在一些失誤的地方，這些都是香港特區政府在莊豐源案中敗訴的原因，但案件的最終決定權在香港特區終審法院的手裏，因而法院的態度才是此案件勝敗的關鍵所在。對此，姚國建教授曾經認為，由於法律解釋方法的不同，才導致了內地與香港地區在基本法的理解與實施上存在爭議和衝突。他以莊豐源案為例，描述了香港特區終審法院在法律解釋方法上的一種改變，並指出香港特區終審法院的解釋方法是由目的解釋轉向了文義解釋，而這種解釋方法也是導致莊豐源案出現巨大分歧的原因所在，當然也是香港特區政府方面出現敗訴的原因。[19] 可是，在筆者看來，法律解釋方法只是一種工具而已，不同的解釋方法就是不同的工具，而究竟使用何種工具主要由人來最終決定的。比如，我們可以把普通法的解釋方法比作是一個大的工具箱，在這個大的工具箱裏有文義解釋的工具，有目的解釋的工具，等等，而為什麼在莊豐源案中，香港特區終審法院並沒有拿出目的解釋這個工具來評判或者檢驗籌委會的意見以及全國人大常委會對籌委會意見的認可，而偏偏拿出了更加嚴格的法律形式主義對其進行限制？那麼又是為什麼在吳嘉玲案中，香港特區終審法院卻會拿出目的解釋這個工具來理解基本法對香港自治的保障，從而通過所謂的

19　參見姚國建：〈論普通法對香港基本法實施的影響 —— 以陸港兩地法律解釋方法的差異性為視角〉，《政法論壇》2011 年第 4 期。

主要條款標準來確立自己的提請判斷權呢？

　　對此，筆者認為，方法的使用主要取決於使用者的態度，事實上，從吳嘉玲案到莊豐源案，香港特區終審法院的態度一直是一脈相承的，這種態度可以描述成一種「掙脫情緒」。眾所周知，長期以來，內地與香港地區的制度不同，存在一種互斥效應──香港地區很難從已有的經驗找到對內地信任的理由，香港地區所堅守的那種「普世價值」也決定了其很難理解內地的那種國情論。也正因為此，在處理一些涉及到兩者的關係的時候，香港地區多少都會有一些天然的優越感，而這種優越感又恰恰是產生不信任的一種源泉。故此，在對待中央與特區關係的問題上，香港地區就可能會試圖尋找到一條能夠擺脫中央控制的路徑和方法，正是這種態度決定了香港特區終審法院的選擇。香港特區終審法院在審理吳嘉玲案中強調，他們是遵從立法目的的，全國人大常委會授權特區法院在審理案件時對基本法關於香港特別行政區自治範圍內的條款自行解釋。這種從目的論的解釋讓香港特區終審法院在不提請人大釋法上獲得了正當性。可是，在審理莊豐源案中，終審法院卻並沒有繼續採取目的論，而是將籌委會的意見排除並且說明全國人大常委會並沒有作出解釋，這是因為他們知道如果承認了常委會作出了解釋或者承認籌委會的解釋是立法原意或者有立法原意的屬性，就必須要受其約束。總而言之，在香港特區終審法院看來，居留權在本質上是一個有關人權的問題，涉及到人們的遷徙自由。故此，關於香港居留權的問題應該是香港地區自治範圍內的一個事情，只需要在法律的框架內進行處理即可，中央無需插手。在吳嘉玲案和莊豐源案中，香港特區終審法院不同的解釋方法並不是隨意作出的，相反，這正是香港特區終審法院試圖掙脫中央的一種情緒的展示。[20]

20　參見曹旭東：〈博弈、掙脫與民意──從「雙非」風波回望「莊豐源案」〉，《政治與法律》2012年第 6 期。

概而言之，無論是吳嘉玲案，還是莊豐源案，都明確地告訴我們，只有嚴格依照基本法的規定來解釋基本法，才是解決解釋衝突和爭議的一個根本之道。尤其是香港特區法院，在新的形勢下，需要對基本法的解釋思路進行重新定位，既不能忽視基本法所採用的內地法律思維方式以及法律文本的慣用表達模式，又要重視基本法在香港特區法律體系中的憲法性地位，在沿用普通法傳統的解釋理念的同時，適度考慮內地的法律解釋思維和法律解釋方法，繼而力求在二者之間尋找到一個平衡點，方是真正解決香港基本法解釋權問題的最佳路徑。

第四節

剛果民主共和國主權豁免案

◇◇◇

　　剛果（金）主權豁免案是自香港回歸以來全國人大常委會的第四次釋法，也是香港法院首次根據香港基本法第 158 條第 3 款規定的程序，主動提請全國人大常委會進行釋法，繼而成為了內地與香港在基本法解釋領域展開良性互動的一個重要司法實踐。香港基本法第 158 條確定了香港法院提請解釋的範圍是「中央政府管理的事務」和「涉及中央與特區關係的條款」，但是由於缺乏對這兩個領域具體範圍的界定，導致前幾次釋法在香港引起了較大的爭議。相比之下，剛果（金）主權豁免案使得兩地在對國家豁免屬於中央管理事務的認知上達成了共識。

▎一、剛果（金）主權豁免案引發的爭議

　　2004 年 11 月，美國的一家基金公司（FG 公司）以低價收購了前南斯拉夫公司的債權轉讓書，債務人是剛果（金）政府和國家電力公司，而在這份債權轉讓書中包括一項國際仲裁裁決，即債務人剛果（金）政府和國家電力公司必須向債權人連本帶息共支付 1 億多美元。[1] 直至 2008 年 4 月，中國中鐵公司和剛果（金）政府簽訂合作開發協議，旨在合資開採剛果（金）的礦產資源，合資者還包括中

1　羅燕明：〈香港「剛果（金）案」與全國人大常委會第四次釋《香港基本法》〉，《當代世界社會主義問題》2015 年第 1 期，第 28 頁。

鐵公司在香港設立的三家子公司。根據該合作協議，它們需要向剛果（金）政府支付 2.21 億美元的「入門費」。2008 年 5 月，FG 公司得知該消息後，立即向香港高等法院申請執行仲裁裁決。FG 公司聲稱，中鐵公司擬支付的「入門費」可以構成剛果（金）政府在港資產，要求對入門費中相當於其債權的部分金額採取強制措施。高等法院法官邵德煒應 FG 公司的單方面申請，批准了強制措施令，而要求剛果（金）政府支付 1 億多美元的款項。2008 年 7 月剛果（金）政府以享有主權豁免為由，主張香港法院對此沒有管轄權。2008 年 9 月，香港高等法院原訟庭審理此案。2008 年 11 月。香港律政司司長以公共利益為由，介入此案的訴訟程序，並出示了中國外交部駐香港特派員公署致香港政府的一封信，信中指明中國政府關於主權豁免的一貫立場是「絕對豁免」。2008 年 12 月，法官芮安牟判決駁回原告訴訟請求，撤銷強制措施令，FG 公司上訴。芮法官在審理中表示，剛果（金）政府與中鐵公司的協作是一種國家行為，而非商業交易，法院對此無管轄權。2010 年 2 月，香港高等法院上訴庭判決撤銷原審判決，發回重審，維持對被告的強制措施令，被告不服判決上訴至終審法院。2011 年 6 月，香港特區終審法院以 3:2 多數作出臨時判決，認定香港法院對剛果（金）案件沒有司法管轄權，撤銷上訴法庭判決，維持原審法院判決，同時指出在本案中，香港法院是否應當採取中央政府的國家豁免政策涉及到中央管理事務，根據基本法第 158 條第 3 款規定，提請全國人大常委會對基本法第 13 條第 1 款和第 19 條進行解釋。2011 年 8 月 26 日，全國人大常委會對上述條款作出解釋，明確指出香港特區有責任適用或實施中央政府採取的國家豁免政策。2011 年 9 月，香港特區終審法院依據全國人大常委會的第四次解釋作出終局判決，認定香港法院對第一被告剛果（金）沒有司法管轄權。至此，歷經 4 年的剛果（金）案，經全國人大常委會釋法，終於落下帷幕。

剛果（金）案涉及諸多問題，如中國和剛果（金）雙方共同開發礦產資源的行為是否可以確認為國家行為？在本案中涉及到的「入門費」是否具有商業屬性？國家主權限制豁免政策是否已經發展為國際習慣法？那麼，最核心的問題就是「國家豁免」究竟是「法律問題」還是「外交事務」。[2] 如果是「法律問題」，那麼根據基本法相關規定和香港原有法律傳統，應當由香港法院獨立進行審判；如果是「外交事務」，那麼根據基本法相關規定，屬於中央管理事務，香港法院應當遵循中央政府的政策規則。按照香港沿用的普通法系傳統，國家豁免是一個法律問題。本案歷經了原訟法庭、上訴法庭和終審法院的審理，在這個過程中，存在爭議的最重要原因就是香港法院有些法官認為法院有權審理和決定國家豁免事宜。但是，我國卻一貫主張國家豁免是一項涉及到國家主權關係問題的外交事務。由此可以看出，兩地在對國家主權豁免問題是存在衝突的。對此衝突的解決，不僅關係到「一國兩制」的順利實施，也關係到基本法的貫徹落實，更是對完善基本法解釋機制的有益探索。

二、兩地關於國家主權豁免問題的分歧

在此案中，通過對香港高等法院判決進行分析發現，香港高等法院上訴法庭認定原告勝訴的根據主要有三個：第一，鑒於我國並不存在所謂的國家主權豁免的專門性規定或內容，因此香港回歸之前所適用的根據英國的國家主權豁免原則也得以延續；第二，根據我國政府所簽署的《聯合國國家級其財產豁免公約》的內容，明確承認了限制豁免理論，這表明中國放棄國家主權絕對豁免原則；[3] 第三，「國

2　秦前紅、黃明濤：〈對香港特區終審法院就「剛果金案」提請人大釋法的看法〉，《法學》2011年第 8 期。

3　尹雪萍：〈「一國兩制」視野下的國家主權豁免問題：分歧與協調〉，《東岳論叢》2011年第 11 期。

家行為」適用範圍應當是國家的行政行為、立法行為以及處理國家之間關係的行為，剛果（金）案顯然不屬於上述任何一種。因此，本案要解決的關鍵問題是：香港在回歸之後是否仍然可以適用主權限制豁免原則，中央奉行的國家主權豁免政策以及國家豁免制度的認定是否屬於國家行為。

（一）香港回歸前有關國家主權豁免的法律

1. 香港回歸前有關國家豁免主權的制定法

在香港回歸之前，香港處理國家主權豁免問題主要適用的是在英國《國家豁免法》基礎上制定的《國家豁免權法令》。然而，根據《中英聯合聲明》和基本法相關規定，在香港適用的英國法律不再適用，一些香港的本地法律也因殖民主義色彩、違背基本法而予以廢除，另有 80% 的香港原有法律在經香港立法機關本土化之後，在不違背基本法原則的情況下繼續適用，而《國家豁免權法令》因未被本土化，不能繼續適用。直到今天，在香港並未有專門的關於國家主權豁免的制定法。

2. 香港回歸前有關國家豁免主權的判例法

（1）英國判例

英國在處理國家主權豁免問題上是從絕對豁免過渡到限制豁免。在 20 世紀 70 年代以前，絕對豁免主義在英國的判例實踐中佔據主導地位，直到 20 世紀 70 年代「泰歐澱粉供應公司訴農業產品董事會案」的發生，絕對豁免主義理論的適用開始出現爭議。審理該案的有兩名法官主張「遵循先例」適用絕對豁免，有一名法官則主張適用限制豁免主義。隨後發生的英國樞密院司法委員會對「菲律賓海軍上將號案」的判決，標誌著英國在物的訴訟上實現了從絕對豁免向限制豁免的轉變；在對人的訴訟上，1977 年「特倫德特克斯貿易公司訴尼日利亞中央銀行案」則是首例適用限制豁免主義。1978 年，英國

政府頒布了《國家豁免法》，並通過 1981 年的「黨代會一號案」，至此，國家限制豁免主義政策得以確立下來。香港回歸之後，英國判例因不屬於香港原有法律，又無法本土化，不能在香港繼續適用。但根據基本法第 84 條規定，在不違法基本法第 18 條規定的前提下，香港法院在審理案件時，可以參考其他普通法適用地區的司法判例。

（2）香港判例

在香港特區自有判例中，僅有「兩航飛機案」和「菲律賓海軍上將號案」這兩個案件涉及到國家豁免問題。其中，「兩航飛機案」發生時，絕對豁免主義正佔據主導地位，但在美國對英國政府的外交壓力下，適用了限制豁免主義；「菲律賓海軍上將號案」是菲律賓政府所屬的商船因物品和勞務支付等問題而被訴至香港法院，後上訴到英國樞密院司法委員會，英國樞密院司法委員會根據限制豁免原則，判決菲律賓政府的商船不享有豁免權，但該案主要是對物的訴訟，並非是對人的訴訟。可以說，在對人訴訟中，香港法院審理的關於主權豁免的司法判例是屬於空白狀態。

（二）中央政府對國家主權豁免問題的立場

2004 年 12 月 2 日，第 59 屆聯合國大會通過了《聯合國國家及其財產管轄豁免公約》，從 1977 年國家法委員會提出立法建議，到《公約》通過，歷經 27 年，足見創制過程之艱辛。2005 年 1 月 18 日，《公約》正式開放簽署，直到第 30 份批准書、接受書、核准書或是加入書交聯合國秘書長後 30 天生效。至今為止，該公約尚未生效。據聯合國官方網站披露，目前，共有 28 個國家簽署，21 個國家批准。我國於 2005 年 9 月簽署了《公約》，但尚未批准。該《公約》是第一個全面規範國家及其財產豁免問題的國際公約 [4]，由於其特殊

4　宋錫祥、謝璐：〈國家及其財產管轄豁免的國內法調整到國際公約的轉變 —— 兼論莫里斯和仰融兩案〉，《政治與法律》2007 年第 1 期。

的法律地位和性質，很多學者認為，我國既然已經簽署，就意味著中央政府面對國家主權豁免問題的態度從過去的絕對豁免立場轉向限制豁免立場。[5] 這種觀點尚待商榷。

首先，從早期的「兩航公司案」、「湖廣鐵路債權案[6]」到新近的「莫里斯案」[7]，中國政府都是始終堅持國家主權絕對豁免政策。這種主權絕對豁免並非意味著「所有的國家行為都享有主權豁免」，而是因為國家主權豁免是國際規則，一旦因特殊情形不援引該規則，需要得到國家的明示同意。[8]

其次，我國雖然簽署了該《公約》，但從 2005 年至今並未批准。依據慣例，國際條約的「批准」發揮的最大作用就是，給予締約國充分的時間考慮清楚，並對事關國家利益的重要條款進行審查衡量，以作出正確合理的決定。[9] 我國簽署但未批准《公約》的行為，表明了中央政府需要慎重考慮、衡量利弊。而僅僅根據已簽署《公約》就認定我國放棄絕對豁免立場，不僅混淆了簽署公約和批准公約的法律後果，更是缺乏充分的理由。

再次，在本案中，原告的律師曾以《維也納條約法公約》第 18 條規定為依據，[10] 認定中國既然已經簽署《聯合國國家及其財產管轄豁免公約》，就不得背離該《公約》的目標宗旨。細究《維也納條約法公約》，第 18 條（a）項的前提條件是「條約本身已經生效」，（b）項的前提條件是「條約的生效不得過度延緩」。具體到本案，《聯合

5　王虎華、羅國強：〈《聯合國國家及其財產管轄豁免公約》規則的性質和適用〉，《政治與法律》2007 年第 1 期。

6　參見龔刃韌：《國家豁免問題的比較研究》，北京：北京大學出版社 2005 年版，第 121-122 頁。

7　黃進、李慶明：〈2007 年莫里斯素中華人民共和國案述評〉，《法學》2007 年第 9 期。

8　參見王鐵崖：《國際法》，北京：法律出版社 1995 年版，第 95 頁。

9　參見李浩培：《條約法概論》，北京：法律出版社 2003 年版，第 67-68 頁。

10　《維也納條約法公約》第 18 條規定，在條約生效前，有下列情形之一的，一國有義務不做將破壞條約目的和宗旨的行為：（a）該國已經簽署該公約，但該條約尚未批准時，在該國明確表示其不欲成為該條約的當事國之前的期間內；（b）該國已經明確表示願意接受該條約約束，在該條約尚未生效期間內，但以條約的生效並不過度延緩為前提條件。

國國家及其財產管轄豁免公約》在案件發生之時並未「生效」，因而不能適用（a）項。同時，該《公約》自 2005 年開放簽署至今已有 12 年，只有 21 個國家批准，也不滿足「不得過度延緩」這一前提條件，因而也不能適用（b）項。總之，《維也納條約法公約》並不適宜在本案中適用。

（三）關於國家行為的基本範疇

1. 國家行為的內涵

國家行為在《牛津法律大辭典》被解釋為：國家行為指一國在處理與其他國家關係中所執行的行政行為。[11]《中國大百科全書·法學卷》無「國家行為」條目，但在「外國國家的司法豁免」中間接涉及「國家行為」定義。[12] 在學術理論界，一般認為，國家行為包括兩層含義：（1）從行為屬性來說，可分為「國家公法上的行為」與「國家私法上的行為」兩類，前者主要是與國家政策有緊密聯繫，具有高度政治性的行為，如國防和外交等，[13] 後者主要是國家事實管理權上的行為；（2）從行為主體來說，可分為「直接國家行為」與「間接國家行為」兩類，前者主要是直接以國家元首、政府首腦以及中央政府的名義所做出的行為，後者則指的是以地方政府、國家下屬機構或官員的名義所做出的行為。

迄今為止，在各國的立法和司法實踐中，尚未有哪一個國家的憲法或法律對此作出明確規定，即使是在國家行為理論較為發達的國家，如美國、英國、日本等，國家行為也只是一個從稱謂到範圍都充滿國別特徵的制度。[14] 在美國，將國家行為稱為「政治行為」或「政

---

11 【英】戴維·沃克：《牛津法律大辭典》，北京：光明日報出版社 1998 年版，第 13 頁。

12 《中國大百科全書·法學卷》，北京：中國大百科全書出版社 1984 年版，第 601 頁。

13 參見王禹：《「一國兩制」憲法精神研究》，廣州：廣東人民出版社 2008 年版，第 125 頁。

14 董立坤、張淑鈿：〈香港特區法院對涉及國家豁免行為的案件無管轄權〉，《政法論壇》2012 年第 6 期，第 81 頁。

治問題」；在英國，國家行為主要是指行政人員在與其他國家關係中所執行的政策行為；在日本，將國家行為稱為「統治行為」，指有關國家統治的最高國家機關（國會、內閣等）的行為。目前，在我國的法學理論和法律制度中都涉及到「國家行為」，最高人民法院在〈關於執行《中華人民共和國行政訴訟法》的解釋〉第 2 條中，對「國家行為」的具體情形作了闡述，而基本法第 19 條第 3 款也規定香港特區法院對國防、外交等國家行為無管轄權。由此，我們可以看出，在我國的法律文本中把「國家行為」當做一個不證自明的概念來使用，正因為如此，才造成司法實踐對此認定不清晰，剛果（金）案正是此類案件的典型。

除了國家行為的概念、名稱認知的不統一之外，各國對國家行為的主體、範圍、對象、認定程序與等也未達成共識。首先，對國家行為的主體認定不一致。對國家行為主體的準確把握，必須先要判斷清楚兩個問題：一是行為是否代表國家，只有行為主體代表國家進行治理，維護國家公民權益時，才是國家行為主體；二是行為是否屬於職務行為，國家行為主體的行為必須具備行使國家職權性質，而非自行為。大陸法系國家以最高行政機關為主體，英美法系國家則以最高行政機關和最高立法機關為行為主體。其次，對國家行為的範圍大小認定不一致。美國的國家行為主要包括有關外交和戰爭行為問題、有關共和政體保證問題等，[15] 英國的國家行為主要包括英國政府在外交事務上的某些行為，如締結國際條約、對別國政府的承認、對外國人的管理等，[16] 日本的國家行為主要包括與國家整體命運有關的事項，如外交、國防等。[17] 再次，關於國家行為的認定程序不一致，認定具體案件行為是否屬於國家行為是判斷法院有無管轄權的前提條件。有

15 參見傅思明：《中國司法審查制度》，北京：中國民主法制出版社 2002 年版，第 479 頁。
16 參見胡錦光：〈論國家行為〉，載陳光中、江偉主編：《訴訟法論叢》，北京：法律出版社 1998 年版，第 70 頁。
17 參見張慶福：《憲法學基本理論》，北京：社會科學文獻出版社 1999 年版，第 860 頁。

171

些國家是根據立法機關的決定來認定國家行為，有些國家是根據行政機關的聲明來認定，如英國上議院在審理案件時主要根據英國政府的聲明來認定在具體案件中某個國家是否享有主權豁免。總的來說，無論是採取怎樣的認定規則，法院都不是權威的認定主體，而只是有關政策的實施者。

儘管國際社會上對國家行為的概念、稱謂、範圍等未達成一致意見，但對國家行為的認定是存在共識的，即都是通過特定主體從事的特定行為。審視各國在實踐中的做法，可以發現，判斷一個行為是否屬於國家行為，主要從三個方面來權衡：第一，從主體標準方面，國家行為總是通過特定主體的行為表現出來，由於各國憲制制度的不同，這些特定的主體可以是最高立法機關、最高行政機關等，但地方行政區域並不能夠代表國家行使某種行為；第二，從行為標準方面，凡是納入國家行為範疇的都是涉及一國政治、軍事、外交、經濟和國防等具有高度政治特性的行為，而不僅僅是局限於國防和外交行為；第三，從認定程序方面，國家行為的認定必然是通過權威機關或國家政策來認定，主要取決於一國憲法對國家事務的權力分配。綜合上述分析，本文認為，所謂國家行為是指特定國家機關以國家名義作出的涉及國家主權、政治、經濟、國防、外交等，可以排除他國司法管轄權的具有高度政治性的行為。

2. 基本法規定的國家行為

基本法第 19 條第 3 款規定，香港特區法院對涉及國防、外交等國家行為無管轄權。此條款規定涉及到國家行為，也是剛果（金）案判決的主要法律依據。對此條款的解讀，主要從三個方面來分析：第一，關於國家行為的主體，此款並未明確國家行為主體，對主體的認定只能根據憲法和基本法的規定來認定，即凡是能夠代表國家行使主權行為的有關機關或部門都可以成為行為主體。如根據基本法第 13 條規定，與香港特區有關的外交事務由中央政府負責管理，那麼中華

人民共和國外交部和駐港特派員公署可以成為國家行為的主體。第二，關於國家行為的範圍，此條款並未明確國家行為的判斷標準，只是以開放列舉方式規定國家行為的範圍是「國防和外交等行為」。對這個「等」字的理解上，存在較大爭議，在剛果（金）案中，原告的律師從普通法法理角度去理解，認為「等」表示「等內」，意味著該事項列舉完畢。從基本法的立法原意以及中國法律習慣用語來看，這裏的「等」應當作「等外」解釋。首先，根據基本法規定，中央在香港從事的國家行為除了國防和外交之外，至少應當包括任命香港行政長官、宣佈香港原有法律與基本法相抵觸等，而這些行為在基本法其他條款中均作出了規定，再在此款列舉，會造成法條的繁瑣；其次，「等外」解釋符合我國的立法語法習慣，事實上，國防和外交雖然是較為通常的國家行為，但是國家行為絕不僅僅限於此，我國的其他法律中也常會出現此類表述。[18] 第三，關於國家行為的認定程序，根據此條款，香港特區法院在認定對一個具體案件是否具有管轄權時，必須首先認定該行為屬於國家行為。具體而言，有兩種途徑：一是根據相關國家機關的政策或證明文件來認定，依據是基本法第 19 條第 3 款規定，香港特區法院審理的案件涉及國防、外交等國家行為事實時應當取得行政長官就該等問題發出的證明文件，而此證明文件在發出之前需得到中央政府的證明；二是根據立法機關對基本法的解釋來認定，依據是基本法第 158 條第 3 款規定，香港法院在審理案件時需要對涉及國防、外交等國家管理事務的條款進行解釋，在不可上訴的終局判決作出之前，須提請全國人大常委會解釋，並在判決時以此解釋為準。

3. 國家豁免制度的認定是否屬於國家行為

國家豁免是目前各國通行的一項制度，是國際社會普遍接受的

18　如《駐軍法》中第 26 條規定：香港駐軍的國防等國家行為不受香港特區法院管轄。這裏的「等」如果解釋為「等內」，則沒有必要使用「等」字。

國際法規則，其基本含義主要包含兩點：一是一國未放棄司法管轄豁免，另一國法院不得受理以該國家為被告的訴訟；二是即使一國已經放棄司法管轄豁免，如未放棄執行豁免，另一國法院也不得對該國的財產採取強制措施。[19] 歸納起來，剛果（金）案最主要的爭議焦點就是國家豁免制度的認定是否屬於國家行為。

首先，從行為主體上看，實行何種國家豁免制度是一個國家行使主權的體現。基於國家主權，一國有權力決定國家對外事務的處理政策。國家豁免制度的實質是一種調整主權國家之間關係的制度，是兩國之間平等獨立交往的產物，正是這種平等與獨立促使兩國在交往過程中對彼此表達善意，並在此基礎之上，主權國家會主動放棄行使排他的屬地管轄權。因此，國家豁免制度應當是由能夠代表國家行使主權的國家機關來制定。其次，從行為性質上看，國家實行何種豁免制度與國家的主權、政治、經濟、軍事等方面密切相關。以限制豁免政策被西方國家普遍接受為例，在 19 世紀末期之前，各國都是實行絕對豁免政策，之後，為了應對以蘇聯為首的社會主義國家實行的國家壟斷所帶來的經濟糾紛，西方資本主義國家逐漸開始實行限制豁免政策，這一點在 1952 年的美國泰特公函中有明確闡述。[20] 因此，國家豁免制度關係到國家主權利益，是全面權衡國家政治、經濟利益的結果，應當屬於國家行為的範疇。此外，在剛果（金）案中，外交部駐港特派員公署曾三次致函香港特區法院，明確指出國家豁免制度國家外交事務的重要組成部分，如果香港法院適用國家立場不一致的主權豁免制度，有悖於我國歷來實行的外交政策，將會妨礙我國與其他國家的正常交往，損害我國的國際形象。

19　參見段潔龍：《中國國際法實踐與案例》，北京：法律出版社 2011 年版，第 35 頁。

20　參見龔刃韌：《國家豁免問題比較研究 —— 當代國際公法、國際私法和國際經濟法的一個共同課題》，北京：北京大學出版社 2005 年版，第 81 頁。

三、對全國人大常委會釋法的解讀

在剛果（金）案中，全國人大常委會在香港特區法院的主動提請之下，對基本法第 13 條第一款和第 19 條作出解釋。對此條款的解釋至少應當包含二層含義：一是香港特區法院不能以享有獨立的司法權為由，自行在審理案件過程中決定國家實行何種豁免政策。全國人大常委會在釋法中明確指出，只有中央政府享有決定國家豁免規則的權力，香港特區法院在審理案件時遇到其他國家及其財產管轄和執行豁免問題，必須以中央決定的國家豁免政策為依據作出判決，而不得隨意偏離此政策；二是香港法院不能對中央政府決定的國家豁免規則進行所謂的「司法審查」。自基本法實施以來，香港學界一直有聲音認為，由於香港特區法院享有獨立的司法權和終審權，故可以享有對全國人大及其常委會行為的憲法性審查權。最為典型的案例就是吳嘉玲案，此案中，香港特區終審法院在判決書中這樣寫到：香港特區法院在行使基本法所賦予的獨立司法權之下，有權審核全國人大及其常委會的立法行為是否符合基本法，倘若立法行為違背基本法，香港法院有權宣佈此等行為無效。[21] 儘管後來終審法院對此作出澄清，但由此引發的爭論仍然不絕於耳。本次釋法中，全國人大常委會明確指出，香港特區對法院對中央人民政府決定國家豁免規則或政策的行為無管轄權。

通過上文的分析，香港地區和內地關於國家主權豁免問題仍存在著較大分歧，「兩制」之間的張力仍然存在，而造成這種情況的最主要原因是：第一，中央關於國家豁免問題的政策並不十分清晰，例如在 1992 年制定的《中華人民共和國領海及毗連區法》中，第 10 條規定外國政府的船舶在從事商業活動時不享有豁免權；在 1999 年制

21　詳見〈香港特別行政區終審法院民事上訴 1998 年第 14 號判決書〉。

定的《中華人民共和國海事訴訟特別程序法》中，第 23 條規定海事法院不得扣押其他國家從事軍事及政府公務的船舶，但並未提到商船；在 1993 年加入的《國際救助公約》、1996 年批准的《聯合國海洋法公約》，這些公約都明確承認用於商業目的的國有船舶不享有豁免權。儘管《聯合國國家及其財產管轄豁免公約》的簽署並不意味著我國已放棄絕對豁免原則，但前述立法和國際公約的簽署著實容易讓外界產生誤會。第二，香港法院在審理有關國家豁免問題的案件時，缺乏可以明確適用的法律規範。一方面，在我國並未有規定國家主權豁免的法律規範；另一方面，香港法律自身的判例較少，在回歸以前，尚可遵循英國法律，但回歸之後，英國的限制豁免主義在我國並不適用，因此，在沒有法律規範和原有判例的支撐之下，香港法律在審理此類案件過程中可能會更多地參照普通法系國家的判例。由於這兩方面的原因，導致香港和內地在處理國家豁免問題上未達成共識，剛果（金）案的發生，可以說使得兩地在對待國家豁免問題上有了共同的認知。同時，也從側面印證仍有必要通過完善解釋機制來彌補對基本法解釋的漏洞。

再回歸到案件本身，最值得引發我們思考的是香港特區終審法院為何會最終按照全國人大常委會的解釋作出正確的判決，之前在案件審理過程中，外交部特派員公署曾三次致函說明中央立場，都未能扭轉香港高等法院上訴庭根據限制豁免政策而作出判決這一結果，這裏面除了終審法院嚴格遵循基本法之外，中央的政治壓力也起了重要作用。通過此案，也告訴我們，全國人大常委會在日後解釋基本法時應當「有所為，有所不為」。一方面，要明確全國人大常委會解釋基本法的權力，建立完善的釋法機制和框架，鼓勵支持終審法院主動提請解釋的行為；另一方面，要避免作出過於強硬的政治性指示或過於具體的解釋，最大限度地尊重香港特區的司法獨立，將案件的實質決定權交由香港法院來行使。此外，我們在司法實踐中，不能單純地強

調全國人大常委會的釋法權力，還要通過完善制度和程序上的細節來加強人大釋法的權威性和公信力。一般來說，釋法制度越是常態化，受到政治屬性的制約就會越少，就越能夠得到兩地人民的認可，因此，全國人大常委會應當在釋法過程中引入更多的法律要素，與香港法院在解釋基本法上形成良性互動，促使「依終審法院申請而解釋」成為主要的釋法模式，這樣才能夠有效地將政治性問題轉化為法律性問題，從而為推動基本法的實施和香港社會的穩定提供保障。

香港特區政制改革

◇◇◇

香港特區的政治改革關係到「一國兩制」之下香港政治體制的發展方向，更關係到香港基本法的有效貫徹落實。可以說，香港特區的政制改革既是一個法律問題，也是一個政治問題。自「一國兩制」方針在香港實施以來，中央高度踐行「港人治港」「高度自治」的原則，全力支持香港特區政府在香港基本法的框架內，循序漸進地發展香港政治制度。然而，需要指出的是，香港特區的政治改革涉及到中央和特區的關係，並不屬於香港自治範圍之內的事務，為了維護香港政制穩定，全國人大常委嚴格依照香港基本法相關規定，於 2004 年 4 月因香港政制改革對基本法第二次釋法。這次釋法確立了循序漸進發展香港政制原則，為香港政制改革奠定了法律基礎，對香港政制的發展具有里程碑意義。

前文對香港基本法居留權條款解釋的分析和論證，主要是從全國人大常委會對香港基本法相關條款的解釋角度出發，來分析基本法解釋存在的衝突和原因。而本節主要從全國人大常委會對基本法附件的解釋出發，來分析香港政治改革、基本法的相關規定以及全國人大常委會解釋對接的正當性與合理性。

自香港基本法實施至今，可以說，有關香港政制發展的條文實施內容變動最大，為解決此問題而衍生的各種法律文件也是最多，社會爭論也最為激烈。具體說來，香港基本法中對香港政制發展的具體條文規定，充分展現了基本法的獨創性和優越性，代表了「一國兩

制」方針的顯著特徵，在關於香港特區行政長官和立法會的具體產生辦法上尤為明顯，不僅涉及的條文最多，包括香港基本法第 45 條、第 68 條、附件一和附件二，而且對這兩者都規定了兩種選舉模式，在中外立法史上更是罕見。這其中，第一種是對行政長官的選舉採取選舉委員會選舉模式，而對立法會的選舉則採取的是功能界別和地區直選模式，第二種是對二者都採取普選模式。[1] 顯然，這兩種選舉模式不能同時並存，具有演進性和替代性。香港特區的政制制度關係到「一國兩制」方針的發展方向，是基本法貫徹落實的核心問題，更是實行「港人治港」「高度自治」的制度保障。

一、香港特區的政制制度

鄧小平在《香港特別行政區基本法》起草期間，就已經明確否定了香港特區實行西方政治體制的主張，相反「堅持國家主權、兼顧香港歷史、不照搬西方政治制度的」模式卻成為設計香港特區政治體制的一個指導思想。《香港特別行政區基本法》基於中央對香港特區的主權性管治權，規定了全國人大及其常委會、中央人民政府對香港特別行政區的一部分立法權、行政權以及法律適用的約束權；基於尊重香港歷史傳統，《香港特別行政區基本法》將原來的總督制度改造成行政主導制度，將原來體現「行政吸納政治」的行政局制度改造成行政會議制度，將原來的英美法系傳統基本保留。[2] 因此，在香港回歸之後，「一國兩制」在香港的成功實踐，中央政府支持特區政府在《香港基本法》的框架內，循序漸進地發展特區的政治制度，香港公眾享受了前所未有的民主權利。

1　常樂：〈香港基本法的文本及其解釋：以政制發展為中心的考察〉，《江漢大學學報》2015 年第 4 期，第 38 頁。

2　參見郝鐵川：〈從國家主權與歷史傳統看香港特區政治體制〉，《法學》2015 年第 11 期。

（一）香港特區政制結構的沿革

回歸以前，香港的政制結構是按照英國殖民統治的需要建立和發展起來。從權力結構角度出發，香港特區的權力高度集中於港督，行政局、立法局和布政司都是充當港督的諮詢機構角色；從立法權角度出發，香港特區重大事項的立法最終決定權從表面上來看歸屬於英國外交聯邦事務部，但實際上，英國外交部極少使用最終決定權，一般都是由英國女皇全權代表港督行使。[3] 香港回歸之後，這種港督集權制的政制模式發生了本質變化。根據基本法規定，香港特區的政制模式是在以行政為主導，行政權、立法權和司法權三者之間既分離又相互合作、制約。在新的政制模式之下，香港特區的行政長官在享有較大政治權力的同時，又不能集權於一身，為此，就需要對原有的港督集權模式進行變革，這種變革的本質不是對原有體制的徹底顛覆，而是去除殖民主義色彩，符合基本法規定及有利於香港政體穩定的則予以保留。然而，對原有體制的保留不可避免會造成原有政治理念和政治思維的延續，並深刻影響香港政治制度的改革。

自 1997 年 7 月 1 日香港回歸以來，為了保障基本法的貫徹落實，香港原立法局改為立法會，承擔香港特區的立法職能；原行政局改為行政會議，成為行政長官的行政決策機構；原布政司改為政務司，成為政府總部，統領香港特區公務員；在原有司法結構體系的基礎上，增設終審法院，保障香港特區獨立的司法權和終審權。立法會、行政會議和政務司這三個權力機構雖然與港英政府時期的權力結構有著不可分割的歷史淵源，但其承擔的職能在本質上已經發生改變，這些變化後的權力機構確立了現行香港特區政制的基本框架。[4]

3　參見張曉明：《香港憲政秩序初探》，山東大學 2006 年碩士學位論文。

4　參見唐蜜：《香港基本法下的公共權力架構》，四川師範大學 2010 年碩士學位論文。

（二）基本法對香港政制發展的規定

基本法第 45 條關於行政長官如何產生的規定、第 68 條關於立法會如何產生的規定是關於香港政制發展的核心條文。這兩條不僅規定了行政長官和立法會的選舉問題，而且規定了未來二者都要實現普選的目標。而對於行政長官和立法會具體選舉問題則分別由附件一和附件二作出規定。

1. 行政長官的產生辦法

基本法第 43 條、第 48 條、第 56-58 條規定了行政長官的法律地位和職權範圍，可歸納為三個方面：第一，在涉及中央與特區關係方面，作為香港特區政府的首長，代表香港特區政府處理中央授權的事務，執行中央政府下達的指令等；第二，在管理香港政務方面，領導香港特區政府，決定政府政策並發佈行政命令，提名並報請中央政府任免官員等；第三，在法律事務方面，負責執行基本法及依據基本法適用於香港特區的其他法律，簽署立法會通過的法案並公佈法律等。這三個方面涵蓋了香港特區社會生活的方方面面，體現了行政長官在香港政制體制中的主導地位，這也就決定了行政長官的產生方式嚴格性和重要性。

基本法第 45 條不僅規定了行政長官的產生方式，也確立了行政長官產生辦法的未來發展方向。其中，第 1 款規定，行政長官可通過選舉或是協商產生；第 2 款規定，香港特區行政長官的產生辦法根據香港實際情況和循序漸進原則而定，並且最終要達到這樣一個目標，即由一個具有廣泛代表性的提名委員，會按照民主程序提名後，採用普選模式而產生；第 3 款規定，行政長官的具體產生辦法由附件一詳細規定；附件一規定，2007 年以後的行政長官產生辦法如需修改，須經立法會全體議員三分之二以上通過，並經行政長官同意報全國人大常委會批准。總之，基本法第 45 條法律文本的內在邏輯結構可以概括為：「一項權力，兩處銜接，三個階段，四重限制」，在這

裏，「一項權力」是指中央對行政長官有實質上的任命權，「兩處銜接」是指提名委員會的行政長官提名和行政長官人選的報送任命兩處銜接，「三個階段」是指整個選舉程序可劃分為提名、投票和任命這三個階段，「四重限制」是指對選舉在程序上和實質上的要求，即提委會組成人員的廣泛代表性、提名程序的民主性、香港特區實際情況的限定性和循序漸進的原則性。具體如下圖所示：

圖 4-1：基本法第 45 條法律文本的內在邏輯結構

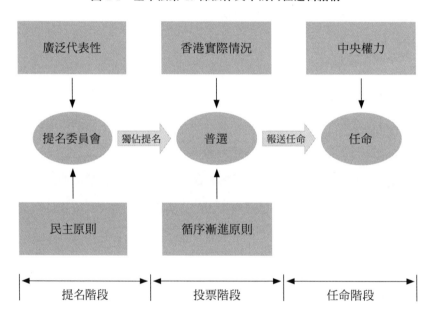

2. 立法會的產生辦法

基本法第 73 條規定了立法會的職權範圍，主要包含兩個方面：第一，在法律事務方面，根據基本法規定並按照法定程序制定、修改和廢除法律，同意終審法院和高等法院首席法官的任免，接受居民申訴並作出處理等；第二，在其他事務方面，批准稅收和公共開支，根據政府提案，審核並通過財政預算，聽取行政長官的施政報告並進行辯論等。

基本法第 68 條則規定了立法會的產生辦法，立法會的產生辦法主要是結合香港特區的實際情況並根據循序漸進原則制定。第 1 款規定，香港特別行政區立法會的主要產生辦法是通過選舉方式，此款規定了立法會產生的唯一辦法就是選舉。第 3 款規定，立法會的具體產生辦法的由基本法附件二規定，而根據基本法附件二之規定，2007年之後，如果需要對立法會的產生辦法進行修改，必須經立法會全體議員三分之二多數通過，行政長官通過，報全國人大常委會備案。

3. 行政長官和立法會之間的關係

根據基本法第 49 條規定，行政長官有權將立法會通過的法案發回重議；第 50 條規定，如果行政長官再次拒絕簽署發回立法會重議的法案、或者立法會決絕通過政府提出的財政預算案或其他法案時，經協商不能取得一致意見的，行政長官有權解散立法會，但解散前，必須徵詢行政會議意見；第 52 條規定，行政長官如因兩次拒絕簽署立法會通過的法案而解散立法會，重選的立法會仍然通過原法案，或者重選立法會繼續拒絕通過政府提出的原財政預算案時，行政長官必須辭職；第 64 條規則定香港特區政府必須對立法會負責、執行立法會通過的法律、定期向立法會作施政報告等。上述一些列條款清晰界定了立法會和行政長官之間相互制約、相互配合以及相互監督的關係。

香港政制發展的實踐證明，立法會和行政長官的職權必須規制在法制範圍之內，才能實現二者之間的相互配合、相互制約，才能保障二者均能有效規範運行。如果考慮配合而忽視制約，不利於香港特區依法行政；如果只考慮制約而忽視配合，不利於香港社會政制穩定。正是因為行政長官和立法會之間的制約、配合關係，才使得立法和行政之間達到協調狀態。

▎二、香港特區政制改革的發展

香港政制改革問題是非常錯綜複雜的，「一國兩制」在香港的具體實踐亦需要不斷地實踐磨合與經驗。自香港回歸之後，全國人大常委會針對香港基本法已經進行了多次決定和解釋，雖然每次所處理的問題都不盡相同，在香港各界產生的反映也不盡一致，但在實質上都涉及到了香港的政治改革問題。[5]

（一）關於香港政制發展的法律文本

考慮到香港的實際情況和中英聯合聲明的精神，在香港主權移交中國之前的過渡時期，香港立法局議員的產生方式是逐步增加直選議席。然而，港英政府在撤出之前一直動作不斷，1988年港英政府發表白皮書，決定在1991年重組立法局，並採用直接選舉的方式選舉議員。尤其是1992年香港最後一任港督彭定康激進的政改方案，完全打亂了中央設定的香港回歸後的政制發展計劃。他為了加速所謂的「民主化」，取消了委任制，變相擴大立法會議員的直選議席，提前實施了應當在1997年實行的選舉方式安排，不僅違反了基本法的規定，更是違背了循序漸進發展香港政制原則。

這一激進的政改方案在香港特區的實施，一方面，提高了香港特區居民對香港選舉制度的期望，引發了香港居民過高的民主政治期望與循序漸進發展香港政制進程設計的矛盾和衝突，從而在香港政制改革內部植入了不和諧的因素；另一方面，使得香港特區在條件尚不具備的情況之下，承載了難以超越現實的民主政制，導致香港政制結構的畸形、社會發展的混亂，從根本上損害了「一國兩制」方針落實的根基。[6]具體說來，按照彭定康施政報告實施香港政制改革，完全

5　參見孫翠萍：〈人大第二次釋法與香港政改問題的發展〉，《黨史研究與教學》2011年第6期。

6　參見張曉明：《香港憲政秩序初探》，山東大學2006年碩士學位論文。

打亂了中央設定的香港回歸後的政制發展路徑，使得基本法附件一、附件二和 1990 年 4 月 4 日通過的〈關於香港特別行政區第一屆政府和立法會產生辦法的決定〉無法銜接。以立法會為例，中英兩國政府原先確立的立法局全部議員以「直通車」模式成為回歸後的第一屆立法會議員的安排被否決，無法與基本法第二屆、第三屆立法會的產生辦法相對接，這樣就不得不對基本法作出解釋，找到立法會產生的適當辦法。於是，全國人大香港特區籌備委員會於 1996 年 3 月 24 日頒布〈關於設立香港特別行政區臨時立法會的決定〉，由選舉設立的「臨時立法會」取而代之，臨時立法會工作時間不超過 1998 年 6 月 30 日。於 1997 年 5 月 23 日，通過〈中華人民共和國香港特別行政區第一屆立法會的具體產生辦法〉，規定第一屆立法會議員任期為兩年。

回歸後，中央為了循序漸進推動香港政制發展進程，頒布了一系列法律文件。其中，2004 年通過了〈關於《中華人民共和國香港特別行政區基本法》附件一第七條和附件二第三條的解釋〉，附件一第七條和附件二第三條均涉及 2007 年以後香港特區行政長官和立法會產生辦法的修改問題，全國人大常委會對其進行解釋是為了確立循序漸進發展香港政制原則，明確中央政府在香港政制發展中的主導地位。[7]

隨後通過的〈關於香港特別行政區 2007 年行政長官和 2008 年立法會產生辦法有關問題的決定〉則是對上述兩個條文的釋疑，回答了香港特區在 2007 年以後是否實行「雙普選」問題，該〈決定〉明確指出，儘管香港特區在回歸之後，民主水平得到很大程度提升，但依然不具備「雙普選」條件，但是立法會和行政長官的產生辦法可以按照基本法規定作出適當修改。

為了儘快落實「雙普選」模式，香港特區政府組建策略發展委員

7　孫翠萍：〈人大第二次釋法與香港政改問題的發展〉，《黨史研究與教學》2011 年第 6 期，第 60 頁。

會，就有關立法會普選模式、路綫圖及時間表等問題展開諮詢討論，但並未形成主流方案。香港特區政府在徵求民意的基礎上確定了香港政制發展主流方案的原則，即符合基本法規定原則、有利於香港穩定發展原則、民眾參與的階段性和層次性原則。據此，香港特區政府於 2007 年向全國人大常委會提交了〈關於香港特區政府政制發展諮詢情況及 2012 年行政長官和立法會產生辦法是否需要修改的報告〉。

2007 年 12 月 29 日，全國人大常委會通過〈關於香港特別行政區 2012 年行政長官和立法會產生辦法及有關普選問題的決定〉。〈決定〉明確指出，2012 年香港特區政府第四任行政長官和第五屆立法會的產生辦法可以適當修改。而此「修改」可以作為香港特區行政長官和立法會選舉邁向普選的中間站。

2014 年 8 月 31 日，全國人大常委會通過了〈關於香港特別行政區行政長官普選問題和 2016 年立法會產生辦法的決定〉。〈決定〉指出，從 2017 年開始，香港特區行政長官可實行普選的產生辦法；2016 年第六屆立法會的產生辦法依然按照現行規定。至此，未來一屆行政長官和立法會產生辦法的基本原則確定下來。

2015 年 6 月 18 日，香港立法會對 2017 年香港特首普選改革方案進行投票，有 28 名議員反對、8 名議員贊成，普選方案未能通過，經多方努力了兩年的普選方案就此夭折。[8] 這同時也表明，香港行政長官的產生辦法將繼續沿用之前的制度進行，這使得香港的民主陷入更深的不確定性當中。不少反對派人士認為，此次普選方案的否決意味著全國人大常委會 2016 年 8 月 31 日作出的〈關於香港特別行政區行政長官普選問題和 2016 年立法會產生辦法的決定〉的失效。筆者認為，這種想法有失偏頗，該〈決定〉已經具有正式的法律效力，且它在基本法規定之下對附件一作出了原則性的修改，還需要香

8　何美琳：〈香港行政長官普選制度研究〉，《公民與法》2016 年第 5 期，第 43 頁。

港地區的立法機關把它細化到《行政長官選舉條例》當中，因此，此次普選方案被否決的效力並不及於此〈決定〉，下一步香港政制改革的啟動，將以此〈決定〉為依據，並創制更多的憲制性程序來規範中央權力的行使。

從基本法頒布到實施，上述一系列法律文件的制定和實施都是圍繞香港特區政制改革發展，逐漸形成了以基本法第 45 條和 68 條為中心和本源，著眼於對它們的解釋而不斷向外輻射、拓展，並最終構成規制香港政制改革發展的法律文本集合體。

表 4-2：關於香港政制發展的法律文本

序號	頒布時間	頒布主體	法律文本名稱
1	1990 年 4 月 4 日	全國人民代表大會	基本法附件一、附件二
2	1990 年 4 月 4 日	全國人民代表大會	〈關於香港特別行政區第一屆政府和立法會的產生辦法〉
3	1996 年 3 月 24 日	全國人大香港特區籌委會	〈關於設立香港特別行政區臨時立法會的決定〉
4	1997 年 5 月 23 日	全國人大香港特區籌委會	〈中華人民共和國香港特別行政區第一屆立法會的具體產生辦法〉
5	2004 年 4 月 6 日	全國人大常委會	〈關於《中華人民共和國香港特別行政區基本法》附件一第七條和附件二第三條的解釋〉
6	2004 年 4 月 26 日	全國人大常委會	〈關於香港特別行政區 2007 年行政長官和 2008 年立法會產生辦法有關問題的決定〉
7	2007 年 12 月 29 日	全國人大常委會	〈關於香港特別行政區 2012 年行政長官和立法會產生辦法及有關普選問題的決定〉
8	2014 年 8 月 31 日	全國人大常委會	〈關於香港特別行政區行政長官普選問題和 2016 年立法會產生辦法的決定〉

（二）對關於香港政制發展的法律文本的認識

從法律文本性質角度出發，上表所列的 8 項法律文本都可以看作是對基本法第 45 條和第 68 條的解釋；從司法實踐角度來說，內地和香港對基本法相關條文的解釋、中央就基本法某些規定作出的決定以及這些解釋和決定的效力等方面的認知存在爭議，而這些爭議直接影響到香港政制改革的進程和這些解釋性法律文本效力的發揮。經梳理可知，香港和內地關於對基本法政制發展條文的解釋性法律文本的地位和效力問題主要存在如下兩點分歧：

其一，全國人大常委會制定並通過的決定有無法律依據。有觀點認為：首先，根據 2004 年全國人大常委會對基本法附件一和附件二所作的解釋，全國人大常委會僅僅只能享有對香港特區政府提出的「是否需要修改報告」作出「確定與否」的權力，或者享有「批准」或「備案」之後才能生效的中央決定權，並未明確對「如何修改」作出安排；其次，這些決定的出台並不符合《立法法》的相關程序。因此，這些以「決定」為載體的解釋性法律文本對香港特區無法律約束力。另有觀點雖然認同全國人大常委會所作決定的法律地位，但認為決定所依據的法律不同。如朱國斌教授認為，全國人大是國家最高權力機關，享有最高立法權，全國人大常委會作為其常設機構，本源性地享有對香港政制發展的決定權。[9] 而顧敏康教授則認為，根據憲法第 62 條之規定，全國性的基本法律應當由全國人大制定和修改。那麼，基本法附件一和二作為基本法的重要組成部分理應由全國人大修改，但是由於附件一和二都規定了 2007 年以後行政長官和立法會的產生辦法的修改需經全國人大常委會批准或備案，因而，全國人大常委會就享有了對基本法附件相關條文的修改權。[10] 具有內地官方背景的相關人士對此也作出了回應，主要有三點：第一，全國人大常委會

9　朱國斌：〈中央對港政改決定的憲法法理〉，《大公報》2014 年 10 月 14 日。

10　顧敏康：〈「8.31 決定」之憲法依據〉，《紫荊論壇》2015 年第 5-6 月號，78-79 頁。

通過的決定是其履行法定職責的重要形式；第二，我國憲法和基本法賦予了全國人大常委會對於修改行政長官和立法會產生辦法具有決定權，據此全國人大常委會可以作出關於香港政制發展的決定的權力；第三，按照基本法的有關條款，對於修改行政長官和立法會產生辦法的權力主要由全國人大常委會行使。整體而言，全國人大常委會所頒布的一系列決定不僅符合法理規範，更具有充分的法律依據作為支撐。[11]

其二，全國人大常委會所作決定的效力如何？北京大學陳端洪教授認為，全國人大常委會通過的這些決定對香港政制改革的發展具有重要的導向性，尤其是〈關於香港特別行政區行政長官普選問題和2016 年立法會產生辦法的決定〉，不僅具有里程碑意義，更是具有「上位階規範」的性質，同時表示，決定的效力高於香港立法會通過的本地立法，並能夠持久規範和指引本地立法。[12] 學者孫成、鄒平學等則明確指出了全國人大常委會所作決定的法律效力位階，這些決定雖然不屬於狹義的法律或法律解釋，但這並不影響它們作為廣義的法律所具有的規範效力，只是效力層級低於憲法和基本法而已。[13] 全國人大常委會委員長張德江在會見香港工聯會北京訪問團時的講話中指出，全國人大常委會的決定明確規定了香港普選的核心要素，是最高法律權威，為香港普選奠定了憲制基礎。

由此可見，這些爭議和分歧歸納到一點，就是全國人大常委會關於香港政制發展作出的決定的效力如何。全國人大常委會就香港政

11　香港基本法委員會主任李飛在〈全國人大常委會決定的政治和法律內涵 —— 在香港特別行政區政府高級官員簡介會上的講話〉中，將立法會和行政長官產生辦法的修改權、修改立法會和行政長官產生辦法的決定權以及全國人大常委會的決定權作了明確區分。同時，他在其他講話中也明確澄清：基本法附件一和附件二作為基本法的重要組成部分，理應由全國人大作出修改，但全國人大把這項權力授予全國人大常委會是一項特殊的制度安排。根據香港政制發展的實際，具有修改權的主體，在某種程度上也有著決定權，如立法會就可以對特區政府提出的政改方案作出通過與否的決定。具體到全國人大常委會，就上升到對香港政制發展的最終決定權。

12　陳端洪：〈莫讓轉運的機緣從指縫中溜走〉，《明報》2014 年 9 月 13 日。

13　孫成、鄒平學：〈如何審視「8.31 決定」的若干法律問題〉，《港澳研究》2015 年第 2 期。

制發展所作的各種決定，涉及的實質內容都是關於行政長官和立法會的產生辦法，可以說都是基於基本法第 45 條和第 68 條這兩個法律條文所作的解釋。為此，有學者提出，全國人大常委會以「決定」方式指導、規範香港政制發展，儼然成為一種憲法慣例。[14] 從目前香港政制發展現狀來看，這樣的方式至少會延伸到「雙普選」目標的實現。從基本法頒布伊始，全國人大常委會對香港政制發展所作的決定就隨之產生，在這期間，全國人大常委會及香港特區籌備委員會對關於香港政制發展共出台 6 個法律文本，其中，除了 2004 年對基本法附件一第 7 條和附件二第 3 條是以「解釋」形式作出，其餘 5 次全是通過「決定」形式作出，這使得兩地對基本法第 45 條和第 68 條的認識和理解更加清晰、透徹，也使得兩個抽象、寬泛的法律條文變得具有可操作性，起到了凝聚共識、指導實踐的積極作用。

三、對香港政制發展的反思與分析

香港的政改問題之所以取得發展的動因主要是源於中央政府的支持，而不是西方的一種恩賜，殊不知，在香港回歸之前，英國的殖民勢力也並沒有在香港確立有效的政治自治。在香港回歸之後，香港公眾在中央政府的支持下卻享受到了前所未有的政治民主。因此，嚴格遵循《香港基本法》的有關規定，並按照香港的政治實際和現實情況循序漸進地發展香港政制，是被實踐證明有利於香港經濟發展和社會穩定的唯一方式。不論哪個政治派別、哪個社會力量，都只能在已有的法規、決議、決定以及規定的範疇內進一步推動香港政改問題的發展。

14　強世功：〈關於行政長官普選的人大決定 —— 從政制與法理角度看香港特首普選之爭〉，《明報》2014 年 9 月 3 日。

（一）對基本法及全國人大常委會決定的反思

中央關於香港政制發展的規定具有鮮明的獨創性、高度的優先性，也是因為如此，在實施過程中才引發了爭議。可以說，對香港基本法有關政制發展法律條文的解釋及作出的一系列決定，既是中央堅定不移推動香港政制最終實現「雙普選」目標的法律成果，又在某種程度上成為香港社會輿論對立的鬥爭焦點。這種局面的形成從側面論證了香港基本法以及中央對香港政制的發展所作出的一系列決定存在不完善之處，值得我們反思。

其一，從立法角度出發，基本法第 45 條對行政長官產生辦法的規定和第 68 條對立法會產生辦法的規定，包括附件一和附件二實質上是一個「二元」選舉模式，即第一種是具體的、有可操作性的選舉辦法，第二種是理想化的、可操作性較弱的選舉辦法。在香港政制發展實踐中，面臨的最大兩個問題就是第一種選舉模式如何順利平穩地向第二種選舉模式過渡的問題，和第二種選舉模式在何種條件下才能實現以及怎樣實現的問題。這兩個問題的解決都需要極大的政治智慧及領導魄力，這也就是為什麼中央關於香港政制發展一次又一次作出解釋性決定，且時間跨度長、解釋次數多、引發爭議大的重要根源。[15]

其二，從解釋法律的角度出發，對基本法及其附件相關條款的解釋之所以時間長、次數多、爭議大的重要原因在於解釋的整體性、戰略性、主動性不足。而香港回歸之後，與內地完全不同的法律思維定式以及社會政治生活的巨大變遷，造成了全國人大常委會解釋基本法的局限性和有限性。

其三，從兩地共識的角度出發，香港地區和內地對這些解釋性質的法律文本在權威性、效力上缺乏統一的認識和理解，香港地區並

15　張定淮：〈香港政改的歷史與民主政治的發展〉，《中國法律評論》2015 年第 3 期。

未將這一系列以「決定」形式作出的解釋視為對基本法相關條款的解釋，沒有將其與基本法的效力等同起來，這難免會造成社會輿論對香港政制「雙普選」目標的質疑。

（二）對香港政制改革成本與效益的分析

對香港地區政制改革進行成本與效益的分析，是出於法律經濟學角度考慮。法律經濟學的基本命題是對法律制度和法律規則進行經濟分析，使有限的法律資源得到最合理的配置與運用。政制改革亦應如此，用最少的政治資源實現最大效益的政制改革，實現政制體制改革過程、效果與目的的一致性。回到香港政制改革實踐，所謂政制改革的成本是指完成香港地區行政長官和立法會產生辦法「雙普選」制度所需要的改革成本；所謂政制改革的效益是指通過政制改革，能夠給香港社會政治民主程度帶來的效果。從中央的制度安排和香港市民對民主追求程度可以看出，香港政制改革的最大效益就是：能夠在最短的時間內，按照基本法及全國人大常委會的相關決定規劃的路綫，循序漸進地實現行政長官和立法會產生辦法的「雙普選」目標。[16] 依此方式選舉的行政長官能夠有能力領導香港政府並實現香港社會繁榮穩定，選舉的立法會能夠切實代表人民利益，通過行使立法權體現公平正義；而香港政制改革所耗費的最小成本是：最大限度地減少因政治改革而引發的社會矛盾和衝突的發生，避免造成社會分化。

政制改革進程的快慢主要取決於政治環境、法律意識和選舉文化發展的綜合程度，不應脫離實際。[17] 除基本法相關規定以外，中央對香港政制改革制定的一些決定兼顧了香港實際情況和各個階層的利益。為了循序漸進實現行政長官和立法會「雙普選」目標，全國人大

16　田飛龍：〈基本法秩序下的預選式提名與行政主導制的演化〉，《政治與法律》2015 年第 2 期。

17　李太蓮：〈香港特別行政區立法會產生辦法的政治成本與效益分析〉，《清華法學》2008 年第 6 期。

常委會制定的決定都是經過詳細的諮詢、論證而達成，並未不切實際地謀求儘快實行「雙普選」。政制改革實質上就是一個重新配置選舉資源、調整立法權力、平衡政治結構的過程。香港地區的政制改革只有不脫離香港實際，不違背基本法的規定以及全國人大常委會的決定，才能實現改革成本最小化、改革效益最大化。

所有的法律活動都應當以有效配置法律資源，最大限度地增加社會福利為目的，[18] 香港政制的發展亦是如此，不能忽視對改革效益的追求。香港地區未來政制改革的過程，實質上就是行政長官和立法會的產生方式逐漸正義的過程，是香港政制改革方案與基本法和全國人大常委會決定有序對接的過程，而這個過程需要按照政制發展規律自然發展。近幾年，全國人大常委會多次以「解釋」、「決定」的方式對香港政制發展作出指導，正是在堅定不移地貫徹「政府主導、循序漸進、均衡參與、協調發展」原則。事實上，實行「雙普選」制度並不是政治民主的唯一方式，在香港地區的選舉文化、參政意識等尚不成熟的情況下實施普選，只會導致社會整體利益受損。香港地區的政制發展需要香港市民、參政團體、立法會議員、香港政府和中央政府等各方都能夠尊重「一國兩制」的憲制秩序，堅持基本法規定，理性對待在政改問題上的衝突和矛盾。

2017 年 3 月 26 日，香港特區第五任行政長官由一支具有廣泛代表性的選舉委員會選出。國務院總理李克強在國務院第七次全體會議上指出，香港特區第五任行政長官的選舉完全符合基本法規定、全國人大常委會有關決定以及香港特區本地有關法律規定，體現了公平、公開、公正原則，這表明了中央為積極推進香港政制發展所作出的努力。今後，全社會都應當以香港特區的整體利益為政制改革的出發點，對「一國兩制」正確定位，拓寬共識，共同推動香港民主穩步實現。

18　韓慧：〈法律制度的效率價值追求〉，《山東師範大學學報（社會科學版）》2000 年第 1 期。

總而言之，香港民主政治的發展要依據循序漸進的原則來展開，香港的民主政治發展畢竟是一種區域性的政治發展。如果香港因民主政治發展而導致其不能保持繁榮穩定，甚至出現社會動蕩、流血，那麼就在事實上違反了實行「一國兩制」的初衷和目標。因此，在制定《香港基本法》時就已經確定，以「循序漸進」作為香港民主政治發展的指導性原則。從世界民主實踐的情況來看，民主在有些國家取得了巨大成功，而在有些國家則造成了巨大的社會混亂和衝突，得不償失。考慮到民主政治發展結果的不可回逆性，以循序漸進的方式來逐步推進香港的民主政治發展，不失為一種最為穩妥的思路。[19]

19　張定淮：〈香港政改的歷史與民主政治的發展〉，《中國法律評論》2015 年第 3 期。

第五章

關於基本法解釋
實踐的評析

縱觀回歸之後香港特區的司法實踐，香港法院在審理案件過程中解釋基本法的情況十分普遍。根據相關統計，在香港特區終審法院判決的案件當中，對基本法進行解釋的大約有 100 多件，這充分證明了基本法第 158 條賦予的香港法院的解釋權在實踐中得到了很好的應用。迄今為止，全國人大常委會共五次對基本法進行解釋，這五次釋法清晰地呈現了從產生爭議到解決爭議再到形成共識的過程，繼而為「一國兩制」方針的實施提供了具有豐富意蘊的法律願景。本章擬從香港基本法解釋實踐角度就在釋法過程中達成的共識、因釋法制度設計而產生的不協調或衝突現象以及目前基本法解釋機制依然存在的局限性進行評析。

通過考察和分析，我們發現，從 1999 年解釋居港權到 2016 年解釋入職宣誓，這二十年來，全國人大常委會對基本法的解釋實踐，至少在以下幾個方面達成了共識：一是關於香港法院解釋權力的來源問題；二是關於香港法院解釋權力的限制問題；三是關於全國人大常委會解釋的效力問題；四是關於全國人大常委會解釋影響司法獨立問題。另外，我們也發現，基本法第 158 條所設計的基本法解釋制度因兩地司法傳統的差異、法律解釋機制的不同，導致了在基本法釋法實踐中出現了一些衝突現象，如全國人大常委會統一釋法與香港法院分散釋法之間的不對接問題、最終司法解釋權與司法終審權之間的屏蔽問題、主動釋法與提請釋法之間的不協調問題，等等。最後，香港基本法的解釋機制本身也存在一定的問題，並不是太完善，主要表現在：基本法解釋制度條文設計存在缺失、對法條解釋未達到預期目標時缺乏救濟措施、立法解釋基本法的程序規定不完善以及釋法過程中

的諮詢程序尚未明確化，等等。總而言之，無論是從理論完善還是從現實需要來說，我們有必要建構一種基本法解釋理論：它不僅能夠包容兩大法系之下各自存在的釋法制度，而且能夠在理解兩制的根本差別的基礎上，使兩地法律解釋制度能真正實現融匯貫通，相互吸納對方的理論。這也是始終保持基本法具有活力和生命力的要求，更是未來對基本法解釋制度研究探索的方向和目標追求。

基本法解釋實踐中的共識

◇◇◇

　　從 1999 年解釋居港權到 2016 年解釋入職宣誓，這二十年來，全國人大常委會對香港基本法已經展開了多次解釋實踐。在這些解釋實踐中，香港與內地的法律理論與實務界在多個方面上已形成共識。這對理解和完善香港基本法解釋權具有重大意義。

一、關於香港法院解釋權力的來源問題

　　1999 年 2 月 26 日，香港特區終審法院法官李國能在宣讀〈澄清判詞〉中指出，特區法院的司法管轄權來源於基本法。根據基本法第 158 條第 2 款規定，香港法院對自治範圍內條款的解釋權來源於全國人大常委會的授權，由此說明，這一點目前已經在香港法律界得到認可。

二、關於香港法院解釋權力的限制問題

　　對此問題，目前有兩點可以明確：一是香港法院的解釋權僅限於審理案件時，二是對涉及中央管理事務的條款應當提請全國人大常委會解釋並以此解釋作為判決依據。

三、關於全國人大常委會解釋的效力問題

劉港榕案中，法院在判詞中確認了 1999 年人大釋法的效力，承認了全國人大在香港憲制架構中的淩駕地位。[1]2013 年 4 月，香港特區終審法院首席法官馬道立在出席法律活動時表示，根據基本法第 158 條之規定，香港法院都要受到全國人大常委會對基本法條文所作的解釋的約束。

四、關於全國人大常委會解釋影響司法獨立問題

在全國人大常委會釋法初期，部分香港法律界人士認為全國人大常委會釋法是在干預香港自治，會破壞香港的司法獨立性，提出了一些意圖限制人大釋法權、規避提請釋法義務的法律主張，如在 2004 年對香港政制發展的釋法，不少香港法律人士認為這是在修改法律而不是解釋法律；在 2005 年的行政長官任期釋法，部分香港法律人士對人大解釋的法理依據提出了質疑。事實上，人大對於解釋基本法條款是十分審慎的，否則也不會在 20 年的時間裏僅作出五次解釋。儘管目前仍有部分法律人士對全國人大常委會釋法會影響香港司法獨立這一認識偏差依然存在，但已經不是主流觀點，2011 年香港特區終審法院主動提請全國人大常委會釋法就是最好的例證。

1　鄒平學：〈共識與分歧：香港《香港基本法》解釋問題的初步檢視〉，《中國法律評論》2017 年第 1 期。

基本法解釋實踐中的衝突

◇◇◇

　　香港基本法第 158 條所設計的解釋制度因兩地司法傳統存在的差異以及法律解釋機制的不同，導致了在香港基本法的釋法實踐中出現了一些衝突現象，如全國人大常委會統一釋法與香港法院分散釋法之間的不對接、最終司法解釋權與司法終審權之間的屏蔽、主動釋法與提請釋法之間的不協調問題，等等。

　　在分析基本法解釋權的衝突時，我們應該抓住這樣一個現實：香港雖小，但它獨立行使終審權，在司法上和內地是平等的；但是同時香港是作為中華人民共和國的一個特別行政區，在政治上中央和特區是不同的，特區永遠隸屬於中央；「一國兩制」規範的是中央和地方的相互關係，中央的「一制」在權力屬性上高於特區的「一制」；總之，雙方的司法關係在這樣一種既平等又不平等的特殊的語境下運行，這也是造成基本法規定中央和香港雙重釋法、中央行使最終解釋權的原因所在。

一、人大統一釋法與法院分散釋法的不對接問題

　　在英美法系司法傳統的影響之下，香港法院對法律的解釋在個案的審理過程中進行，是分散式的。法官一般是根據案件具體事實來解釋憲法和法律，並通過「解釋循環理論」來續造個案法律甚至是認定某項法律違背憲法而無效或是不予適用。法官在審理個案過程中的

釋法行為，會在很大程度上受到法官認知能力、價值取向、社會公共政策等因素影響，從而制約法官對案件事實的採集和認定以及對法律的論證、判斷和適用。[1] 目前，基本法是香港特區其他法律規範制定的依據和基準，香港法院在審理案件中適用基本法已經是一種常態。據統計，自回歸以來，在香港法院審理的案件中有一千多件案件的判決引用基本法條款，在這一千多件案件中，共引用和解釋了基本法約 160 個法律條文。內地受大陸法系影響而採用集中釋法模式，即由全國人大常委會統一解釋憲法和法律，最高檢和最高法則負責司法解釋。這就產生了兩種釋法模式之間運行方式不對接問題，而這種不對接，一方面影響了全國人大常委會對基本法的準確解釋，另一方面也導致香港法院適用法律出現困境甚至是真空。

二、最終司法解釋權與司法終審權的對峙問題

基本法第 158 條賦予了全國人大常委會的解釋對香港法院具有拘束力，也就是理論上所稱的「最終解釋權」；基本法第 2 條規定香港法院享有終審權。這二者看起來似乎並不矛盾，但在司法實踐中，「兩權」出現了互斥、對峙問題。從司法邏輯上看，香港特區享有的司法獨立權和法院享有的終審權造成法官適用法律和解釋法律的過程具有封閉性，除了上級法院的監督之外，其他任何主體的參與都是對司法獨立原則的背離，這就導致它與全國人大常委會的最終解釋權之間產生了天然的屏障。[2] 一方面，獨立的司法權和終審權排斥其他組織或個人的干預；另一方面，全國人大常委會對基本法條款所作的解釋對香港法院又具有拘束力，如果個案所適用的法律具備提請解釋的

---

1 唐志容：〈法官如何判決 —— 論司法過程中的法官個人因素〉，《法律方法》2005 年第 4 卷。

2 王書成：〈司法謙抑主義與香港違憲審查權 —— 以「一國兩制」為中心〉，《政治與法律》2011 年第 5 期。

條件，香港法院不履行主動提請義務，就要面臨全國人大常委會主動出擊的可能性，即便是全國人大常委會作出了解釋，也存在遵循先例問題。例如，在吳嘉玲案中，香港法院主張用「類別條件」和「有需要條件」來判斷是否屬於「自治範圍內條款」。1999 年全國人大常委會針對吳嘉玲案的解釋中明確指出，涉及第 24 條第 2 款其他各項的立法原意體現在籌委會〈意見〉[3] 中，而香港法院在審理莊豐源案時認為，全國人大常委會並未對本案所涉及的基本法第 24 條第 1 款法律條文進行解釋，應當由香港法院來判斷是否屬於「自治範圍條款」。此外，在對基本法解釋的實踐中，香港法院多是沿用吳嘉玲案中的解釋規則。由此可見，「兩權」之間的內在張力導致了權力運行中的對峙困局。

三、人大主動釋法與香港提請釋法的不協調問題

　　根據前文分析，香港法院有權對基本法所有條款進行解釋，只是對關於中央管理事務或是涉及中央與特區關係條款需要受到一定的限制，並尊重提請解釋所附條件，包括提請主體、提請時間、解釋效力等。因此，只要某一案件並不是處於不可上訴的終局判決之前狀態，或是對相關條款的解釋對案件的審判並無影響，那麼這時候法官可以對條款進行解釋，即使這些條款涉及中央管理事務和中央與特區關係，也依然可以自行解釋。這就表明，對相關條款解釋「是否會影響到案件的審判」和案件「是否處於不可上訴的終局判決之前」這兩點成為香港法院是否履行提請義務需要考慮的關鍵因素，而在實踐中，如何把握全國人大常委會主動解釋和香港法院提請解釋之間的

3　1996 年 8 月 10 日，全國人民代表大會香港特別行政區籌備會議第四次全體會議通過〈關於實施《中華人民共和國香港特別行政區基本法》第 24 條第 2 款的意見〉。

「度」，使之協調有序銜接，是亟需破解的難題。[4]

　　總之，相對社會變化的複雜性來說，立法是相對滯後的，正是這種與實踐的脫軌性、法律語言的模糊性以及法律原則的抽象性，導致了對基本法的解釋一直處於被需要狀態。[5] 那麼，這些因解釋而引發的內在張力問題也會持續存在著。

4　汪進元：〈香港《香港基本法》解釋體制的內在張力及其緩解〉，《江蘇行政學院學報》2017 年第 2 期，第 126 頁。

5　周少華：〈適應性：變動社會中的法律命題〉，《法制與社會發展》2010 年第 6 期。

基本法解釋機制的局限性

◇◇◇

作為兩地法律解釋制度相互連接與融合的橋樑，毋庸置疑，《香港基本法》第 158 條存在的意義非常重大，但由於各種歷史和體制性的因素，其也依然存在不少的「灰色地帶」。這也就導致香港基本法解釋機制存在些許的局限性。

一、解釋規則和解釋方法的局限性

不同的解釋規則和方法會導致解釋結果大相徑庭，從法理上講，只有法律規範的含義統一才能對人們的行為作出普遍的規範，也才能真正產生約束力和威懾力。[1] 實際上，兩地的解釋方法存在的差異卻是很大，按普通法系的解釋習慣，一般是按照法律條文的文字表述並結合普通法系所遵從的法律價值進行解釋，而內地卻更多的傾向於從立法原意出發，解釋法律條文主要考慮立法者意圖、社會需要及法治理念，再通過法律邏輯推理來對法律條文作出解釋。基本法第158 條只規定了解釋基本法的規則，並未將兩地由於解釋方法不同引起衝突該如何協調涵蓋其中。基本法第 158 條對解釋權的配置實際上是兩種法律制度相互妥協的產物，同時也是導致對基本法解釋出現混亂的根源。從理論上來說，制定並頒布實施基本法是為了在「一國」

1　孫笑俠：〈法律人思維的二元論兼與蘇力商榷〉，《中外法學》2013 年第 6 期。

之下保持香港原有法律制度和司法制度的連續性，但基本法第 158 條卻打破了這種連續性，主要體現在：一方面，全國人大常委會是我國的權力機關，享有立法權及立法解釋權，其運作和香港法院不同，解釋法律的程序與規則和香港法院的解釋程序、規則也缺乏共通之處；另一方面，在訴訟中，香港特區法院通常會採用普通法系傳統來解釋法律，[2] 即通過法律條文的字面表述來解釋。如果單純遵循基本法的字面意思，對其進行解釋會變得極其困難，因為基本法的條款是彼此有緊密聯繫的，不能與其他條款分離開來解釋，否則會造成對條文理解的連貫性和整體性。

基本法第 158 條只規定了解釋體制，並未確定解釋方法。由於兩地制度的差異性，全國人大常委會和香港法院在解釋基本法的方法和原則上也是截然不同。選擇何種解釋方法以及如何在釋法中運用這些方法，對基本法的解釋和實施具有重要影響。從基本法解釋個案來看，全國人大常委會和特區法院的解釋方法和原則也經歷了一個過程。

（一）香港法院的解釋方法及原則探析

1. 香港法院解釋方法的確立

事實上，在基本法進入司法解釋實踐之前，解釋方法的適用並不是香港法院考慮的主要問題，在基本法適用之後的第一個案件即馬維騉案中，香港法院也並未專門論述基本法的解釋方法。香港法院第一次認真考慮基本法解釋方法是在吳嘉玲案中，該案的終審法院指出，決定香港法院解釋基本法的方法有兩個因素，一是基本法的性質和地位，二是香港特區普通法系的司法傳統。[3] 由於基本法只是陳述

2　強世功：〈和平革命中的司法管轄權之爭 —— 從馬維騉案和吳嘉玲案看香港憲政秩序的轉型〉，《中外法學》2007 年第 6 期。

3　強世功：〈司法主權之爭 —— 從吳嘉玲案看「人大釋法」的憲政意涵〉，《清華法學》2009 年第 5 期。

一般法律原則及法律目的，不會過於清晰地界定法律條文的詞義，必然會有含糊之處。出於此點考慮，法院會採用目的解釋方法，而立法目的則必須從基本法本身、立法背景以及其他有關資料來確定，避免僅僅只從字面意思，或從技術層面，或從狹義角度，或以生搬硬套的處理方式來詮釋法律文本。終審法院在吳嘉玲案中立場與上訴法院在馬維騉案中立場的最大的差異在於終審法院認為基本法的目的在於保護居民的權利，主張對此案所適用的條款應當採用目的解釋，因而對居留權作了擴大解釋。

對於如何確定基本法的立法目的，香港法院也有其標準。終審法院認為，基本法的立法目的必然是貫穿於整部法律，強調法律文本的重要性，與此同時，立法背景和其他相關文件資料亦是不可忽視。由於基本法的制定是為了貫徹「一國兩制」方針以及落實《中英聯合聲明》，在解釋基本法條文時，必須考慮「一國兩制」方針的內涵，參照《中英聯合聲明》等其他文件材料。通過梳理，我們發現，香港法院確定立法目的主要有兩個途徑：一是採用結構主義方法，根據基本法各個條款之間的關係和整個文本結構來把握立法目的，二是採用藉助外來資料方法，通過分析記載立法過程的背景文件來分析基本法的立法目的。

在之後的居港權系列案件中，香港法院對目的解釋方法又作了一些修正。如張麗華案中，法院在解釋基本法第 24 條第 3 款時探討了立法目的，指出臨時立法會制定的入境條例中要求提供有效居留權證明書並不違反基本法；在黎施雅案中，香港法院法官同樣通過探討基本法第 24 條第 3 款的立法目的在於居港權應當是那些出生時父母一方或雙方已經取得永久性居港權的子女所應當取得的權益，而非出生之後父母才取得永久性居港權的子女的權益。由此可見，在上述兩個案件中，香港法院對基本法第 24 條立法目的的解釋，除了探尋基

本法的立法原意，也運用了黃金規則和除弊規則。[4] 法院在判詞中通過對相關方觀點的闡述，指出如果按照其對基本法的理解將會帶來消極影響，以證明其觀點的不合理。

2. 香港法院解釋方法的轉變

莊豐源案為香港法院解釋基本法的方法的轉變奠定了基調，目的解釋和文義解釋之間如何運用在莊豐源案中得到了充分體現。相較於吳嘉玲案，法院在本案中將法律文本置於重要位置，強調法院在審理具體案件中解釋基本法條文時，最主要的任務不在於確認立法者立法時的意圖，而在應當按照普通法系的原則和方法，通過法律文本來推導出立法原意。這也不意味著香港法院完全否定立法目的以及外來資料對確定法律條文含義的重要性，只是法院對此必須謹慎考慮，不能因此而影響到法院的解釋。總之，莊豐源案實質上是在論證普通法系傳統地區如何平衡目的解釋和文義解釋之間的差異以及如何看待和採納與立法過程相關的證明材料。[5]

對於法院為何放棄目的解釋而選擇文義解釋，有學者分析是因為運用目的解釋存在很多困難，需要考慮的立法背景和語境太多。如從基本法起草的背景來看，中央政府簽訂的《中英聯合聲明》中所體現的英國的目的和中央的目的就不一致，除了這一複雜背景外，它是由起草委員會起草的，全國人大通過的；且在生效之前，基本法籌備委員會專門針對此作了若干解釋，這些解釋得到全國人大常委會的認可，由此看來，有那麼多主體參與到基本法制定實施當中，其立法目的本身就有很強的不確定性。此外，採用目的解釋也使法官的自由裁量權獲得相當大的靈活性，從而導致裁判結果的不確定性和不可預知性，這也是居留權系列案件呈現不同判決結果的重要原因。

4　姚國建：〈論普通法對香港基本法實施的影響 —— 以陸港兩地法律解釋方法的差異性為視角〉，《政法論壇》2011 年第 4 期，第 67 頁。

5　秦前紅、付婧：〈論香港基本法解釋方法的衝突與協調〉，《蘇州大學學報》2015 年第 2 期，第 56 頁。

在莊豐源案後，特區法院還是會經常性地提及基本法的「立法目的」，但是根據法律條文的字面含義來確定立法目的。正如終審法院所指出的，法院所追求的並不是「立法者立法時的原意」，而是「文本表現出來的立法原意」，法院的職責就是要根據法律文本所表達的意思來確定立法原意，法院無權賦予其並不包含的意思。

3. 普通法對解釋基本法的影響

終審法院在莊豐源案中採用了普通法系典型的「區分規則」來看待全國人大常委會對基本法第 22 條第 4 款和第 24 條第 2 款第 3 項的解釋，並且以分權原則來論證法院的解釋權。即使是面對全國人大常委會這樣具有權威性的解釋，香港法院也依然堅持按照普通法的解釋方法、原則和程序來理解法律條文。司法實踐證明，香港法院不會主動放棄普通法所賦予的法官在個案審判中運用普通法解釋方法、技術、規則等來解釋相關條款。在實踐中，在這種理念的指引之下，就有極大可能性導致全國人大常委會的「有關陳述」對香港法院失去約束力。正如在此論述的莊豐源案中，入境處處長曾提出要提請全國人大常委會解釋基本法第 24 條第 2 款第（一）項，否則按照香港法院的判決，將會導致大量的內地居民湧入香港。在之後的十多年裏，香港出現了赴港產子潮，擠佔了香港的社會資源，給香港社會發展帶來巨大壓力。正因為如此，有學者對香港法院的解釋理念提出了質疑，香港法院的「區分規則」雖然是普通法傳統，但「區分規則」的不確定性以及全國人大常委會的法律地位、解釋效力等因素，決定了香港法院不宜以此規則進行「再解釋」。[6] 更有學者提出，香港法院所適用的普通法傳統應當融入到回歸之後所建立的新的憲制制度，融入到基本法所構建的解釋機制當中，否則處處以普通法系傳統來對抗全國人大常委會的解釋效力，必然會本末倒置。

6　姚國建：〈1999 年《人大解釋》對香港法院的拘束力──以「入境事務處處長訴莊豐源案」為例的考察〉，《法商研究》2013 年第 4 期。

繼莊豐源案之後，2008 年剛果（金）案的發生再次顯現了普通法律思維和國內法律思維之間的衝突，從而導致了對基本法第 19 條所涉及的「國家行為」理解上的不一致。對「國家行為」內涵的理解直接關係到法律程序、司法管轄以及相關規則的適用。終審法院認為，國家主權豁免是基本法第 19 條規定的「國家行為」，根據憲法和法律，香港所適用的國家豁免規則必須與中央政府保持一致，對此，有必要提請全國人大常委會對基本法第 13 條、19 條作出解釋。這是基本法實施以來，香港法院首次依據基本法第 158 條第 3 款規定主動提請全國人大常委會解釋基本法。終審法院的判決減少了香港法院在未來處理外交事務的司法空間，也縮減了普通法的適用空間。

通過香港特區對基本法的適用、理解和解釋可以看出，儘管其已經是一個相對獨立的法域，但依然引用大量的海外判例來發展司法。如關於人權保護問題，香港法院就運用國際法、比較法資源來解釋基本法，有學者認為，這是因為香港特區缺乏根深蒂固的保護人權的憲制傳統，因此需要將國際人權法作為衡量依據，而國際人權法所發揮的作用多是通過輔助解釋基本法和《香港人權法案條例》來體現。尤其是回歸之後，香港法院以更加開放的姿態在人權保護領域借鑒國際法、國際公約和比較法，從而成為解釋基本法和香港本地法律的援引資源。我們更希望看到的是，香港法院不要過於僵硬地援用這些法律資源，而是能夠按照普通法的精髓來發展香港司法，並在實踐中著力促進與內地法律體系的融合，尤其是在完善基本法的解釋機制方面。

（二）全國人大常委會的解釋方法及原則探析

在解釋基本法條款之前，全國人大常委會鮮少解釋法律，因此，全國人大常委會的解釋方法並不十分明確。從釋法實踐來看，其解釋的基本宗旨是尋求立法原意。

1. 全國人大常委會的解釋方法

立法原意解釋在五次人大釋法實踐中確立了穩定的地位。在 1999 年的第一次釋法是針對吳嘉玲案的錯誤判決，採用了原意解釋；2004 年解釋文本正文並未提及立法原意，只是在解釋草案中提出要根據立法原意決定解決問題的思路；2005 年解釋文本正文也未提及立法原意，但是在基本法委員會關於解釋草案中的意見中提及並給出有力論證；2011 年剛果（金）案對基本法第 19 條所稱的「國家行為」也採用原意解釋，主要援引了憲法中關於國務院權力的規定；2016 年針對香港立法會議員就職宣誓問題，全國人大常委會對基本法第 104 條的解釋也是明顯遵循立法原意。

從上述解釋基本法實踐來看，根據立法原意來解釋需要依賴一定的條件，即立法原意與歷史材料本身具有關聯性。全國人大常委會主要採用兩種途徑來尋找立法原意：一種是藉助於法律文本之外的資料來確定立法原意。如在吳嘉玲案中，為了確定基本法第 22 條第 4 款和第 24 條第 2 款第（三）項的立法原意，1997 年 3 月全國人大批准的〈關於實施《香港特別行政區基本法》第二十四條第二款的意見〉就成為確定基本法第 22 條、第 24 條立法原意的根據。另一種是採用結構主義方法，並不單一地根據法律規範來確定其含義，而是從法律文本整體角度出發，結合上下條文來理解規範的含義。如 2005 年對行政長官任期的解釋，根據基本法第 45 條規定，行政長官任期為五年，可連任一次。此條款字面含義清晰明確，並未有候補行政長官和初任行政長官之分。全國人大常委會採用結構主義方法，根據基本法第 45 條、第 46 條、附件一等多項條款之間的邏輯關係，確定「補選行政長官的任期為前行政長官剩餘的任期」，這也是此次解釋引發較

大爭議的重要原因。[7] 但是如果缺少必要的證據材料支撐，原意解釋也可能不會被採用。

2. 對原意解釋合理性的反思

事實上，按照立法原意解釋確實存在一定的優勢：一是對新制定的法律來說，在社會變遷和法律規範用語的流變程度並不顯著的情況下，法律文本與立法者立法意圖之間的差距不會太大，此時採用原意解釋方法更具有正當性；二是相對於其他解釋方法而言，立法原意解釋降低了解釋者個人價值判斷的影響力；三是此解釋方法與香港法院經常採用的語境解釋在某種程度上是相容的。

香港特區社會對全國人大常委會的原意解釋方法存在質疑的地方主要是確定立法原意的過程方法。如 1999 年的吳嘉玲案，全國人大常委會援引的外來資料是 1996 年籌委會的〈意見〉，當時有學者提出質疑，為何不用基本法制定之時的資料來論述立法原意？在吳嘉玲案中，終審法院也承認外來資料可以在確定基本法立法原意中發揮輔助作用，在之後的陳錦雅案中，特區法院提出中英聯合小組的有關協議可以證明基本法第 24 條第 3 款的立法原意，終審法院雖然承認真實性，但不予採用。再如在莊豐源案中，終審法院提出 1999 年全國人大常委會的解釋文案中對基本法第 22 條第 4 款和第 24 條第 2 款第（三）項的解釋是有效的，排除了文案中所引用的籌委會意見在莊豐源案中的拘束力，認為其只是說理文字，僅僅只能夠供法院綜合考量之用，學界稱之為「莊豐源規則」。儘管籌委會〈意見〉由於審查的程序性限制而無法成為佐證立法原意的有效資料，但其真實的體現了立法者意圖。[8] 從上述實踐可以看出，香港法院對全國人大常委會

7　See Lin Feng and P. Y. Lo, "The Justification and the Future of Basic Law Interpretation", in *Interpretation Hong Kong's Basic Law*, edited by Huang Fu, Lison Harris, and Simon N M Yong (Paigrave Macmillan, 2007), p. 147.

8　強世功：〈文本、結構與立法原意 ——「人大釋法」的法律技藝〉，《中國社會科學》2007 年第 5 期。

的原意解釋是持謹慎態度的。終審法院曾在莊豐源案中引用的廉希聖教授的相關闡述表明了其擔憂，即立法解釋的性質不僅是對法律用語內涵的清晰界定，也可以對法律作進一步的「補充規定」，香港法院正是出於此考慮，擔心全國人大常委會借釋法之名實為修改基本法，從而損害香港的高度自治權。因此，香港法院更願意牢固遵守法律文本所表現出來的立法原意，而反對超出基本法文本所覆蓋內容範圍的解釋。針對此現象，有學者提出全國人大常委會應當制定一套完整的規則來探尋基本法的立法原意，包括對用以論證立法原意的外來資料的選用也形成系統的規則，以保證立法原意探尋的真實性和可靠性。

（三）解釋方法差異性的原因分析

在基本法解釋實踐中，全國人大常委會所強調的重點是，其解釋旨在還原基本法的立法原意。除了在吳嘉玲案中，全國人大常委會明確指出，香港特區終審法院的判決違背了基本法的立法原意，但並未說明為何採用原意解釋。香港法院一直以來強調的重點則是文義解釋與普通法系傳統之間的關聯性。對解釋方法差異性，有很多學者認為根源在於兩地解釋體制的差異。

首先，關於全國人大常委會採取原意解釋的原因主要有四個：

一是受立法解釋體制的影響。在內地，立法解釋既不附屬於司法權，也不附屬於立法權，它是被單獨列為一項權力，是通過法律解釋而形成的具有普遍約束力的法律活動。[9] 因此，法律解釋權和立法權、司法權是處於同等地位，都是國家憲法規定的權力。[10] 全國人大常委會作為法律解釋者，自然是希望法律能夠按照自己的原意來執行，當其發現香港法院未能正確理解基本法時，在解釋時必然會解釋其立法原意，並且任何立法原意的確定除了要遵循法律文本，還必須

---

9 參見張志銘：《中國法律解釋》，北京：法律出版社 1998 年版，第 165 頁。

10 參見胡錦光：《中國憲法問題研究》，北京：新華出版社 1988 年版，第 315 頁。

有外來資料的輔助，相較於其他機關，立法機關對這些外來資料的獲取具有很大優勢，出於這些情況的考慮，原意解釋就成為全國人大常委會首選的解釋方法。

二是維護自身解釋權威性的需要。根據基本法第 158 條之規定，香港法院和全國人大常委會均對基本法所有條款擁有解釋權，那麼，當全國人大常委會認為香港法院的解釋存在偏差時，該如何認定香港法院解釋有誤，又該如何證明自己的解釋是正確的呢？此時，按照立法原意來解釋相關條款就使得全國人大常委會的解釋具有正當性和權威性，因為作為立法者必然是最知曉立法原意者，且香港法院也應當遵循立法原意立場。

三是強調是「釋法」而非「修法」的需要。全國人大常委會的五次釋法實踐被很多香港人士認為是在借「釋法」之名行「修法」之實，如第三次解釋中，由行政長官任期所引發的「二五」之爭，就被認為是全國人大常委會在變相修改基本法，削弱了香港特區的高度自治權。面對這些指責，全國人大常委會一直強調是在通過解釋還原香港基本法有關條款的立法原意，而並非是修改基本法。

四是消除香港社會對基本法理解分歧的需要。由於社會結構的多元化，香港特區的不同組織、不同機構從不同的立場、角度出發，對基本法的理解也是大相徑庭，但是這些理解上的分歧並不必然會走進司法程序，故而無法通過法院的審判來化解。[11] 為了緩解此方面可能帶來的社會矛盾，全國人大常委會的解釋會發揮「定分止爭」功能。如全國人大常委會第二次釋法，以及後續所制定和頒布的一系列解釋性法律文件，都是為了理清香港政制發展軌道。自 2003 年開始，香港社會對基本法中規定的行政長官和立法會的選舉辦法就有不同的認知，為了避免社會矛盾的產生及加劇，全國人大常委會遵循立

11　強世功：〈司法主權之爭 —— 從吳嘉玲案看「人大釋法」的憲政意涵〉，《清華法學》2009 年第 5 期。

法原意，多次對行政長官及立法會的產生辦法進行釋明，起到了很好的化解社會紛爭效果。[12]

其次，關於香港法院主要採取文義解釋的原因主要有以下三點：

一是受普通法系傳統的影響。與大陸法系不同，大陸法系奉行立法中心主義，而普通法系則奉行司法中心主義，堅持司法機關是唯一的釋法主體。在法律解釋方法論層面上，司法中心主義最直接的體現就是採用文義解釋方法。香港特區終審法院一再提出的「法例的文本才是法律」道出了文義解釋的精髓。文義解釋最根本的要求就是忠於文本，法官必須在尊重法律文本字面含義的情況下，發揮自己的能動性，對基本法相關條款作出解釋。雖然這種解釋方法相對於其他解釋方法來說有點保守，但是它保證了法官能夠按照自己的理解去解釋法律而不被立法者所左右，同時也有效降低了法官在解釋過程中創設權力的可能性。[13] 美國法官斯卡利亞曾經指出，法官應當儘可能的去抵制立法目的和立法歷史的誘惑。如果法官在不尊重文義的前提下去解釋法律，那麼就不能稱之為「解釋」，而是在修改和創制法律，這已經超越了司法機關的權限範圍。

二是基本法立法目的的不確定性。正如前文所闡述的，基本法的制定除了聯合聲明這一複雜背景之外，還涉及到多個主體，如香港基本法起草委員會、全國人大以及籌委會。因此，在這樣的情境下，基本法的立法目的就具有很大的不確定性，而且如果以採用立法原意解釋將使得法官獲得更大的自由裁量權，這也就是為何居港權系列案件有不同的判決結果。此外，即使按照立法原意解釋，兩地對原意的理解也會存在差異，內地會更加傾向於基本法對國家主權的保障、對香港特區繁榮穩定發展的保障；而香港特區則會更多的強調基本法對

12　喬曉陽：〈從「一國兩制」的高度看待釋法的必要性與合法性〉，《文匯報》2004 年 4 月 9 日。

13　林峰：〈對一個任期的兩種解釋及《香港特別行政區基本法》的未來〉，載《比較憲法 —— 憲法文本與憲法解釋》，北京：中國人民大學出版社 2008 年版，第 135 頁。

人權的保障、對高度自治權的保障。正是由於基本法立法目的的不確定性，莊豐源案中，終審法院從目的解釋轉向文義解釋。

三是出於政治性目的考慮。一直以來，香港法院都把對基本法的解釋與普通法傳統結合起來。不僅是因為普通法的法律解釋理論和機制相對較為成熟，只有運用普通法的解釋方法才能更加科學、合理的解釋基本法；更是為了維護香港普通法制的尊嚴，保持香港普通法制傳統的穩定與發展。

對基本法的解釋與其他任何法律都不同，其複雜性在於它是一部全國性法律卻是在普通法域適用，而且香港特區歷來的普通法系傳統又是被其所保護。釋法實踐所展現的兩地完全不同的解釋方法給基本法的適用帶來了阻礙，對於全國人大常委會的原意解釋，香港法官的普通法思維很難理解；而對於香港法院的文義解釋，全國人大常委會也會認為其歪曲了立法原意。從解釋方法和解釋技術上來看，似乎很難找到一種現成的解釋方法來解決因解釋基本法而帶來的衝突和摩擦。縱然因解釋基本法而引發的衝突與多年來兩地形成的固有的解釋體制有關，但是基本法解釋機制本身的制度性缺失也是不容忽視的。

二、基本法解釋權規範的局限性

作為兩地法律解釋制度相互連接與融合的橋樑，基本法 158 條存在的意義重大，但也依然存在不少「灰色地帶」，諸如：（1）「本法的解釋權屬於全國人大常委會」是否意味著全國人大常委會有權力干涉香港特區法院對自治範圍內條款所作的解釋；（2）香港法院只能在審理案件時對基本法進行解釋，那麼全國人大常委會是否可以對基本法的任何條款作出案件以外的解釋；（3）如果是終審法院以下的其他法院作出終局判決前，該如何由終審法院提請全國人大常委會解釋等。從這些問題可得知，基本法第 158 條關於解釋權的規定存在的主

要缺陷是：解釋權和解釋範圍的規定不夠明確。解釋權範圍不明確，造成解釋權秩序混亂，從根本上損害法律的權威性和正義性。[14]

基本法第 158 條儘管對基本法解釋權的歸屬及香港法院自行解釋權範圍作了規定，但依然存在兩點不明確之處：[15]

一是全國人大常委會是否能夠對自治範圍內的條款行使解釋權。關於這點，有學者認為，全國人大常委會既然把自治範圍內條款的解釋權授予香港法院，那麼就不應再對其行使解釋權。理由有二：（1）我國的法律解釋主要分為立法解釋、司法解釋和行政解釋，解釋主體分別為全國人大常委會、最高人民法院、最高人民檢察院和國務院及相關行政部門，由此認為，香港法院對基本法的解釋權是全國人大常委會授予的，既然全國人大常委會已經將其立法解釋權授予香港法院，那麼就不能再行使；（2）香港法院遵循普通法傳統，法官在審理案件時會對相關條文進行解釋，並成為日後其他案件的約束，「法官造法」乃是常態。如此，既確保了「一國兩制」方針的施行，又維護了香港的高度自治權。這種觀點值得商榷，但是，基本法 158 條的立法原意是香港法院在審理案件時，若有需要可以直接釋法。儘管普通法系的法院釋法具有「造法」性質，但不能因此就認定香港法院是在代位行使全國人大常委會的立法解釋權。香港法院解釋的性質應當等同於最高人民法院的解釋，屬於司法解釋。因此，香港法院雖有釋法權，但是不能排斥全國人大常委會的立法解釋權，從另一個角度來說，為了維持兩種制度長期不變，維護國家利益和香港港民權益，全國人大常委會對自治範圍內的條款必須謹慎行使立法解釋權。

二是香港法院對非自治範圍內條款的解釋問題。基於香港基本法第 158 條第 3 款規定，針對香港法院對非自治範圍內條款的解釋也

14　鄭磊：〈「一國」整全「兩制」──以基本法解釋制度構建為例看作為整全原則的「一國兩制」〉，《浙江學刊》2015 年第 5 期。

15　參見王鈺：《試論香港基本法解釋權的有限性》，華東政法大學 2012 年碩士學位論文。

存在一些問題，有必要進行探討。

首先，允許特區法院對非自治範圍內的條款進行解釋，而在作出不可上訴的終局判決前需要終審法院提請全國人大常委會解釋。對此，有學者提出，如果香港法院的解釋和全國人大常委會的解釋一致，那麼常委會的解釋就具有確認的意義，不會發生改判現象；但如果不一致，香港法院之前的解釋活動就會毫無意義。誠然，這種擔心是有道理的，但是這種假設的前提是把香港法院和全國人大常委會的解釋放在完全對立的層面來考慮。我們要知道，在司法實踐中，全國人大常委會的解釋權並不就此否定法院解釋權，同時也沒有哪個法院能保證自己的解釋是完全正確、合理並合乎正義目標的，全國人大常委會的解釋實質上是具有準據法意義。[16] 此外，基本法在設計時，也考慮到全國人大常委會解釋可能會帶來的負面影響，特別規定了全國人大常委會的釋法對已經生效的判決不具有溯及力。

其次，如果終審法院拒絕提請全國人大常委會全國人大常委會進行解釋，而是堅持以自己的解釋來作為判決的依據，全國人大常委會對於這種「司法越權」行為該如何救濟呢？基本法對此並無明確規定。有學者認為，面對這種情況最恰當的做法是，全國人大常委會對該條款作出解釋，並宣佈撤銷終審法院的「越權解釋」。[17] 在實踐中，1999 年全國人大常委會第一次釋法確立了這樣一種「先例」，即被動應邀釋法，而且並未宣佈撤銷香港特區終審法院的解釋。因為 1999 年釋法，在審議國務院提交的〈關於提請解釋《中華人民共和國香港特別行政區基本法》第二十二條第四款和第二十二條第二款第三項的議案〉時，鑒於議案中提出的問題與香港特區終審法院 1999 年 1 月 29 日的判決中對基本法作出的解釋有關，終審法院解釋的相關條款

16　黃卉：〈合憲性解釋及其理論檢討〉，《中國法學》2014 年第 1 期。

17　參見黃江天：《香港基本法的法律解釋研究》，香港：三聯書店（香港）有限公司 2004 年版，第 118 頁。

涉及到中央管理事務或是中央與特區關係，但終審法院在終局判決作出前，未按照基本法第 158 條第 3 款規定提請全國人大常委會解釋，且終審法院的解釋又不符合立法原意；經徵詢基本法委員會意見，全國人大常委會根據憲法及基本法相關規定，對基本法第二十二條第四款和第二十二條第二款第三項作出了解釋。由此可見，這種「先例」是由多種因素促成的，但全國人大常委會在解釋過程中，已經竭力將負面影響降到最小。

再次，根據基本法第 158 條第 3 款規定，提請全國人大常委會解釋的主體是終審法院，那麼，如果作出終局判決的是上訴法院，應當如何提請解釋呢？關於這一點，基本法並沒有作出規定。通過對歷史相關資料的檢視，當時的立法起草者是可能注意到這個問題的，[18] 但最終卻依然沒有對此作出回應。

此外，關於「中央政府管理事務」的範圍問題，究竟如何界定「中央政府管理事務」，基本法並沒有對此作出規定說明。但在司法實踐中，出現全國人大常委會認為是「非自治範圍內的事務」，而香港特區法院認為是「自治範圍內的事務」這種情況是不可避免的，如終審法院審理的「吳嘉玲案」就是個案的典型代表。終審法院根據案件確立的「必要標準」和「分類標準」認為，對基本法 22 條內涵的界定並不是該案的主要議題，毋需提請全國人大常委會解釋，而全國人大常委會卻認為香港法院在判決中對基本法所作的解釋並不符合立法原意。當出現這些矛盾和衝突時，該如何解決，基本法並沒有規定。從法理角度來說，特區法院的解釋權來源於全國人大常委會的授權，具有從屬性質；從法律體制角度來看，全國人大常委會解釋權是固有的，具有最高和最終效力。當前我們在涉及「中央管理事務」上所面臨的困境在於，基本法中的很多條款既包含了自治事務，又涉及

---

18 《基本法（草案）徵求意見稿諮詢報告》中曾提出過「終局判決」的定義問題。

到中央管理事務，對此無法予以絕對的區分。為此，有學者提出，可以借鑒普通法系國家的司法實踐，採用「避免」學說，即法院主動避免介入「政治性問題」，以免出現對此類問題這種非解釋不可的局面；也有學者提出，即使法院面臨這種局面，也應當作出利於主權者的解釋。[19] 對於香港法院來說，當案件所適用的條款有關中央管理事務或涉及到中央和特區關係時，且對條款的解釋會影響最終的判決結果，應當主動提請全國人大常委會解釋，並依據此解釋作出最終判決。

三、基本法解釋程序的局限性

　　基本法第 158 條儘管對解釋權的範圍及配置不夠明確，但它也從實體層面上解決了解釋基本法的問題，可它對於全國人大常委會和香港法院解釋基本法的程序方面並沒有作出特別規定。事實上，我國的法律解釋程序較為簡易，根據立法法相關規定，主要分為六個步驟：（1）提出法律解釋的請求；（2）擬定法律解釋的草案；（3）將解釋草案列入全國人大常委會會議議程；（4）審議法律解釋草案；（5）表決解釋草案；（6）公佈法律解釋。這六步是解釋法律的必經程序，但卻不適用於香港特區法院的司法解釋。那麼，我們可否認為全國人大常委會和香港法院可以按照自己各自的慣例程序對基本法進行解釋？然而，如果單獨就基本法的解釋程序而為香港法院量身定制一套特別的法律解釋程序顯然不符合立法旨意。此外，基本法 158 條第 3 款關於終審法院「提請全國人大常委會解釋」程序也未有救濟或保障機制。從實踐操作角度出發，基本法對解釋權的現行規定仍存在諸

19　Ronald Benton Brown and Sharon Brown, *Statutory Interpretation: The Search for Legislative Intent* (National Institute for Trial Advocacy, 2002), pp. 106-107.

多問題需要解決和明確。[20] 程潔教授就曾提出，我們應該換個角度來看待香港法院的司法解釋制度。她認為，普通法法系的解釋邏輯，是要保證法院解釋法律的程序公正，因為從香港法院的釋法實踐來看，法院解釋法律在實體上是否公正並不是最重要的，這是香港法院的釋法行為具有極大公信力的最重要因素。在香港這樣一個遵循普通法系傳統地區實施具有大陸法系背景的基本法是極具創新的事業，但就全國人大常委會釋法而言，注重實體公正毋庸置疑，但更應加強程序規範，這不僅符合法治精神，也符合未來兩地對法制對接融合的共同期待。[21]

通過上文的檢視，我們可以發現基本法的解釋機制本身並不完善。主要表現在：基本法解釋制度條文設計存在缺失、對法條解釋未達到預期目標時缺乏救濟措施、立法解釋基本法的程序規定不完善以及釋法過程中的諮詢程序尚未明確化等。

無論是從理論完善還是從現實需要來說，我們有必要建構一種基本法解釋理論：它不僅能夠包容兩大法系之下各自存在的釋法制度，而且能夠在理解兩制的根本差別的基礎上，使兩地釋法制度能真正實現融匯貫通，相互吸納對方的理論。這是始終保持基本法具有活力和生命力的要求，更是未來對基本法解釋制度研究探索的方向和目標。

20　參見陳玉田：〈論基本法解釋程序〉，《憲政與行政法制研究 —— 許崇德教授執教五十週年祝賀文集》，北京：中國人民大學出版社 2003 年版，第 389 頁。

21　鄭賢君：〈我國憲法解釋技術的發展 —— 評全國人大常委會' 99《香港特別行政區基本法》釋法例〉，《中國法學》2000 年第 4 期。

第六章

基本法解釋機制的完善路徑

◇◇◇

　　解釋法律不僅是解決法律適用的過程，更是發展和完善法律制度的重要過程。憲法第 67 條和基本法第 158 條規定了香港基本法的解釋權歸屬於全國人大常委會。前文通過對個案的分析，顯示出兩地在法律解釋理念、法律解釋制度以及法律解釋方法上存在較大差異，也表明了基本法對解釋制度本身的設計存在著一定的缺陷；正是這些差異和缺陷引發了兩地在香港基本法解釋問題上的各種爭議。因此，對香港基本法解釋機制的完善應當本著先易後難、由內及外的態度和思維，對基本法解釋機制進行整合和規制。完善的目標主要在於增強基本法解釋的權威和公信力，重建香港公民的政治認同，樹立憲法共同體意識。

　　本章主要從如下五個方面來展開：一是完善基本法解釋制度規範。如果法律規範本身存在缺失，那麼就會有損適用的穩定性和準確性，也將會導致對其執行結果的混亂。對於《香港基本法》第 158 條，應當努力從提請機制、解釋程序等內容上作出完善。二是統一基本法解釋規則。基本法解釋制度的最大缺陷在於缺少統一的解釋規則，而解釋規則的不統一也是造成解釋實踐未達到最佳法治狀態的根本原因。只有把全國人大常委會和香港法院的解釋規則統一起來，才能最大限度的解釋中的衝突。兩地法律解釋制度所具有的共同的正義性是解釋規則能夠統一的根本原因。三是協調基本法解釋方法。基本法解釋方法的協調是化解兩地在解釋方法衝突思維的最有效方法，也是完善基本法解釋機制的重要舉措。為了使對基本法的解釋能最大程度的達到解釋目標，必須有科學合理的解釋方法，而任何一種解釋方法都需要兼顧與被解釋條款相關的法律邏輯、立法背景、法律語言等

要素。四是借鑒歐盟「初裁制度」經驗。歐共體與成員國之間的關係雖然和中央政府與香港特區之間的關係存在差異，但基本法中所規定的法律解釋制度與歐盟的初裁制度在原理上有相通的地方，成熟的初裁制度體系對我國基本法解釋機制的完善具有重要的借鑒意義。五是營造良好的人文環境氛圍。基本法解釋機制的完善，不僅需要立法、司法和行政三者之間的互動和配合，還需要健康有序的人文環境來承載。具體到基本法解釋機制，就是指解釋機制系統內外的法律文化氛圍，主要包括兩地法律界的政治態度、法律觀念、法律信仰等方面。

完善基本法解釋制度規範

◇◇◇

結構上統一嚴謹、內容上層次分明、權限上清晰明確、概念上準確明瞭是一個完備的法律規範所應當具備的基本要素。如果法律規範存在缺失，那麼就會有損適用的穩定性和準確性，也將會導致對其執行結果的混亂。因此，完善基本法解釋制度規範對於基本法的有效貫徹落實十分必要。前文已經分析過基本法在解釋條文規定上的缺陷，根據基本法第 158 條之規定，基本法的解釋權帶有授權性質，全國人大常委會享有最終的解釋權，但同時又授予香港法院對自治範圍內條款的解釋權。對於這種授權制度，能否保障全國人大常委會的解釋和香港法院的解釋均能達到法律正義性要求，主要取決於有無完備的解釋制度、規範的解釋程序。

一、提請機制相關內容的完善

在提請機制上，基本法第 158 條第 3 款規定了香港特區終審法院是提請全國人大常委解釋基本法的主體，在法律條文中沒有明示但在實踐中可能會產生的主體問題有三個：一是提請主體是否僅限於香港特區終審法院；二是終審法院如果不提請全國人大常委會解釋該如何處置；三是行政長官能否成為提請主體；四是全國人大常委會主動釋法有無法理依據。

首先，關於第一個問題，這是涉及特區自治權劃分問題，應當

由香港特區司法機關自行決定。在吳嘉玲一案的判決中，可以體現香港法院對此事的處理態度，即只有終審法院有權向全國人大常委會提請解釋基本法，理由是只有終審法院的判決才是不可上訴的終局判決。筆者認為，終審法院的這一裁決存在著「潛在的」技術性問題，例如，當下級法院在審理案件過程中，發現所適用的條款是「中央管理事務或涉及到中央與特區關係」時，那麼，下級法院是應該自行解釋還是中止訴訟程序，申請終審法院提請全國人大常委會解釋？如果自行解釋就會引發初審法院解釋權僭越問題。如果由終審法院提請，依據香港訴訟程序規定，案件是否上訴需要滿足兩個重要條件：一是當事人雙方或一方提請上訴，二是上級法院許可。若雙方當事人均未提起上訴，那麼上訴程序就無法啟動。這就意味著初審法院對「涉及到中央與特區關係或是屬於中央管理事務條款」的自行解釋會產生約束力，就會存在「權力僭越」的法理困境；如果中央再次認為解釋不正確，違背了基本法的立法原意，又會出現「非法為法」的窘境，那麼，在這種情況下，中央又該如何介入呢？很顯然，基本法第 158 條從文本邏輯結構的設計上來看，是參照歐共體條約第 177 條。為了保障基本法解釋的準確性與合理性，可以借鑒歐盟成員國所遵循的「先於裁決」機制，在出現上述情形時，終審法院以下的各級法院應當中止訴訟，提請終審法院進行解釋，由終審法院決定是否提請全國人大常委會解釋。

其次，關於第二個問題，基本法第 158 條並未對終審法院應當提請而未提請全國人大常委會解釋的行為的法律後果作出規定，這會導致該條款不能完全具備法律規範的功能和作用。筆者認為，對該條款的規定應當細化，使之嚴密、更具有可操作性。至少要涵蓋以下幾點內容：第一，對屬於第 3 款規定範圍內的條款應當由終審法院解釋後報全國人大常委會審核或是直接提請全國人大常委會解釋，全國人大常委會只對解釋的合理性和合法性進行審核。第二，終審法院作出

終審判決之前，應當提請而未提請全國人大常委會解釋的，只依據自己的解釋作出判決的，無論是否符合立法原意，都將因不符合法定解釋程序而不能作為判決的依據，而若想真正實現此規定的法律效果，還須建設配套的監督機制，否則法院每年審理那麼多案件，全國人大常委會是無法悉數知曉的。第三，在提請全國人大常委會解釋的過程中，應當中止對具體案件的審理。第四，無論採取何種解釋方法，都不應當減少或是增加條款所包含的意思，否則應當適用修改程序。第五，香港法院須按照全國人大常委會的解釋或是審核結果作為判決的依據。只有這樣，才能使提請全國人大常委會釋法這一前置程序具有強制性，才能真正保障全國人大常委會最終解釋權行使得更加徹底。

再次，關於第三個問題，在全國人大常委會的五次釋法實踐中，有兩次釋法的提請主體是行政長官，[1] 其啟動程序都是由香港特區行政長官向中央政府報告，再由中央政府正式提請全國人大常委會解釋。[2] 行政長官啟動釋法程序的依據主要是基本法第 43 條第 2 款、第 48 條第（二）項。[3] 僅僅從法律文本上來看，並不能體現香港特區行政長官有提請解釋基本法的權力，因而，這兩次提請在社會上引發了較大的爭議。有學者提出，「負責執行基本法」是行政長官的職權之一，這裏的「負責」涵蓋了啟動基本法解釋程序；也有學者認為，不能將「負責執行」擴大解釋為「有權提請解釋」。從釋法實踐來看，香港法院對行政長官的提請行為未發表過任何評論，在一定程度上構成了「默示認可」；全國人大常委會卻是接受了行政長官提請

1　第一次是：1999 年 5 月 21 日，香港提特區行政長官董建華針對終審法院的「吳嘉玲案」判決，請求中央政府就居港權問題，提請全國人大常委會對基本法第 22 條和 24 條作出解釋。第二次是：2005 年 4 月 6 日，香港特區行政長官曾蔭權請求中央政府就董建華辭職後補選的行政長官的任期問題，提請全國人大常委會對基本法第 53 條第 2 款作出解釋。

2　馬嶺：〈提請解釋香港基本法主體的合理範圍〉，《法學》2016 年第 4 期，第 36 頁。

3　基本法第 43 條第 2 款規定：香港特別行政區行政長官依照本法的規定對中央人民政府和香港特別行政區負責。第 48 條第（二）項規定：香港特別行政區行政長官行使下列職權：（一）……；（二）負責執行本法和依照本法適用於香港特別行政區的其他法律；……。

解釋的行為，對此，有學者認為行政長官提請解釋基本法的行為，已然構成了「憲法性慣例」。[4] 從憲制上看，不管學界是如何爭議的，但全國人大常委會根據行政長官通過中央政府的提請對基本法作出解釋時，就構成了對行政長官提請權限的確認。為了避免爭議的再次出現，有必要賦予行政長官提請解釋權。理由如下：首先，賦予行政長官提請解釋權力，並不違反基本法的規定，儘管基本法第 158 條未明確賦予行政長官提請解釋權，但也沒有排除這項權力。根據基本法第 43 條、第 48 條之規定，當香港特區出現特殊情況時，行政長官有權力也有義務利用各種途徑解決影響香港繁榮穩定問題，這當中應當包括「向中央政府提出建議」，再由中央政府提請全國人大常委會解釋。中央政府的提請解釋權是不應當受到任何質疑的。其次，賦予行政長官提請解釋權，至少有三點意義：第一，將最大限度地發揮香港特區的高度自治權；第二，可以使全國人大常委會在解釋基本法時聽到更多的聲音和建議，尤其是基本法執行部門的建議，降低了片面解釋基本法的可能性；第三，可以對香港特區終審法院的提請起到監督作用，當出現應當提請而終審法院未提請全國人大常委會解釋的情形時，行政長官向中央政府提出建議，可以有效監督終審法院遵守提請規則。

最後，關於第四個問題，全國人大常委會主動解釋基本法的是否有法理依據，關於此，學術界有不同看法。但就香港特區來說，最權威的觀點體現在劉港榕案的判決書中，終審法院在該案判詞中，確認全國人大常委會享有的解釋權不受限制，也不必經由香港法院提請。雖然全國人大常委會的解釋權力在法律上不受限制，但也並不意味可以任意行使。從保持香港法治穩定、維護香港特區高度自治權角

4　參見蔣朝陽：〈關於香港、澳門基本法中「負責」一詞的研究〉，北京大學憲法與行政法研究中心編著：《憲法與港澳基本法理論與實踐研究——紀念蕭蔚雲教授八十華誕誌慶集》，北京：北京大學出版社 2009 年版，第 51 頁。

度出發，全國人大常委會主動解釋基本法應當保持謹慎，在充分尊重香港司法獨立權和終審權的前提下行使。對香港特區自治範圍內的事務一般不主動解釋，而應當在香港法院或行政長官通過國務院主動提請的情況下解釋基本法。即使香港法院的解釋不完全符合立法原意，但只要在相關的法律關係中沒有根本性的原則或利益，也應當儘量採取寬容態度。

二、解釋程序相關內容的完善

在解釋程序方面，基本法第 158 條只規定了全國人大常委會的實體性權力，缺乏對解釋具體程序的規定。從全國人大常委會的五次釋法實踐來看，解釋程序基本上是參照 1987 年全國人民代表大會常務委員會第二十三次會議通過的《中華人民共和國全國人民代表大會常務委員會議事規則》，與內地的立法解釋程序一致，即首先由國務院提出議案，再召開委員長會議決定是否提交常務委員會審議，法制工作委員會負責向常務委員會作出解釋說明，並徵求基本法委員會意見，最後交付常務委員會全體會議表決。有學者認為，目前人大的釋法程序在本質上是一項立法性活動，全國人大常委會對基本法的解釋行為似乎是在立法或是修改基本法，而非解釋基本法。這種典型的「群眾工作式」做法在某種程度上削弱了人大常委會解釋的權威性，為此，有必要重新整合和規制全國人大常委會的釋法程序，加強規範性。

對基本法解釋程序的規範可以從以下兩個方面著手：一是制定專門的文件，規範香港特區終審法院提請解釋的法律文本內容，至少要保證終審法院提請解釋的法律文書中應當包含所涉基本法條款對案件判決的意義、雙方當事人的意見、下級法院的解釋和法理依據、終審法院的意見以及權威的類似判例等，這樣才能為全國人大常委會的

解釋提供更豐厚的依據，以保障解釋的公平性、合理性和公正性；二是強化基本法委員會的角色定位，基本法委員會最本質的特徵在於專業性和獨立性，專業性決定了委員會能夠認真理解並研究各種意見和想法，憑藉專業水準，作出專業判斷，而不是在相互對立中妥協；獨立性決定了委員會只忠於法律，忠於人民，而不受其他機構或是個人影響。但是，就目前現狀來看，基本法委員會在解釋基本法上發揮的作用是極其有限的，並且發揮作用的方式也很被動，只能在全國人大常委會向其徵詢時才能發表意見。[5] 相對來說，基本法委員會的專業性比較強，可以在法律解釋上發揮更大的作用。因此，應當訂立基本法委員會的議事規則，規範其工作程序，以增強專業權威性和公信力，與此同時，也應當考慮制定委員會委員行為準則，規範委員行為，防止委員身份與職業身份、個人身份及學者身份等發生衝突，確保他們在政治上保持中立、工作上保持獨立。此外，基本法委員會組成人員的專業化程度都極高，全國人大常委會應當充分尊重基本法委員會提出的意見，不輕易否決基本法委員會提供的諮詢意見，使兩者之間形成良性互動狀態。

三、增強解釋文本的說理性

在解釋文本方面，需要加強理論闡釋，增強解釋的說服力和可接受性。有香港學者曾提出，全國人大常委會的解釋文本過於簡單，缺乏理論性與專業性，尤其是吳嘉玲案之後，針對此案判決對基本法作出解釋，僅僅以幾百字的法律解釋文書就否定了香港法院作出的上百頁的判決書。在釋法實踐中，我們也不可能要求全國人大常委會的解釋要像判決書這樣引經據典，對各種解釋方法作出比較，再得出最

5　　郭天武、鄺文彥：〈香港基本法解釋權的法律思考〉，《政法學刊》2008 年第 4 期，第 9-12 頁。

終結論，畢竟全國人大常委會的解釋帶有立法性質，法律用語應當言簡意賅，但既然加強全國人大常委會釋法文書的說理性有助於提升基本法解釋的權威性和公信力，全國人大常委會就有必要使自己的解釋邏輯體系和理論框架更加嚴謹。前文已經論述，原意解釋是目前全國人大常委會解釋基本法的最主要方法，因為在基本法實施初期，立法的社會基礎並未發生較大變化，而在此情況下，堅持原意解釋立場無可厚非。事實上，香港法院在一些案件的判決中，也在探究基本法的立法原意。一般對立法原意的分析需要藉助某些材料，並對這些材料必須經過嚴格的程序的審查，解釋者確定立法原意的過程實際上也是合理性審查的過程。

從幾次釋法實踐來看，全國人大常委會主要通過兩種方法來確定立法原意，一是結構主義方法，二是尋求立法資料，但是這樣的過程都沒有被寫入正式的解釋文本當中，只是在法工委相關人員的解釋說明中有所提及，從而使得全國人大常委會的解釋看起來只有結論，而缺乏論證過程。因此，可以考慮在解釋正式文本中明確法工委針對解釋文本所作出的詳細闡述具有法律效力，賦予其對正式解釋文本進行說明的權力，詳細闡述問題產生的背景與實質，解釋的方法與規則、解釋的依據與推理過程、基本法委員會和雙方當事人的意見以及解釋所適用的範圍，這樣能夠加強解釋的規範性與指導性。

面對社會的快速發展和變化，法律一般具有滯後性。面對「一國兩制」這一複雜的法治背景，法律本身不可能窮盡所有的爭議和衝突，也不可能窮盡所有手段來解決爭議和衝突。上述建議的意義僅在於釐清基本法解釋框架，並提供解決衝突或爭議的辦法，並不在於窮盡可能發生的所有爭議。

第二節

統一基本法解釋規則

◇◇◇

　　通過前文所述的解釋實踐和對解釋的評析可知，基本法解釋制度的最大缺陷在於缺少統一的解釋規則，而解釋規則的不統一也是造成基本法釋法實踐未達到最佳法治狀態的根本原因。只有把全國人大常委會和香港法院解釋基本法的規則統一起來，才能最大限度地減少因解釋而引發的衝突。兩地法律解釋制度所具有的共同的正義性是解釋規則能夠統一的根本原因。統一解釋規則的目的在於明確基本法的解釋標準、範圍和程序，使兩地能夠在規則之內解決解釋中存在的問題。

　　由於認識上的局限性以及基本法在香港法律體系中的憲法性地位，立法者在制定法律之時，對很多條款規定的都比較抽象，亦無法完全徹底的對法律條文作出準確無誤的表述。正因如此，需要對其進行解釋才能明確法律條文的具體含義，而由於「一國兩制」的特殊性，對基本法的解釋又比一般法律的解釋更為複雜，需要兼顧「一國」和「兩制」。統一基本法解釋規則，雖然不能完全消除解釋制度、解釋理念、解釋方法等差異，但至少可以為兩地釋法者提供一個可預期的釋法準則，而這個準則也將成為全國人大常委會和香港特區法院的解釋行為規範，為兩地在解釋基本法過程中妥善解決衝突問題提供共同遵守的尺度。

一、制定解釋規則的價值

制定統一的基本法解釋規則的價值可以從理論和實踐兩個角度來分析。從理論上來講，對基本法解釋規則的統一主要是針對解釋細節，有助於完善法律解釋理論體系、提升法律解釋回應實踐的能力。從實踐上來講，主要是通過統一的解釋規則來使兩地在對相關條款的解釋上有清楚的對錯標準、明確的法律後果，保障基本法在香港的司法實踐中發揮最佳法律效果。

法律解釋規則的在理論和實踐上的價值主要可從兩個層面上來論述：一是指引解釋結論的發現。縱觀當前對全國人大常委會解釋基本法的反對聲音，比較有代表性的一種觀點認為：全國人大常委會對基本法的解釋是對裁判結果的事後證立，這在個案解釋中表現尤為明顯，如吳嘉玲案。事實上，對法律的解釋很多時候會受到解釋者個人因素的影響，而解釋規則制定的目的就是為了消除這些因素的影響。具體而言，在個案審判中，對法律的適用最重要的就是法律文本中的詞語，要通過解釋使其清晰明確，此時與形式要素（包括語義要素和體系要素）和實質要素（包括法意要素和目的要素）有關的解釋規則就會為需要解釋的法律詞語提供指引。[1] 例如，解釋者可以使用與語義要素有關的規則來直接確定法律詞語的含義，如果該法律詞語存在歧義或是多義，那麼就需要使用與體系要素有關的解釋規則來確定具體含義；如果上述規則的使用得出荒謬結論，那麼就需要藉助法意要素和目的要素來進行解釋。由此可見，法律解釋規則一般是以經驗事實為前提或者是建立在價值排序的基礎上，最大限度地規避了解釋者非理性因素在「找法」過程中的影響，法律解釋規則最大的價值就在

1　在這裏，基於語義的法律解釋規則主要包括：語義解釋優先規則、特殊含義規則和黃金規則；基於體系的法律解釋規則主要包括：整體性解釋規則、同類規則、相同事項規則、有效解釋規則等；基於法意和目的的法律解釋規則主要是：寬容規則、社會效果規則、個案正義規則等。

於將解釋方法之間的衝突降到最低。二是有利於構建法律解釋共同體。美國法律經濟學家波斯納曾提出，對美國法律而言，本體論的客觀不可能實現，科學的客觀不能經常實現，而交談式的客觀經常受制於政治、文化、思維、情感等因素影響，要使美國法律更加客觀，唯一的方式就是使立法機關和法院在文化和政治上都更為同質。這種同質化體現在法律解釋上就是構建法律解釋共同體。法律解釋規則提供了各種法律解釋規則之間的位序和衝突解決方式，這實際上為法律解釋共同體提供了需要遵守的解釋準則。在基本法解釋實踐中，全國人大常委會和香港法院面對同樣的事實，適用同樣的法律條文，卻得出了完全不同的結論，很大程度上是因為解釋規則的缺失，導致兩地的法律解釋者在解釋方法的選擇上出現了分歧。基於此意義，制定統一的解釋規則有助於法律解釋共同體的建構。

二、基本法解釋規則的模式設計

根據前文所述，解釋規則涉及到法律解釋各個方面的細節，具體到香港基本法，考慮到基本法法律性質和法律地位的特殊性，制定統一的基本法解釋規則，即意味著需要根據兩地解釋基本法實踐，在對釋法中凸顯的問題進行反思的基礎上，以法律規範的形式，進一步明確基本法的解釋原則、解釋程序和法律後果。這個規則應當是在「一國兩制」之下，符合正義性要求並極具合理性、權威性和可行性。基本法解釋規則的制定，應立足於「一國兩制」背景，不僅要考慮基本法解釋權的配置，在確定中央與香港法院的法律解釋界限時，要堅持國家利益與香港特區利益之間平衡協調原則，還要考慮到兩地解釋機制未來發展的路徑和方向。[2]

2　陶廣峰：〈法律全球化與中國的角色定位〉，載劉兆興主編：《比較法在中國》，北京：社會科學文獻出版社 2006 年版，第 34-41 頁。

具體說來，解釋規則的制定，最重要的就是確定解釋範圍。根據基本法第 158 條規定，基本法從解釋範圍上劃分共有三個層次：一是屬於全國人大常委會解釋範圍，二是屬於全國人大常委會和香港特區終審法院共同解釋範圍，三是屬於香港法院解釋範圍。全國人大常委會單獨解釋的範圍主要涉及國家主權和中央管理事務，確定此解釋範圍的主要依據就是國家行為理論；全國人大常委會和香港特區終審法院共同解釋的範圍主要涉及中央和特區關係以及香港特區政府和中央政府共同管理的事務，對這兩部分要單獨列明。其餘的則應當屬於香港特區自治範圍內的事務，應當由香港法院單獨解釋。

　　上述三個層次的解釋範圍確定之後，屬於全國人大常委會單獨解釋的條款就應當適用內地法律解釋制度，屬於香港法院獨立行使解釋權的條款則適用香港特區法律解釋制度，屬於全國人大常委會和香港特區終審法院共同行使解釋權的，應當嚴格按照基本法第 158 條第 3 款規定。為了最大限度地縮小兩地解釋結果的差異，應當在解釋方法位序選用上有統一的規定，即從語義解釋到體系解釋，再到法意解釋和目的解釋。詳言之，作為法學方法論術語，語義、體系、法意和目的等這些解釋要素本身是抽象的，它只是告訴我們該從這些要素角度來理解法律的真實含義，但卻並未明確在解釋法律時應當按照怎樣的順序來使用這些要素。細究之下，語義要素體現了法律的穩定性和可期待性，體系要素體現了法律的整體性和和諧性，法意要素體現了立法者的立法意圖，目的要素體現了法律的正義價值。以法律價值為基礎，諸多學者認為解釋要素之間的位序大體上應該是：文義要素優先選擇適用；如果根據文義解釋可能出現不同的結論，則運用體系要素進一步確定含義；如果文義和體系要素均不能得出解釋結果或是產生荒謬的結論，那麼就要根據法意要素尋找立法者的立法意圖；如果根據法意所得出的解釋結論有違個案正義，則依據目的要素進行解釋。雖然說這種排序是以法的價值為基礎，但大致符合一般的法倫理

觀念，具有一定的可參考性。

此外，按照基本法規定，全國人大常委會的解釋對之前香港法院作出的判決不具有溯及力，在這種情況下，全國人大常委會就不能糾正香港法院的錯誤判決。因此，必須在基本法解釋規則中明確解釋權範圍、解釋程序及法律後果。當完備的解釋規則制定實施之後，一旦任何釋法主體違反規則作出的解釋都應當承擔法律相應的法律後果，即全國人大常委會作出的解釋，不得作為法院判決的依據；香港法院作出的解釋，對當事人不產生法律效力。只有這樣，方可避免因解釋錯誤或是越權解釋而造成不可挽回的後果。

對於如何制定基本法的解釋規則，可以由基本法委員會負責研究。基本法委員會的委員都是兩地法律界的知名專家，組成人數各佔一半，具有公平性和廣泛的代表性。[3] 基本法委員會是搭建中央和香港特區之間溝通關係的橋樑，專門就中央和特區產生的法律問題向全國人大常委會提供意見。基本法委員會在制定基本法解釋規則方面可發揮的作用有如下幾點：一是對基本法解釋規則中兩地享有解釋權的範圍提出意見和建議；二是總結梳理兩地對基本法解釋規則制定的意見；三是就終審法院提請全國人大常委會解釋基本法條款的程序規範、具體原則等如何進一步細化提出建議；四是對違反基本法解釋程序的法律後果提出處理意見；五是就基本法解釋過程中的其他問題提出意見和建議。鑒於基本法委員會設立的角色定位，儘管這些意見和建議都帶有諮詢性質，但全國人大常委會依然應當充分考慮和借鑒。

3　參見《香港特別行政區基本法（草案）徵求意見稿諮詢報告》，香港基本法諮詢委員會，1988 年 10 月。

協調兩地的解釋方法

◇◇◇

　　基本法解釋方法的協調是化解兩地在解釋方法衝突思維最有效方法，也是完善基本法解釋機制的重要舉措。為了使對基本法的解釋能最大程度的達到解釋目標，必須有科學合理的解釋方法，而任何一種解釋方法都需要兼顧與被解釋條款相關的法律邏輯、立法背景、法律語言等要素。側重點不同，解釋的方法模式也不同，大致有三種：一是從法律文本語言出發來理解法律含義的文義方法；二是從法律邏輯出發，注重內容和體系的一致性的結構主義方法；三是從立法背景出發，關注立法意圖的目的方法。[1] 這三種模式可以單獨使用，也可並用，但最好的方式是綜合使用，因為只用在綜合考慮這幾種要素，才能對法律含義作出完整準確的解釋。香港法院的解釋一般比較注重法律文本含義，全國人大常委會的解釋則比較注重立法意圖，無論是要求全國人大常委會完全採納文義解釋或是要求香港法院採用原意解釋都是不太現實的。因此，有必要重新認清解釋方法與解釋體制之間的關聯性，以及雙方在方法運用存在差異的根源，並以此判斷兩地的解釋方法能否真正達到協調。根據前文所述，統一了基本法解釋規則，最可能引發兩地解釋衝突的就是基本法規定中涉及中央與特區關係的條款以及由中央政府和香港特區政府共同管理的事務，為了保障兩地解釋的一致性，有必要促進兩地既有解釋方法的相互借鑒和融合。

1　蘇力：〈解釋的難題：對幾種法律文本解釋方法的追問〉，《中國社會科學》1997 年第 4 期。

一、兩地都存在多元化的法律解釋方法

全國人大常委會和香港法院的解釋方法之間的差異和衝突並非不可協調，二者的解釋方法都是多樣的，在某些方法的運用上也有不少相通之處，比如都強調立法目的在解釋中的重要性和參考價值、都認為可以藉助外來資料確定立法原意或是字面含義等。因此，兩地在基本法解釋方法上的差異性並非不可協調，只要雙方能夠善意理解對方的解釋方法理論，互相借鑒並及時調整解釋方法的適用，而不是刻意放大彼此之間的差異，必然能夠有效地化解因解釋方法差異而引發的矛盾和衝突。

首先，原意解釋不應該是全國人大常委會釋法的唯一方法。原因有四：第一，從立法來看，原意解釋並非是法定的解釋方法。根據憲法、立法法規定，都是只賦予全國人大常委會解釋法律的權力，並未規定全國人大常委會應當採用何種解釋方法。從全國人大常委會釋法情形來看，共有兩種情形：一種是明顯必須採用立法原意解釋方法，事實上，必須採取原意解釋的基本前提是：立法者已經預料到未來可能會發生的問題，並且在法律制定時已經有了規制方案，只是出於立法技術原因，未能在條款中清晰地呈現出來，因而，需要釋法者來還原立法意圖；另一種是無法採用立法原意進行解釋，根據立法法第 42 條規定，法律制定後出現新的情況，需要明確法律適用依據是全國人大常委會解釋法律的情形之一，這裏所說的「新情況」是不存在立法原意的，自然無法進行原意解釋。[2] 全國人大常委會在此種情況下的解釋更像是立法行為，而非釋法行為。其實，釋法立法化是立

2　如 1996 年，全國人大常委會通過〈關於《國籍法》在香港特區實施的幾個問題的解釋〉的第 3 款規定：任何在香港的中國公民，因英國政府的「居英權」計劃而取得英國公民身份的，根據《中華人民共和國國籍法》不予承認。這裏面提到的「居英權」計劃是英國政府在 1990 年通過的，而《國籍法》是在 1982 年制定的，是不可能有針對此計劃的立法原意。因而，全國人大常委會的解釋不能稱之為實質意義上的原意解釋。

法解釋機制根本無法避免的現象，這也是立法解釋區別於司法解釋最明顯的特徵，這同時也表明原意解釋並非是全國人大常委會唯一的解釋方法。第二，從釋法實踐來看，原意解釋並非適用全國人大常委會的所有解釋。如自 1997 年刑法頒布實施以來，全國人大常委會共修正了九次，涉及對近二十條刑法條文的解釋。有學者將這些解釋分成了兩大類：一類是對刑法條文的明確和具體化；另一類是對刑法規範的補充，本質上已經超越了解釋性質，[3] 例如，擴大瀆職罪的犯罪主體、將「借記卡」納入「信用卡」範圍等，這些解釋明顯擴張了刑法中相關概念的內涵，[4] 是為了將隨著社會發展而產生的新現象、新事物納入到刑法管制範圍而作出的擴大解釋，但這也是刑事司法發展的必然趨勢。[5] 由此可見，全國人大常委會的解釋體制與原意解釋之間並非是直接對應關係。第三，從原意解釋特徵來看，其局限性決定了全國人大常委會不能固守這一方法。原意解釋一般是在法律實施初期比較重要的解釋方法，當社會環境發生重大變化時，再追求立法原意將會導致法律與現實社會的背離，有損於法律的公正性和權威性。基本法實施過程中發生的新情況要求全國人大常委會不斷地以新的思維、新的視角去思考、解釋基本法，以真正實現法律價值目標。第四，從基本法條文規定來看，並非所有問題都能找到立法原意。由於基本法是在香港回歸之前，又無實踐經驗可借鑒的情況下制定的，因此，整個法律框架是比較粗略的，為解決未來可能發生的問題預留了很大的空間，這就表明，有很多問題存在於法外空間，是沒有立法原意的。原意缺失的情況可能有三種：一是由於認識的局限性，在立法時尚未發現的問題；二是立法時就已經存在，但由於不能達成共識而未形成有效的解決方案；三是立法者應當預見到某種情況，但由於疏

3　唐稷堯：〈事實、價值與選擇：關於我國刑法立法解釋的思考〉，《中外法學》2009 年第 6 期。

4　參見趙秉志：《刑法解釋研究》，北京：北京大學出版社 2007 年版，第 110 頁。

5　黎宏：〈禁止類推解釋之質疑〉，《法學評論》2008 年第 5 期。

忽而疏忽了立法原意。無論哪種情況，都需要釋法者在立法原意之外來對基本法條款作出解釋。

其次，文義解釋也不應該是香港法院唯一的解釋方法。普通法解釋理論本身就具有很強大的包容性，隨著社會的發展變化，解釋方法除了文義解釋之外，還有黃金規則、除弊規則等其他方法。普通法解釋的最大特徵就在於，法官在運用法律時，可以根據時勢變化及時調整自己的法律邏輯思維，這也是普通法保持長久生命力的重要因素。普通法系的文義解釋並不排斥立法目的，甚至會以立法目的來證明文義解釋的合理性。它與大陸法系中的文義解釋中的區別就是，它更強調尊重法律文字含義本身所表現出來的立法原意，而為了確定文本含義，它也會藉助於其他資料，如法律文本的其他條款、篇章結構等內部資料和立法背景、立法過程記錄等外部資料。可以說，文義解釋並不排除原意解釋的適用，只是要求更高、更為精細化。如終審法院曾經強調，儘管基本法是在 1997 年 7 月 1 日開始實施，但其是在 1990 年制定，其立法背景也在此時就被確立。因此，對外來資料的運用，應當是其制定之前和之時的資料，而非之後的資料。香港法院對外來資料運用的合理性與嚴謹性，值得全國人大常委會借鑒學習。

二、增強彼此間法律解釋方法的理解和認同

基本法解釋引發爭議的一個重要原因就是兩地釋法主體都是從自己的視角出發來理解基本法以及對方所作出的法律解釋。[6] 在兩種制度並存的情況下，雙方都應當有清晰的認知，即試圖以一方的解釋

6　See Lin Feng and P. Y. Lo, "One Term, Two Interpretations: The Justifications and the Future of Basic Law Interpretation", in *Interpreting Hong Kong's Basic Law*, edited by Huang Fu, Lison Harris, and Simon N M Yong (Palgrave Macmillan, 2007), p. 151.

方法取代另一方是不現實的。兩地解釋方法的協調,有必要加強雙方對對方法律解釋理論的了解,包容彼此的差異性。就全國人大常委會而言,需要認識到普通法系具有成熟的法律解釋理論體系,文義解釋方法在香港法院的解釋理論中佔據重要地位,既然基本法已經規定保持香港特區沿用普通法系傳統,那麼全國人大常委會就應當尊重香港法官的解釋方法;就香港法院而言,有必要了解中國的憲法制度以及法律解釋制度,知曉全國人大常委會的釋法行為並非僅僅是為了針對個案的裁決,不能完全按照普通法解釋理論將全國人大常委會的解釋區分為「判決意見」和「附隨意見」,從而否定「附隨意見」的約束力。

內地和香港兩地間正規的對話和研究成果的分享是很有必要的,可以嘗試著設立一個香港憲制法律研究組作為研究機構。

香港特別行政區基本法委員會是中央與香港特區的聯繫橋樑、溝通紐帶;這是全國人大常委會屬下的一個諮詢機構,是基本法解釋機制中唯一的法定諮詢機構。在基本法的起草過程中,其已經發揮了較大作用:據統計,各個專責小組總共開了7次會議,完成多份諮詢報告,相當多的意見被採納,甚至是實質性的修改。在這幾年基本法的實施過程中,它能夠深入基層,約見座談等,其程序應該更加完善、制度更為規範,能夠更好地發揮作用,入基層調研,收集意見,提出可行性建議;強化香港基本法解釋的評價機制,做到進一步增強香港基本法委員會的作用,充分發揮其協調作用;在此基礎上,建立以香港基本法委員會為評價主體的評價機制,恪守中立的原則,在「愛國愛港」、「一國兩制」的前提下保證其專業諮詢機構的性質,建立起強大的公信力;再者,建立起人大常委會對香港法院行使基本法解釋權的監督,包括司法、立法及行政三方面監督;中央與特區之間經常性協調機制的建立,有利於雙方增強彼此了解,通過溝通來解決問題。比如在經貿領域〈內地與香港關於建立更緊密經貿關係的安

排〉（CEPA）的成就有目共睹；在司法體制領域，〈關於內地與香港特別行政區相互執行仲裁裁決的安排〉、〈關於內地與香港特區法院相互認可和執行當事人協議管轄的民商案件判決的安排〉都是努力的結果；但在這憲政事務上，還未有成效性的建樹。雖然基本法對中央和特區的權限作出了明確的界定，但是基於成文法具有的局限性，總會存在一些事項是處於邊緣性的模糊地帶，不容易進行界定，而這些也正是容易引發爭議的；這一套機制的建立更有利於這些事項的解決。還有，筆者認為，無論是特區（終審法院或特區政府）考慮是否提請釋法，還是全國人大常委會權衡是否釋法，在作出任何一個涉及港民切身利益的政策或決定前，都必須重視進行民意的調查；既然強調港人高度自治，那麼香港社會的民意並將起很重要的作用。比如在「居港權」事件中，特區政府之所以在基本法無明文規定時，開先例地提請釋法，就是得到了香港立法會多數議員和特區行政會議的支持；而相反的例子就是 2003 年的「23 條立法風波」，由於立法條文草案引起了巨大爭議，民眾上街游行示威，反對此法，最後政府作出了忍耐和妥協。尊重民意，採納正確的建議，這是值得重視的。

三、根據具體情況決定適用何種解釋方法

對全國人大常委會來說，文義解釋可以成為其解釋方法之一。文義解釋的核心是尊重法律文本，這一方面是由於文本是立法原意最好的表達方式，另一方面則是法律穩定性的要求，法律文本本身就是法律正義的一部分。基本法的制定是經歷了漫長的過程，彙聚了兩地專家學者的智慧結晶，並經國家最高權力機關充分討論通過，可以說，中央對香港特區的各項政策都已經在基本法中被表述出來。在一般情況下，基本法條文的含義應該是比較清晰的，當法律規範表述明確時，全國人大常委會在解釋時，宜採取文義解釋方法。相比之下，

香港法院受普通法系解釋理論長期影響，在解釋方法的選擇上比較精細化。但是香港法院法官應當主要以到基本法的特殊性，基本法有不少條款的內容都是概括性表述，單純立足於文本含義，不一定能得出準確無誤的解釋，有必要適度考慮基本法的立法目的。香港法院在採取目的解釋時，最至關重要的是全面把握基本法的立法目的，即基本法既保障香港特區的高度自治權、也維護國家主權，既保護香港特區的整體社會利益，也保障人權。香港法院不能單純將其看作是行使高度自治的保護傘，而無視中央的權力；也不能過分強調人權價值而忽視社會整體利益。而在確定基本法立法原意時，對外來資料的選用也不能過於苛刻，對於基本法起草者所提供的法律意見，不能簡單化地拒絕。

自基本法實施以來，全國人大常委會共進行五次釋法，分別是：1999 年釋法是針對吳嘉玲案的錯誤判決而採取的釋法行為；2004 年及 2005 年對行政長官和立法會具體產生辦法以及行政長官剩餘任期問題進行解釋，這是為了化解香港特區對基本法條款不同認識引發的爭議，採取了原意解釋方法，是適當的；2011 年釋法是針對剛果（金）案中國家行為及國家豁免規則的認定問題，經香港特區終審法院提請而作出解釋；2016 年是針對公職人員就職宣誓問題，對基本法第 104 條作出解釋。從全國人大常委會五次釋法實踐可見，這些解釋都具有很強的針對性，可以肯定，在未來基本法實施過程中必然會出現很多諸如此類需要全國人大常委會作出解釋的情形，而需要解釋的每個個案都各有特徵，全國人大全國人大常委會在解釋時，有必要根據個案的不同情況選擇合適的解釋方法，以保證能夠真正實現基本法的法律價值目標。對香港法院而言亦是如此。我們在探討法律解釋理論時，經常提到的文義解釋、原意解釋、歷史解釋以及系統解釋等，這些解釋最終要實現的目的就是要消除法律體系中存在的事實上的衝突，而法律條文不過就是一堆存在著的法律原料，是法律解釋

賦予了這些條文鮮活的生命力，法律解釋的本質就是為了解決法律適用衝突，基本法實施之後，香港特區所沿用的普通法傳統將在一個新的憲制結構下生存和發展，這就要求法官們及時調整自己的法律思維，在個案審判中，從有利於維護基本法權威及化解衝突的角度出發，選取適當的解釋方法。

借鑒歐盟「初裁制度」經驗

◇◇◇

　　歐共體與成員國之間的關係雖然和中央政府與香港特區之間的關係存在差異，但基本法中所規定的法律解釋制度與歐盟的初裁制度在原理上有相通的地方，成熟的初裁制度體系對我國基本法解釋機制的完善具有重要的借鑒意義。

一、歐盟初裁制度及其特徵

　　「初裁制度」主要是指成員國法院在審理案件過程中，凡是涉及適用歐共體法律的案件，在作出判決之前成員國法院可以或必須根據歐盟基礎條約規定的請求權，提請歐洲法院對共同體法律作出解釋或進行有效性說明，以獲得歐洲法院的初步裁決，而成員國必須根據初裁結果來適用歐盟法律。歐盟的初裁制度不僅使得法院擁有傳統意義上的司法裁判權，而且被賦予新的「裁判權」，並通過此確立和維護歐共體的法律地位，法律的最高解釋權力由歐洲法院享有，這有效減少了法律解釋爭議和衝突，保證了歐共體整個法制的統一性。具體而言：

　　第一，各成員國法院享有初裁的啟動權。成員國法院在具體的案件審理過程中會遇到關於歐盟法律的地位、效力及適用範圍等問題需要作出解釋，對於此類問題，成員國法院無權解釋，只能提交至歐洲法院裁判。初裁制度從性質上來看，可以說是成員國法院和歐洲法

院本著司法合作精神而進行的對話。[1] 歐洲法院對成員國法院的提請形式作了詳細規定，要求成員國法院在提請文件中應當列明要求歐洲法院初裁的法律問題、案件詳情、訴訟進展情況、當事人對案件事實及法律適用的爭議等。[2] 一旦提出申請，訴訟程序將立即中止直至歐洲法院作出初步裁決。

第二，歐洲法院享有初裁的裁判權。根據《歐共體條約》第234條之規定，歐洲法院對涉及下列事項有初步裁決的權利：（1）對本條約的解釋；（2）確認歐盟機構和歐洲中央銀行制定的規章的效力並解釋；（3）對根據歐盟委員會規章建立的機構所制定的成文法作出解釋。歐盟法院的裁判權主要涵蓋兩層意思，一是解釋性初裁，即對歐共體的法律和條約進行解釋。歐洲法院一般採取的解釋方法是文義解釋、體系解釋、目的解釋等，歐洲法院在解釋法律時，會充分考慮歐共體條約所要達到的目的，努力使對條文的解釋符合整部法律精神。二是合法性初裁，即對歐盟各機構的日常立法行為進行審查，是傳統司法意義上的違憲審查權的延伸。如歐盟委員會制定的法規、指令等，可能存在有效性或是合法性的質疑，這就需要歐洲法院作出裁決，合法性初裁確定了這些法律文件的效力，為歐盟法律的具體實施清掃了障礙，拓展了歐共體與成員國法律體系的發展空間。

第三，初裁的結果通過成員國法院得以實現。對於提請初裁請求的各成員國法院來說，承認歐盟法院的初裁裁決，並將初裁結果作為其在個案判決中的法律依據是他們的義務。歐盟法院作出的初裁結果會在成員國法院得到承認，並通過具體個案的判決，按照其國內法的運行程序得到履行，如果該成員國法院沒有按照歐盟法院的初裁結果來作出判決，將會被其上級法院糾正。推而廣之，歐盟法院初裁結果的法律效力是及於每個成員國的，其結果可以被援引，在整個歐共

1　隋偉、楊明光：《歐洲聯盟法律制度簡論》，天津：南開大學出版社1998年版，第67頁。

2　王曉明：〈歐盟國家解決衝突的方法〉，《香港社會研究集刊》2005年第3期。

體體系內的效力具有普遍性。

歐盟的初裁制度發展到今天早已成為歐洲法院經常性的司法事務，它的施行使得各成員國有權利參與到歐盟法律運行過程當中，這種動態的法律系統發展機制成為歐盟法律不斷完善的重要源泉。我們不宜將它看做是一項簡單的法律解釋或是司法審查機制，它是在兩條綫路上激勵著歐共體和各成員國去發現他們之間存在的法律空隙、漏洞、缺陷等，並堅持以符合條約精神的原則，對其進行解釋、完善，這種以開放、包容的態度發展法制路徑的方式值得我們借鑒。

二、借鑒歐盟初裁制度的原因分析

縱觀歐共體的發展歷史，其基本綫路是：若干個彼此獨立的主權國家不斷走向聯合，這種聯合併非是合而為一，而是在保持獨立過程中加強彼此間的發展與合作。初裁制度，作為一項管轄司法事物的重要手段，其制度設計的主要指向也是既維持獨立又保證合作。事實證明，這個制度是成功的，它在歐盟司法領域發揮著重要機能。

儘管香港特區是直轄於中央政府的一個地方行政區域，但卻各自擁有完整而獨立的法律體系。雖然基本法規定的法律解釋制度與歐盟初裁制度的立足點和出發點完全不同，但在處理「一國」與「兩制」的關係方面與歐盟法院初裁制度的機能有相通之處。一方面，基本法屬於全國性法律，保證對基本法的解釋在全國範圍內實現一致是解釋基本法的首要原則，這與歐共體和各成員國法律一致性原則相似。在草擬基本法時，為了解決全國人大常委會「立法解釋」和香港法院「司法解釋」的對接問題，就借鑒了歐共體解釋《羅馬條約》的模式。當各成員國法院需要明確《羅馬條約》中條款的具體含義時，就可以尋求歐洲法院作出統一的解釋，這樣既不會破壞成員國法律體系的完整性，又節約了司法成本。基本法的解釋與此十分相似，在遇到需要

對中央管理事務或是涉及中央與香港特區關係的條款時，香港法院需要提請全國人大常委會對相關條款作出解釋。另一方面，基本法規定的兩地解釋的銜接模式與歐盟的法律解釋模式也有相似之處，具有可比性，尤其是歐洲法院解釋歐共體條約時的原則和方法對我國基本法解釋機制的完善有直接的借鑒意義。

三、歐盟初裁制度對完善基本法解釋機制的啟示

　　儘管我國法律解釋制度的出發點和立足點與歐盟的初裁制度不盡相同，但我國法律解釋制度運行的空間卻與歐盟有共通之處，特別是在全國人大常委會解釋和香港法院解釋的銜接上與歐洲法院解釋和成員國法院解釋權的銜接上非常相似。筆者認為，至少有三點值得我們借鑒參考：一是借鑒歐洲法院解釋方法的多樣性。從歐洲法院先予裁決的實例來看，對歐盟法律條文的解釋非常典型地採取了目的解釋和體系解釋方法，並不局限於對法律條文字面意思以及立法歷史的研究，而是更加注重歐盟法律目的性和整體性；二是借鑒各成員國提請解釋的說理性。歐洲法院要求成員國提請解釋的文本應當涵蓋案件詳情、雙方當事人意見、訴訟進展情況等，以期對民意、案情等有更為準確的把握，增強解釋的科學性、合理性與公正性；三是借鑒其提請解釋程序的徹底性。歐盟初裁制度對成員國提請解釋的程序要求以及歐洲法院的解釋權地位規定的十分徹底，嚴格規定了在何種情況下各成員國必須提請釋法。相比之下，基本法對終審法院的提請解釋程序規定就比較弱化，如基本法 158 條第 3 款規定：「在……情況下，終審法院應提請全國人大常委會解釋」這裏的「應」只是原則性規定，給了終審法院一定的操作空間，在香港特區司法獨立的情況下，很容易忽略此原則性規定，減少提請釋法次數，不利於基本法提請解釋程序的真正落實；四是借鑒其解釋結果適用的強制性。歐洲法院的裁決

具有很強的約束力，一旦對歐盟法律作出解釋，那麼成員國法院在案件審判中就必須嚴格予以適用，不得加以修改或是歪曲。對有關法律的解釋，其他成員國在審理類似案件時，可以作為指引。而關於解釋溯及力的問題，也作了較為詳細的規定，確立了先予裁決溯及既往原則，但有時效限制。

值得我們注意的是，歐盟法院的解釋是司法解釋直接對接司法解釋，而對基本法的解釋卻是在兩個完全不同的機構之間運行：一個是立法機關的常設機構，一個是司法機關，是立法解釋對接司法解釋，這兩者在解釋目標、解釋的出發點、解釋方法以及解釋側重點等方面存在較大差異。從各國法律解釋實踐來看，無論是在主權國家內部還是在歐盟這樣多重法律體系共存的共同體之內，這個權力都是由法院或是專門設立的司法機構來行使。在法律運行過程中，對法律作出解釋的意義並不僅僅局限於明確法律文字的含義、立法意圖等，還需要適用於具體的情勢、具體的案件，顯然，這不是立法解釋應該或是能夠完成的工作。為此，有學者提出，全國人大常委會制定法律卻不適用法律，缺乏在法律使用過程中對法律進行解釋的基礎，不宜行使法律解釋權。[3] 對此問題的解決，仍然需要學術界和實務界進一步的研究和探索。筆者認為，無論未來基本法解釋機制的發展態勢如何，但在「一國兩制」框架之下的法律解釋制度，不應當僅僅只是靜態的、符合現有規則的，還需要制度的制定者、踐行者為其預留出動態的、開放的發展空間。

總之，借鑒歐盟的設計和經驗，在現有的解釋制度基礎上，在解釋的基本流程中，確定解釋權歸屬、充實解釋內容體系、限制法院的司法審查權能，促進基本法解釋機制的完善路徑由靜態、封閉向動態、開放轉變，不僅是基本法發展之必要，也是法律制度完善之必須，更是鞏固「一國兩制」實行基礎之必備。

3　參見丁茂：〈法律解釋體系問題研究〉，《法學》2004 年第 2 期。

營造良好的人文環境氛圍

◇◇◇

　　基本法解釋機制的完善，不僅需要立法、司法和行政三者之間的互動和配合，還需要健康有序的人文環境來承載。所謂人文環境，是一種潛移默化的社會存在、隱藏在社會本體中的無形要素。具體到基本法解釋機制，就是指解釋機制系統內外的法律文化氛圍，主要包括兩地法律界的政治態度、法律觀念、法律信仰等方面。自香港回歸以來，「一國兩制」方針已經基本落實，基本法也已經得到較為全面的貫徹和執行；香港特區所享有的高度自治權、司法獨立權、終審權得到尊重和維護；政治民主也在沿著基本法所設計的發展脈絡有序推進。這些實踐證明，基本法在規範香港特區立法、司法和行政工作以及解決各種糾紛的有效性，總的來說，在基本法的規範和引導之下，香港社會的法治狀況從整體上來看是比較健全的。但是，在現階段，兩地在在基本法解釋方法、解釋理念上存在爭議，在實現「雙普選」目標問題上分歧嚴重，這表明香港人文環境尚需進一步「淨化」，以促進基本法解釋機制的完善。

一、確立堅定統一的政治態度

　　堅定統一的政治態度是解決法律爭議的前提，特別是在社會轉型發展時期，政治態度的統一，對塑造健康和諧的人文環境有重要作用。所謂政治態度，就是指人們在社會生活中對政治制度、政治事件

以及政治觀點的傾向性看法。美國哈佛大學教授約翰・羅爾斯在《正義論》一書中寫到：人們總是從自我角度出發來理解社會制度，而且總是在這種意識形態的主導之下認識他人意圖。[1] 正是這種秉性決定了人們的法律正義情感受制於其對法律的認知程度和參與法律活動的政治意圖。總言之，政治態度對人的行為模式具有導向作用。再回歸到兩地解釋機制的融合與完善問題，兩地人民尤其是香港特區市民的政治態度深刻地影響著基本法解釋機制的完善。雖然兩地在堅持「一國兩制」方針上的態度是高度一致的，但對基本法解釋機制的對接和相容方面存在較大分歧。分歧的產生的根本原因是兩地對「一國兩制」結構的認知存在差異。學者陳弘毅揭示了問題的實質：因實施基本法而引發的問題，並不是香港法律體系本身所存在的問題，而是「一國兩制」方針所產生的新的法律問題，如何使原有的法律文化適應新的憲制，才能從根本上解決問題。這實際上是政治問題，而不是一般的法律文化問題。關於「一國兩制」結構的認知主要存在兩種觀點，有部分人認為，應當以「一國」為先，主張全國人大常委會積極行使解釋權，及時糾正香港法院在審判中對基本法相關條款認識的偏差和錯誤；也有部分人主張，應當以「兩制」為先，主張全國人大常委會不宜享有對基本法的解釋權，尤其是在法院在個案審理中對相關條款進行解釋之後，如果全國人大常委會再來解釋，會給香港特區的司法權威帶來影響。由此可見，此爭議的實質是「一國」與「兩制」之間的權力平衡問題。在香港特區，有不少法律界人士在基本法的解釋權力、解釋程序、解釋方法、解釋效力以及在實施過程中產生的解釋差異等方面缺乏正確的政治態度；也有不少人士認為，基本法一方面賦予香港特區高度的自治權，另一方面又賦予中央對基本法條文的絕對解釋權，這在某種程度上有礙於香港高度自治權的行使。上述觀

1　參見【美】約翰・羅爾斯著，何懷宏等譯：《正義論》，北京：中國社會科學出版社 1988 年版，第 498 頁。

點的分歧是造成政治態度不一致的內部原因。

此外，香港特區市民的政治態度還受到中英兩國在香港主權和治權歸屬問題上政治衝突的影響。在回歸之前，香港政權更替引發了中英兩國之間政治利益的衝突。這種衝突體現了中央政府和英國政府之間政治權益的較量，中英兩國之間的政治較量結果影響到香港回歸之後政制改革的方向和速度，也影響到香港特區人們對香港政制發展的態度。可以說，政治態度是否一致，以及達到一致的程度都直接影響當基本法解釋秩序的建立。而基本法解釋法制秩序的建立，最根本的宗旨在於，使香港法律解釋機制與內地法律解釋制度保持一致，使對基本法的解釋結果與香港社會的發展保持一致。如果基本法的解釋制度不能與內地的法律解釋制度有序對接，那麼整個國家的法律解釋制度體系就會失去完整性，「一國」就會被破壞；如果基本法的法律解釋機制脫離了香港實際，那麼香港原有的法律解釋體系就無法保持延續性，「兩制」就會被削弱。在這種情況之下，基本法規範保障的核心內容即「一國兩制」和「高度自治」就會被打破，而保持香港社會穩定的政治基礎將不復存在。

任何政治問題的解決，其實都是在權衡利弊的情況下對政治爭議作出必要的妥協和讓步，從而達到預期權益有序實現的效果。在「一國兩制」之下，國家法制體系有了新的特點，不宜再用「一制」理論來解決基本法解釋衝突問題。從中央角度來看，要想實現「一國」，就得在較長的一段時間內保持香港原有制度不變，賦予香港特區獨立的司法權和終審權；從香港特區角度來看，要享有高度的自治權和獨立的司法權，就必須承認國家憲法地位、尊重「一國兩制」憲制制度，接受全國人大常委會對基本法的解釋權。這就是兩地在「一國兩制」之下的政治格局和態度。

自基本法實施以來，在適用過程中，全國人大常委會、香港法院甚至是香港特區政府都是按照原先固有的法律思維、法律邏輯、法

律解釋方法對基本法條款作出自己的理解和判斷。從目前的釋法實踐來看，全國人大常委會對待香港特區法院在基本法解釋中的「越權」或違反法定程序的行為通常都是持寬容態度，儘管這種處理模式是站在穩定大局的高度上和深刻理解基本法的原則性基礎上，但這並不是最佳的法治狀態。基本法解釋機制的完善、兩地解釋機制的融合，僅僅考慮基本法解釋規則的對接還不夠，畢竟基本法文本的設計並非是完備的，真正能夠完善它的就是那些在實踐中形成的理解和慣例。[2]因此，需要統一兩地在處理基本法解釋對接問題中的政治態度。統一政治態度，至少應當在兩個方面上取得一致：一是「一國兩制」是基本法實施的政治基礎。屬於全國人大常委會解釋的條款，可以按照內地的法律解釋規則來解釋；屬於香港自治範圍內的條款，香港法院可以適用普通法解釋制度；對於無法確認是否是香港自治範圍內的條款，香港法院應當按照基本法第 158 條第 3 款規定提請全國人大常委會解釋。這才是「一國兩制」在基本法解釋方面的最理想狀態。二是「高度自治」是基本法實施的政治限度。根據憲法和基本法規定，中央授予香港高度自治權，這種「高度自治權」並不是絕對的自治權，而是應當以基本法所劃定的權力為限，具體到對基本法的解釋權，香港法院在這方面上所享有的「高度自治」也僅僅限於自治範圍內的條款，其對基本法解釋權的實施不能超過此限度。

綜上，政治態度實質上就是政治認同。確立鑒定統一的政治態度，要求在對基本法的解釋過程中，香港特區方面應當認同全國人大常委會的解釋權力。從實際的解釋情況來看，全國人大常委會一般不會輕易行使解釋權，即使作出解釋也都是嚴格遵循基本法規定，從香港實際出發，之所以引發較大爭議，主要是因為兩地的法律理念不一致，法律解釋規則不一致，看待基本法宗旨的視角不一致。因此，香

2　參見陳弘毅：《法理學的世界》，北京：中國政法大學出版社 2003 年版，第 326 頁。

港社會各界人士，尤其是法律精英，不應僅僅以自己所認同的民主觀念、法制觀念以及法律價值觀念來抵制全國人大常委會的解釋權，應當尊重全國人大常委會作出的解釋的權威性與指導性，而避免偏離基本法的規定。

▍二、發展健康和諧的法律文化

在這個法律文化多元的時代，無論是香港還是內地法治建設的走向都深刻地被其影響著，它甚至在某種程度上決定著中國法治的基本面貌。從法律文化的時代性特徵來看，基本法解釋機制的完善面臨著雙重挑戰，即既面臨著現代普通法系法律文化的衝擊，又受到社會主義法律文化的影響。

香港回歸之後，全國人大制定的基本法取代了香港原有的帶有殖民主義色彩的法律文件，成為香港法律體系的重要組成部分，並帶有「憲法性文件」性質。基本法的實施，使得國家憲制制度與香港多年來所實施的普通法制傳統實現了辯證統一，也因此導致英國法制文化與中國法制文化之間的衝突爆發出來。由於從法律制定到法律實施之間的時差性，基本法中所蘊含的法律文化的差異和衝突並沒有馬上顯現出來，也未給香港社會發展帶來影響。然而，基本法實施之後，兩種法律文化的衝突便逐漸顯現，給香港法制的發展帶來影響。

具體到基本法的解釋機制，法律文化的衝突是其完善的「隱性」障礙。在香港回歸之前，兩地的法律體系是相互獨立的；回歸後，兩地的法律體系需要相互兼容，儘管是在「兩制」之下，但依然需要找到合適的點來實現兩種法律體制共存。這種共存，不同於不同法系之間的法律移植。不同法系之間法律文化的相容，必須要經歷兩地法律價值、法律解釋規則等由衝突到對接，再到融合的過程。在這一融合的過程中，必須要樹立起全新的法治思維和法制觀念。

兩地在法律文化上的衝突主要表現在法律的價值取向上。具體而言，內地的法律價值取向更注重法律的實體公正和司法的社會效益，更注重對社會整體權益、個人實體權益的保護。在解釋法律時，不單純只看法律文本字面意思，更多的是綜合考慮立法目的、立法背景以及社會需要等各個方面。香港特區的法律價值取向則更傾向於對法律的程序公正的保護。在解釋法律時，主要考慮法律條文的字面含義，注重程序的合法性。全國人大法律委員會主任喬曉陽曾指出，如果我們缺乏全新的法律思維方式和法治觀念，那麼就很難正確處理好兩地之間的法律意見分歧。兩地法律界都需要學會換位思考，而不僅僅只是根據自己的傳統思維方式來看待問題，只有這樣，才能在兩地法律體系碰撞的過程中，逐漸形成共識。[3] 由此可見，能夠「換位思考」是兩地法律文化逐漸走向融合的思維邏輯起點。無論兩地的法律價值取向有如何大的差異，但最終的目的都是為了維護社會的公平正義，而基本法所追求的公平正義就是為了維護香港市民群眾利益，維護國家利益，保持香港地區長久穩定。如果缺乏這個共同終極價值目標，基本法就會缺乏共同的政治基礎，就很難實現法律文化的融合，也很難完成基本法解釋機制的對接及融合。

　　兩地法律文化之間的差異將會長期存在，培養理性健康的法律文化，不僅需要香港法院的努力，也需要立法會的支持。特別是立法會議員當中的一些民主派人士，應當擯棄對「一國兩制」的偏見，接受全國人大常委會釋法是基本法規定這一現實，以包容的心態了解國家法律制度以及兩地法制之間的差異。實踐中，立法會經常有議員無視立法會的議事規則，用粗暴的行為對待政府官員及政府的施政報告。如 2009 年 7 月 7 日，在行政長官立法會答問大會上，有三名議員輪番以粗暴行為向行政長官發難，導致會議三次中斷；2009 年

3　　喬曉陽：〈就發論法，以法會友〉，《文匯報》2005 年 4 月 13 日。

10 月 16 日，在施政報告答問大會上，民主派議員在座位上貼出實行「雙普選」的標語，要求 2012 年立法會和行政長官都由「雙普選」產生；2010 年 1 月 25 日的「五區總辭，變相公投」事件，不僅導致增加了一萬五千港幣的補選經費，而且破壞了香港社會的政治氣氛，影響到健康和諧的法律文化的形成，加大了香港政制改革的難度。[4]

總之，由於兩地法律文化基礎存在較大差異，相互之間缺乏溝通，在基本法的解釋過程中，經常因此受阻。法律文化的不和諧導致基本法解釋衝突矛盾更加激化，對接、融合難度加大。香港特區法院、立法會、法律界人士應當對香港社會的法治理念、法律思維以及處理法律問題態度等方面起到引領作用，引導健康和諧理性法律文化的形成。

三、培養良好包容的社會心態

社會心態在這裏主要是指人們對社會現象和社會問題的普遍看法，反映了在特定環境中人們的某種利益或要求。每個社會成員都會在不自覺中根據自己的實際所得來對社會做出評價，很少有人會按照法律規範來權衡，這是一種當然的社會心態，它影響著社會成員對法律的態度和自己的行為取向。

從 1840 年開始，香港一直受英國統治，這就決定了香港的法律實質上是英國殖民統治工具，英國政府需要在香港建立法律秩序並培養香港市民忠實的社會心態以服務其殖民統治。所謂的保障香港人權和法治秩序的實質都是維護其殖民統治所做的制度安排。在英國長期統治之下，香港社會似乎已經習慣了這種法制狀況。香港居民長期無權參與法律的制定，也就並不關心英國政府所制定的法律規範是否能

4　譚惠珠：〈對五區請辭的評論〉，《頭條日報》2010 年 1 月 18 日。

夠真正保障人權，他們所形成的既定的思維模式就是按照法定的程序辦事，而不論這些程序是否公正。

中央對香港恢復行使主權之後，在「一國兩制」方針的指導之下，香港的法制必然要向內地開放，隨著兩地法律體系交互的深入，伴隨此而來的就是新的法律思想和法律觀念的衝擊。新型政制格局的形成，導致香港居民面臨著將新舊法制既區別開來，又對接起來的難題。隨著基本法的制定、實施，香港特區根據基本法所賦予的高度自治權，對自治範圍內的事情享有話語權，並有權力去建立新的法制秩序。但是，香港市民對新的法制秩序的建立並沒有足夠的理論準備和實踐經驗，因而，對很多問題的看法帶有主觀性和片面性，尤其是一些主張激進民主的人士，對法律問題和政治問題的界限難以分清，常常使法律問題政治化。例如，當中央政府採取循序漸進原則發展香港政制時，認為是民主政治的倒退；當全國人大常委會對基本法作出解釋時，認為是在破壞香港的高度自治權。雖然持此心態的人是少數，但卻對良好社會氣氛的形成產生了負面影響，也阻礙了兩地基本法解釋機制的對接和融合。

良好社會心態形成的重要基礎是對兩地法律文化之間差異的包容。而這種包容的心態並不能單純靠說教和勸解就可以形成，還需要建立一套長久有效的機制。首先，要建立全國人大常委會法工委與香港立法會議員之間的溝通機制，在溝通過程中，可以了解雙方對基本法解釋的基本立場和具體觀點，從中了解到香港社會對基本法解釋可承受的狀態。其次，由相關機構牽頭建立常設的學術研討機構，把研討基本法解釋機制的完善、兩地解釋機制對接融合的條件和路徑等作為長期的研討工作，定期開展學術交流活動，有計劃、分步驟地研討有關基本法解釋理論與實踐方面的問題，逐步形成濃厚的學術氛圍，為基本法解釋機制的完善提供豐厚的理論基礎。

▌四、提高法律人的能力水平

　　所謂法律人，主要是指把從事法律理論研究和實務工作作為自己職業使命的群體。健康的人文環境的塑造不僅需要健全的法制，還需要有統一的政治態度、和諧的法律文化和積極的社會心態。而法律人則可以通過法律實踐，用其法律理念、法律思維對人們的政治態度、法律文化和社會心態等這些無形要素的形成具有重要的價值導向作用。如何導向，怎樣導向，取決於法律人的法律理念和法律認知水平。

　　要想有一個健康優良的人文環境，法律人首先得培養創新的法律觀念和法律意識。面對完全按照舊的普通法系傳統所建立的香港法制，法律人應當重新審視和清理原有法律體系之下的法律思維方式，勇敢擯棄那些帶有殖民統治色彩的法律價值觀念，立足於當下，樹立法律正義感意識。目前，在法律理論研究及法律實踐中存在一種不良傾向：每遇到法律問題時，很多法律人關注的焦點都是既定的法律規範，特別是當對基本法的解釋引發衝突和爭議時，很少有人探究「一國兩制」之下，法律是如何變化、發展的，原有的法律是否適宜、合理等問題。法律人能力提升的過程實質上就是培養追求法律正義意志力的過程。這種意志力主要表現為，無論是在學術領域還是在實務領域中都能擁有敢於質疑、敢於創新的精神。從目前法律人的法律理念來看，在研究香港法制發展問題上仍有待深入。從理論上來看，存在單純的以普通法系或是中華法系的法律理念來看待「一國兩制」之下所形成的多元化法律體系；從司法實踐上來看，香港法院的法官由於長期接受普通法教育，自然而然的形成趨向於普通法的價值取向，影響著對基本法的理解和判斷。

　　暫且撇開理論層面不提，香港法院法官在基本法的解釋和適用中發揮著很大的作用，他們不僅需要用法律技術來解釋基本法，還

需要在解釋中承擔起政治責任、社會責任和道德責任；不僅需要顧及「一國」的憲制要求，還需要考慮「兩制」之下的不同司法模式。因此，法官作為職業的法律人，至少應當具備兩種能力：一是發現事實的能力，在個案審判中，對法律的適用是以事實為基礎，對案件的法律事實通過演繹、歸納等手段重新梳理，得出法律處理結果；二是解釋法律的能力，任何案件對法律的適用都需要經過解釋，法官就需要對法律條文作出符合正義的解釋，以實現法律的最終目的。發現事實和解釋法律是最基礎的能力，也是最難以精通的法律技能，不僅需要扎實的理論功底，還要具備嚴密的思維能力、豐富的生活積累。只有從社會與法律的邏輯關係視角出發，才能在對基本法解釋機制的研究、探索過程中把握規律性。而法官們這種全新的思維模式，將對整個社會法律理念的變化和發展都有著極強的示範和引導作用。

總之，人文環境作為一種觀念性形態的存在物，是人類通過心智活動而產生的組合體。它雖然是人類精神活動的產物，但也是人類抽象思維活動的升華，其背後蘊含的是社會客觀發展趨勢。一般來說，要準確理解法律，就不能僅僅局限於去理解法律條文，而要探究法律條文背後的法理，追溯法理背後的法律精神。因為條文傳遞的僅是字面含義，隱藏在條文當中的法理、法律精神才是支撐整個條文的靈魂。法治發展實踐證明，任何階段的法律制度都是在某種法律思想的指引下制定的，而這些法律思想又深刻地滲透在人們的政治態度、法律文化、社會心態當中。只有當我們認識到人文環境對於法律思想傳遞的重要性，才能站在更高的高度上來完善基本法的解釋機制。

結　語

美國的憲法之父麥迪遜教授曾經有言：「任何法律文本，不管它制定的是多麼的規範與完美，它的內容都還是可能會存在模糊不清的地方和時候，必須經過反覆的研究、研討和論證之後才能獲悉其真正意思。」[1]這句話當然也適用於香港基本法的解釋，而對於香港基本法解釋機制的研究，無論從哪一個角度來進行分析，都可以說是一種新的探索和挑戰。作為一部憲制性法律，香港基本法的每一個條款幾乎都是經過精心地設計與安排的，其制定過程十分複雜和艱辛。作為一部試圖融通大陸法系與普通法系的法律，對香港基本法的解釋必須充分考慮與結合內地和香港兩種不同的法律解釋制度，這種解釋機制設計的目的就是力求在全國人大常委會的解釋權和香港將區法院的解釋權之間達到一種良性平衡。這個觀點已經被兩地的多數學者所探討和認可。總而言之，香港基本法的解釋機制是法律解釋制度領域中的一個創新，在具體貫徹落實方面必然會出現各種各樣的新情況，從保障香港基本法落實和實現「一國兩制」精神的角度出發，本文主要通過對法律解釋理論的梳理、基本法解釋實踐的研究，來窺探出香港基本法解釋制度在落實上存在的一些不足，並據此得出如下幾個有關基本法解釋的結論：

第一，「一國兩制」方針是完善基本法解釋機制的制度基石。自「一國兩制」方針實行以來，國家結構模式及憲制格局已然發生了重

1　【美】傑克・N. 雷克夫著，王畔、柏亞琴等譯：《憲法的原始含義》，南京：江蘇人民出版社 2008年版。

大變化，它早已超越了制定之初的政治意義，而成為制定憲法和各項法律制度的政策指引。基本法對解釋權的配置鮮明的體現了在「一國」體系之下的「兩制」特色，兩地在解釋制度的對接和融合應當繼續秉持「一國兩制」理念。

第二，法律解釋理論是完善基本法解釋機制的理論源泉。法律解釋理論的發展程度極大地影響著基本法解釋機制完善程度，我們應當在前人智慧的基礎之上，積極借鑒國外先進經驗，加強兩地法律職業者的溝通和交流，打造學術研討平台，不斷從釋法實踐中發現問題、解決問題。

第三，正義性是基本法解釋制度的本質屬性。無論是在解釋制度框架搭建、解釋權力配置，還是在對全國人大常委會、香港法院解釋權限制方面，都體現了制度本身的正義性，這些制度設計也在實踐中基本上實現了基本法的價值目標定位。但從客觀來講，依然存在不少缺陷，如解釋程序的規範力度不足、兩地在解釋規則上銜接不夠等，導致無法最大限度的發揮基本法解釋機制的法律效用。

第四，基本法解釋個案是完善基本法解釋機制的現實依據。通過對居港權系列案件、香港特區政制改革現狀、莊豐源案的分析和論證，發現兩地在法律解釋制度、理念、方法等方面存在較大差異，而由於這些差異所引發的爭議給予我們很多素材資料，使得對基本法解釋機制的完善有了更深刻的切入點和針對性。基本法實施以來二十多年的實踐和在實施過程中的各種衝突，揭示了我國法治發展尚不能完全滿足「一國兩制」的需要，尤其是法律解釋機制處於這樣一種狀態，即政治性多於學理性、粗糙的法律規定多於細膩的立法技術、強權式的決定或聲明多於邏輯嚴密的論證等，這證明我們在解釋理論的整體發展上是不周延的。但不可否認，也正是由於衝突、漏洞的存在，才能夠進一步拓寬中國法律解釋理論研究的視角和思路，讓我們的學者們能夠站在更高的視野、更大的格局上，去檢視未來法律解釋

理論的發展方向和脈絡。

第五，由內及外是完善基本法解釋機制的路徑走向。完備的制度規範是解決基本法解釋爭議衝突的根本方法，健康的人文環境是完善基本法解釋機制的外部條件。同時，我們應當清醒地認識到，我們不可能窮盡所有手段去解決衝突，隨著社會發展變化，國家法治也在不斷地發展變化，在新的形勢下，依然會有新的衝突和爭議的存在，我們或許可以用人類智慧暫時解決某一具體衝突爭議，但不能阻止衝突的繼續發生。承認衝突和爭議的存在，正視它、解決它，立足於現實，始終堅持創新思維，仍將是未來完善基本法解釋機制的基本維度。

香港基本法是「一國兩制」法治實踐發展的產物，將兩種完全不同的社會制度置於同一空間，矛盾的產生成為必然，這也注定了對爭議和衝突的化解乃是一項舉步維艱的事業。在紀念香港回歸十週年的一次基本法研討會上，陳弘毅教授曾說：大陸和香港的法制聯繫仍然相當鬆散，雖然基本法為兩地提供了司法互助互通的紐帶，但密切程度依然很低。這中間不僅有法治文化差異的原因，更是因為融合程度不夠。我們期待有這樣的一天：「一國兩制」可以終結它的歷史使命，取而代之的是整個國家和民族的深度融合，我們的法制是一個共同體，我們共同擁有一個法系，一個兩制皆含或是兩制皆非的全新的法系，這將是我們矢志不渝追求的目標。

參考文獻

一、中文著作類

[1]　王禹：《「一國兩制」憲法精神研究》，廣州：廣東人民出版社 2008 年版。

[2]　陳弘毅：《法理學的世界》，北京：中國政法大學出版社 2003 年版。

[3]　於興中：《法理學檢讀》，北京：海洋出版社 2010 年版。

[4]　蕭蔚雲：《論香港基本法》，北京：北京大學出版社 2003 年版。

[5]　周毅之：《香港與「一國兩制」》，北京：中國社會科學出版社 1988 年版。

[6]　中共中央文獻研究室：《「一國兩制」重要文獻選編》，北京：中央文獻出版社 1997 年版。

[7]　許崇德、胡錦光：《憲法》，北京：中國人民大學出版社 2007 年版。

[8]　周毅之、施漢榮：《香港與「一國兩制」》，北京：中國社會科學出版社 1988 年版。

[9]　胡錦光、韓大元：《中國憲法》，北京：法律出版社 2004 年版。

[10]　徐靜琳：《演進中的香港法》，上海：上海大學出版社 2002 年版。

[11]　周旺生：《立法學教程》，北京：北京大學出版社 2006 年版。

[12]　王叔文：《香港特別行政區基本法導論》，北京：中共中央黨校出版社 1990 年版。

[13]　陳金釗：《法律解釋學》，北京：中國政法大學出版社 2006 年版。

[14]　黃茂榮：《法學方法與現代民法》，北京：中國政法大學出版社 2001 年版。

[15]　梁慧星：《民法解釋學》，北京：中國政法大學出版社 2001 年版。

[16]　梁治平：《法律解釋問題》，北京：法律出版社 1998 年版。

[17]　張志銘：《法律解釋操作分析》，北京：中國政法大學出版社 1999 年版。

[18]　周旺生：《法理探索》，北京：人民出版社 2005 年。

[19]　薛波：《元照英美法詞典》，法律出版社 2003 年版。

[20]　李昌道、龔曉航：《基本法透視》，香港：中華書局（香港）有限公司 1990 年版。

[21]　蕭蔚雲：《論香港基本法》，北京：北京大學出版社 2003 年版。

[22]　魏定仁、甘超英、付思明：《憲法學》，北京大學出版社 2001 年版。

[23]　王世傑、錢端升：《比較憲法》，北京：商務印書館 1999 年版。

[24] 王麗萍:《聯邦制與世界秩序》,北京:北京大學出版社 2000 年版。

[25] 童之偉:《國家結構形式論》,武漢:武漢大學出版社 1997 年版。

[26] 胡錦光:《中國憲法問題研究》,北京:新華出版社 1998 年版。

[27] 張千帆:《憲法學導論 —— 原理與應用》,北京:法律出版社 2004 年版。

[28] 王禹:《「一國兩制」憲法精神研究》,廣州:廣東人民出版社 2008 年版。

[29] 喬曉陽:《中華人民共和國立法講話》,北京:中國民主法制出版社 2007 年版。

[30] 陳弘毅等編:《香港法概論》,香港:三聯書店(香港)有限公司 1999 年版。

[31] 王振民:《中央與特別行政區關係》,北京:清華大學出版社 2002 年版。

[32] 龔刃韌:《國家豁免問題的比較研究》,北京:北京大學出版社 2005 年版。

[33] 王鐵崖:《國際法》,北京:法律出版社 1995 年版。

[34] 李浩培:《條約法概論》,北京:法律出版社 2003 年版。

[35] 《中國大百科全書·法學卷》,北京:中國大百科全書出版社 1984 年版。

[36] 傅思明:《中國司法審查制度》,中國民主法制出版社 2002 年版。

[37] 張慶福:《憲法學基本理論》,北京:社會科學文獻出版社 1999 年版。

[38] 段潔龍:《中國國際法實踐與案例》,北京:法律出版社 2011 年版。

[39] 龔刃韌:《國家豁免問題比較研究 —— 當代國際公法、國際私法和國際經濟法的一個共同課題》,北京:北京大學出版社 2005 年版。

[40] 張志銘:《中國法律解釋》,北京:法律出版社 1998 年版。

[41] 胡錦光:《中國憲法問題研究》,北京:新華出版社 1988 年版。

[42] 黃江天:《香港基本法的法律解釋研究》,香港:三聯書店(香港)有限公司 2004 年版。

[43] 趙秉志:《刑法解釋研究》,北京:北京大學出版社 2007 年版。

[44] 隋偉、楊明光:《歐洲聯盟法律制度簡論》,天津:南開大學出版社 1998 年版。

[45] 薩孟武:《政治學與比較憲法》,北京:商務印書館 2013 年版。

[46] 蕭蔚雲:《論香港基本法》,北京:北京大學出版社 2003 年版。

[47] 范進學:《認真對待憲法解釋》,濟南:山東人民出版社 2007 年版。

[48] 張春生:《中華人民共和國立法法釋義》,北京:法律出版社 2000 年版。

[49] 蕭蔚雲:《「一國兩制」與香港基本法律制度》,北京:北京大學出版社 1990 年版。

▌二、中文譯著類

[1] 【荷】伊芙琳·T. 菲特麗絲著,張其山等譯:《法律論證原理》,北京:商務印書館 2005 年版。

[2] 【美】羅納德·德沃金者,信春鷹、吳玉章譯:《認真對待權利》,北京:中國大百

科全書出版社 1995 年版。

[3] 【德】伽達默爾著，洪漢鼎譯：《真理與方法》，上海：上海譯文出版社 1999 年版。

[4] 【美】羅納德‧德沃金著，李常青譯：《法律帝國》，北京：中國大百科全書出版社 1996 年版。

[5] 【美】羅納德‧德沃金著，張國清譯：《原則問題》，南京：江蘇人民出版社 2008 年版。

[6] 【德】哈貝馬斯著，童世駿譯：《在事實與規範之間：關於法律和民主法治國的商談理論》，北京：生活‧讀書‧新知三聯書店 2003 年版。

[7] 【美】羅斯科‧龐德著，唐前宏譯：《普通法的精神》，北京：法律出版社 2001 年版。

[8] 【美】格倫頓等著，米健等譯：《比較法律傳統》，北京：中國政法大學出版社 1993 年版。

[9] 【法】孟德斯鳩著，嚴復譯：《論法的精神》，上海：上海三聯書店 2009 年版。

[10] 【英】戴維‧沃克：《牛津法律大辭典》，北京：光明日報出版社 1998 年版。

[11] 【美】約翰‧羅爾斯著，何懷宏等譯：《正義論》，北京：中國社會科學出版社 1988 年版。

[12] 【美】約翰‧亨利‧梅利曼著，顧培東、祿正平譯：《大陸法系 —— 西歐拉丁美洲法律制度介紹》，北京：知識出版社 1984 年版。

三、中文期刊類

[1] 白晟：〈《香港基本法》解釋的若干問題辨析〉，《國家檢察官學院學報》2010 年第 6 期。

[2] 李琦：〈特別行政區基本法之性質：憲法的特別法〉，《廈門大學學報》2002 年第 5 期。

[3] 周旺生：〈中國現行法律解釋制度研究〉，《現代法學》2003 年第 2 期。

[4] 陳弘毅：〈當代西方法律解釋學初探〉，《中國法學》1997 年第 3 期。

[5] 朱國斌：〈香港基本法第 158 條與立法解釋〉，《法學研究》2008 年第 2 期。

[6] 程潔：〈論雙軌政治下的香港司法權—憲政維度下的再思考〉，《中國法學》2006 年第 5 期。

[7] 鄒平學：〈香港基本法解釋機制基本特徵芻議〉，《法學》2009 年第 5 期。

[8] 蕭蔚雲：〈論香港基本法對香港特別行政區法治的保障〉，《中外法學》2000 年第 4 期。

[9] 劉永奇：〈香港基本法研究綜述〉，《東南大學學報》2010 年第 12 期。

[10] 文正邦：〈關於「一國兩制」的法哲學思考〉，《現代法學》1997 年第 3 期。

[11] 陳弘毅：〈《香港基本法》與「一國兩制」實施的回顧與反思〉，《深圳大學學報》2017 年第 1 期。

[12] 中國社會科學院法學研究所課題組：〈「一國兩制」與香港基本法〉，《法學研究》1997 年第 4 期。

[13] 劉宏宇、李可：〈「一國兩制」與中國法理學〉，《當代法學》2002 年第 6 期。

[14] 蕭蔚雲：〈關於香港特區基本法的幾個問題〉，《法學雜誌》2005 年第 2 期。

[15] 黃志勇、柯婧鳳：〈論基本法框架下中央與特別行政區的權力關係〉，《嶺南學刊》2011 年第 4 期。

[16] 程潔：〈中央管理權與特區高度自治—以基本法規定的授權關係為框架〉，《法學》2007 年 8 期。

[17] 武勇：〈《香港特別行政區基本法》解釋權的「一國兩制」〉，《內蒙古師範大學學報》2010 年第 2 期。

[18] 中國社會科學院法學院研究所課題組：〈「一國兩制」與香港基本法〉，《法學研究》1997 年第 4 期。

[19] 李昌道：〈「一國兩制」是香港基本法的法理核心〉，《復旦學報（社會科學版）》2004 年第 6 期。

[20] 武勇：〈《香港特別行政區基本法》解釋權的「一國兩制」〉，《內蒙古師範大學學報》2010 年第 2 期。

[21] 朱蘇力：〈解釋的難題：對幾種法律解釋方法的追問〉，《中國社會科學》1997 年第 4 期。

[22] 王政勳：〈論客觀解釋立場與罪刑法定原則〉，《法律科學》2011 年第 1 期。

[23] 高鴻鈞：〈德沃金法律理論評析〉，《清華法學》2015 年第 5 期。

[24] 金玲：〈德沃金建構性法律解釋學中的「效果歷史」〉，《武漢大學學報》2011 年第 7 期。

[25] 魏勝強：〈和諧社會中法律解釋的基本原則研究〉，《法律方法》2007 年第 7 期。

[26] 陳金釗：〈法律解釋及其基本特徵〉，《法律科學》2000 年第 6 期。

[27] 李錦：〈論法律解釋的解釋學循環〉，《法律方法》2012 年第 1 期。

[28] 周旺生：〈中國現行法律解釋制度研究〉，《現代法學》2003 年第 2 期。

[29] 王振明：〈論回歸後香港法律解釋制度的變化〉，《政治與法律》2007 年第 3 期。

[30] 朱國斌：〈香港基本法第 158 條與立法解釋〉，《法學研究》2008 年第 2 期。

[31] 鄒平學：〈全國人大常委會解釋法律與解釋基本法的若干問題研究〉，《港澳研究》2006 年第 2 期。

[32] 韋洪乾：〈構建「一國兩制」下的法律解釋制度〉，《方圓法治》2007 年第 3 期。

[33] 周偉：〈憲法解釋個案實證問題研究〉，《中國法學》2002 年第 2 期。

[34] 強世功：〈司法主權之爭 ——從吳嘉玲案看「人大釋法」的憲政意涵〉，《清華法學》

2009 年第 5 期。

[35] 田瑤：〈從「吳嘉玲案」看香港法院「違憲審查權」及其限度〉,《比較法研究》2012 年第 6 期。

[36] 焦洪昌：〈香港基本法解釋衝突之原因分析 —— 以居港權系列案件的討論為例〉,《廣東社會科學》2008 年第 3 期。

[37] 徐靜琳：〈從「居港權」爭訟案看香港基本法的司法解釋〉,《法治論叢》2003 年第 1 期。

[38] 湛中樂、陳聰：〈論香港的司法審查制度—香港「居留權」案件透視〉,《比較法研究》2001 年第 2 期。

[39] 凌兵：〈香港特別行政區基本法與全國人大立法權的界限—對香港特區終審法院居留權案判決的憲法思考〉,《法治論叢》2003 年第 1 期。

[40] 張五常：〈制度的選擇〉,載《經濟解釋》(卷三),香港：花千樹出版有限公司 2002 年版,第 58 頁。

[41] 王振民、孫成：〈香港法院適用中國憲法問題研究〉,《政治與法律》2014 年第 4 期。

[42] 鄧敏貞：〈對人大解釋香港基本法的法律思考〉,《法學研究》2006 年第 19 期。

[43] 張霄龍：〈香港居留權法律問題分歧及其解決路徑探析〉,《武漢大學學報》2013 年第 2 期。

[44] 強世功：〈和平革命中的司法管轄權之爭 —— 從馬維騉案和吳嘉玲案看香港憲政秩序的轉型〉,《中外法學》2007 年第 6 期。

[45] 湛中樂、陳聰：〈論香港的司法審查制度 —— 香港「居留權」案件透視〉,《比較法研究》2001 年第 2 期。

[46] 曹旭東：〈博弈、掙脫與民意 —— 從「雙非」風波回望莊豐源案〉,《政治與法律》2012 年第 6 期。

[47] 姚國建：〈論 1999 年〈人大解釋〉對香港法院的拘束力〉,《法商研究》2013 年第 4 期。

[48] 秦前紅、黃明濤：〈普通法判決意見規則視閾下的人大釋法制度 —— 從香港「莊豐源案」談起〉,《法商研究》2012 年第 1 期。

[49] 黃明濤：〈論全國人大常委會在與香港普通法傳統互動中的釋法模式 —— 以香港特區「莊豐源案規則」為對象〉,《政治與法律》2014 年第 12 期。

[50] 常樂：〈香港基本法的文本及其解釋：以政制發展為中心的考察〉,《江漢大學學報》2015 年第 4 期。

[51] 孫翠萍：〈人大第二次釋法與香港政改問題的發展〉,《黨史研究與教學》2011 年第 6 期。

[52] 何美琳：〈香港行政長官普選制度研究〉,《公民與法》2016 年第 5 期。

[53] 孫成、鄒平學：〈如何審視「8.31 決定」的若干法律問題〉,《港澳研究》2015 年第

2 期。

[54] 羅燕明：〈香港「剛果（金）案」與全國人大常委會第四次釋《香港基本法》〉，《當代世界社會主義問題》2015 年第 1 期。

[55] 秦前紅、黃明濤：〈對香港特區終審法院就「剛果（金）案」提請人大釋法的看法〉，《法學》2011 年第 8 期。

[56] 尹雪萍：〈「一國兩制」視野下的國家主權豁免問題：分歧與協調〉，《當東岳論叢》2011 年第 11 期。

[57] 宋錫祥、謝璐：〈國家及其財產管轄豁免的國內法調整到國際公約的轉變 —— 兼論莫里斯和仰融兩案〉，《政治與法律》2007 年第 1 期。

[58] 王虎華、羅國強：〈《聯合國國家及其財產管轄豁免公約》規則的性質和適用〉，《政治與法律》2007 年第 1 期。

[59] 黃進、李慶明：〈2007 年莫里斯訴中華人民共和國案述評〉，《法學》2007 年第 9 期。

[60] 董立坤、張淑鈿：〈香港特區法院對涉及國家豁免行為的案件無管轄權〉，《政法論壇》2012 年第 6 期。

[61] 鄒平學：〈共識與分歧：香港《香港基本法》解釋問題的初步檢視〉，《中國法律評論》2017 年第 1 期。

[62] 汪進元：〈香港《香港基本法》解釋體制的內在張力及其緩解〉，《江蘇行政學院學報》2017 年第 2 期。

[63] 姚國建：〈論普通法對香港基本法實施的影響 —— 以陸港兩地法律解釋方法的差異性為視角〉，《政法論壇》2011 年第 4 期。

[64] 秦前紅、付婧：〈論香港基本法解釋方法的衝突與協調〉，《蘇州大學學報》2015 年第 2 期。

[65] 姚國建：〈1999 年《人大解釋》對香港法院的拘束力 — 以「入境事務處處長訴莊豐源案」為例的考察〉，《法商研究》2013 年第 4 期。

[66] 強世功：〈文本、結構與立法原意 ——「人大釋法」的法律技藝〉，《中國社會科學》2007 年第 5 期。

[67] 林峰：〈對一個任期的兩種解釋及《香港特別行政區基本法》的未來〉，載《比較憲法 —— 憲法文本與憲法解釋》，北京：中國人民大學出版社 2008 年版，第 135 頁。

[68] 陳玉田：〈論基本法解釋程序〉，載《憲政與行政法制研究 —— 許崇德教授執教五十週年祝賀文集》，北京：中國人民大學出版社 2003 年版，第 389 頁。

[69] 馬嶺：〈提請解釋香港基本法主體的合理範圍〉，《法學》2016 年第 4 期。

[70] 蔣朝陽：〈關於香港、澳門基本法中「負責」一詞的研究〉，載北京大學憲法與行政法研究中心編著：《憲法與港澳基本法理論與實踐研究 —— 紀念蕭蔚雲教授八十華誕誌慶集》，第 51 頁。

[71] 郭天武、鄧文彥：〈香港基本法解釋權的法律思考〉，《政法學刊》2008 年第 4 期。

[72] 陶廣峰：〈法律全球化與中國的角色定位〉，載劉兆興主編：《比較法在中國》，北京：社會科學文獻出版社 2006 年，第 34-41 頁。

[73] 唐稷堯：〈事實、價值與選擇：關於我國刑法立法解釋的思考〉，《中外法學》2009 年第 6 期。

[74] 黎宏：〈禁止類推解釋之質疑〉，《法學評論》2008 年第 5 期。

[75] 陳弘毅、羅沛然、吳嘉誠、顧瑜：〈香港特區終審法院關於《香港基本法》的司法判例評析〉，《中國法律評論》2015 年第 3 期。

[76] 雷磊：〈融貫性與法律體系的建構 ── 兼論當代中國法律體系的融貫化〉，《法學家》2012 年第 2 期。

[77] 季金華：〈《香港基本法》解釋的權限和程序問題探析〉，《現代法學》2009 年第 4 期。

[78] 劉風景：〈司法解釋權限的界定與行使〉，《中國法學》2016 年第 3 期。

[79] 黃明濤：〈兩種「憲法解釋」的概念分野與合憲性解釋的可能性〉，《中國法學》2014 年第 6 期。

[80] 高鴻鈞：〈英國法的主要特徵（上）──與大陸法相比較〉，《比較法研究》2012 年第 3 期。

[81] 陳金釗：〈法律解釋規則及其運用研究（中）──法律解釋規則及其分類〉，《政法論叢》2013 年第 4 期。

[82] 褚皓安：〈普通法法律解釋的傳統與特點〉，《學理論》2014 年第 16 期。

[83] 何然：〈司法判例制度論要〉，《中外法學》2014 年第 1 期。

[84] 郭天武、莫景清：〈《香港基本法》解釋制度的分析〉，《當代港澳研究》2009 年第 1 期。

[85] 管金倫：〈法官的法解釋〉，《法律方法》2003 年第 2 卷。

[86] 田雷：〈兩種居留權案件 ── 香港基本法第 24 條解釋的第三條道路〉，《交大法學》2015 年第 1 期。

[87] 董立坤、張淑鈿：〈香港特別行政區法院的違反基本法審查權〉，《法學研究》2010 年第 3 期。

[88] 李緯華：〈關於香港特別行政區終審法院適用提請釋法規則狀況的檢討〉，《政治與法律》2014 年第 4 期。

[89] 李昌道：〈香港基本法解釋機制探析〉，《復旦學報（社會科學版）》2008 年第 3 期。

[90] 季奎明：〈香港基本法的解釋權 ── 芻議全國人大常委會和香港法院在基本法解釋上的關係〉，《甘肅政法學院學報》2006 年第 3 期。

[91] 閻承琳：〈香港《香港基本法》第 45 條的文本解釋〉，《中國法律評論》2015 年第 3 期。

[92] 朱世海：〈香港基本法中的權力結構探析 ── 以中央與香港特別行政區關係為視角〉，《浙江社會科學》2016 年第 6 期。

[93] 張志銘：〈《法律解釋探微〉，《法學研究》1998 年第 5 期。

[94] 王薇：〈論「一國兩制」下香港特別行政區行政長官的獨特作用〉，《河北法學》 2003 年第 1 期。

[95] 馬嶺：〈從《香港基本法》規範看中央與香港的權力關係〉，《哈爾濱工業大學學報 （社會科學版）》2016 年第 3 期。

[96] 鄭賢君：〈我國憲法解釋技術的發展 —— 評全國人大常委會' 99《香港特別行政區 基本法》釋法例〉，《中國法學》2000 年第 4 期。

[97] 翟小波：〈代議機關至上，還是司法化？〉，《中外法學》2006 年第 4 期。

[98] 田飛龍：〈中國憲法學脈絡中的政治憲法學〉，《學海》2013 年第 2 期。

[99] 鄭賢君：〈隱含權力：普通法對香港政制的影響 —— 解釋權的民主性〉，《河南財 經政法大學學報》2016 年第 1 期。

[100] 李樹忠、姚國建：〈香港特區法院的違基審查權 —— 兼與董立坤、張淑鈿二位教授 商榷〉，《法學研究》2012 年第 2 期。

[101] 夏引業：〈「一國兩制」下香港特區終審法院的角色與立場 —— 以「吳嘉玲案」終 審判決為中心的分析〉，《法治與社會發展》2015 年第 4 期。

[102] 王玄瑋：〈香港基本法解釋權的衝突與協調〉，《雲南大學學報（法學版）》2007 年 第 3 期。

[103] 黃曉亮：〈刑法契約化的概念辨正 —— 以社會契約論為切入點〉，《政法論壇》2016 年第 2 期。

[104] 張定淮、孟東：〈是「剩餘權力」，還是「保留性的本源權力」？ —— 中央與港、 澳特區權力關係中一個值得關注的提法〉，《當代中國政治研究報告》2009 年。

[105] 李元起、黃若谷：〈論特別行政區制度下的「剩餘權力」問題〉，《北方法學》2008 年第 2 期。

[106] 田雷：〈兩種居留權案件 —— 香港基本法第 24 條解釋的第三條道路〉，《交大法學》 2015 年第 1 期。

[107] 姜霜：〈居港權之爭 —— 對香港莊豐源案的思考〉，《中國審判》2015 年第 3 期。

[108] 張定淮：〈香港政改的歷史與民主政治的發展〉，《中國法律評論》2015 年第 3 期。

[109] 田飛龍：〈基本法秩序下的預選式提名與行政主導制的演化〉，《政治與法律》2015 年第 2 期。

[110] 李太蓮：〈香港特別行政區立法會產生辦法的政治成本與效益分析〉，《清華法學》 2008 年第 6 期。

[111] 韓慧：〈法律制度的效率價值追求〉，《山東師範大學學報（社會科學版）》2000 年 第 1 期。

[112] 唐志容：〈法官如何判決 —— 論司法過程中的法官個人因素〉，《法律方法》2005 年第 4 卷。

[113] 王書成：〈司法謙抑主義與香港違憲審查權 —— 以「一國兩制」為中心〉，《政治與法律》2011 年第 5 期。

[114] 周少華：〈適應性：變動社會中的法律命題〉，《法制與社會發展》2010 年第 6 期。

[115] 孫笑俠：〈法律人思維的二元論兼與蘇力商榷〉，《中外法學》2013 年第 6 期。

[116] 鄭磊：〈「一國」整全「兩制」—— 以基本法解釋制度構建為例看作為整全原則的「一國兩制」〉，《浙江學刊》2015 年第 5 期。

[117] 黃卉：〈合憲性解釋及其理論檢討〉，《中國法學》2014 年第 1 期。

[118] 王曉明：〈歐盟國家解決衝突的方法〉，《香港社會研究集刊》2005 年第 3 期。

[119] 侯學勇、鄭宏雁：〈整體性等於融貫性嗎？—— 評德沃金法律理論中的融貫論〉，《法律方法》2010 年第 10 卷。

[120] 胡錦光：〈論國家行為〉，載陳光中、江偉主編：《訴訟法論叢》，法律出版社 1998 年版，第 70 頁。

[121] 王振民：〈「一國兩制」法律化的歷程〉，《法商研究》2012 年第 3 期。

[122] 張小帥：〈論全國性法律在香港特區的實施基於對《香港基本法》第十八條的分析〉，《港澳研究》2015 年第 3 期。

[123] 鄭磊：〈「一國」整全「兩制」—— 以基本法解釋制度構建為例看作為整全原則的「一國兩制」〉，《浙江學刊》2015 年第 5 期。

[124] 王振民：〈「一國兩制」實施中的若干憲法問題淺析〉，《法商研究（中南政法學院學報）》2000 年第 4 期。

[125] 武勇：〈《香港特別行政區基本法》解釋權的「一國兩制」—— 對《香港基本法》第 158 條的解讀〉，《內蒙古師範大學學報（哲學社會科學版）》2010 年第 2 期。

[126] 陳金釗：〈法律解釋規則及其運用研究（中）—— 法律解釋規則及其分類〉，《政法論叢》2013 年第 4 期。

[127] 劉永偉：〈變異與進化：美歐憲法解釋模式的生成 —— 兼論香港基本法解釋模式的建構〉，《法商研究》2012 年第 1 期。

[128] 郝鐵川：〈從國家主權與歷史傳統看香港特區政治體制〉，《法學》2015 年第 11 期。

四、中文報紙類

[1] 〈莊豐源案掀起來港產子潮〉，《文匯報》2001 年 7 月 21 日。

[2] 〈香港特區政府就人大法工委發表關注聲明的回應〉，《江南時報》2001 年 7 月 23 日。

[3] 〈港府出台新政策控制赴港產子潮〉，《新民週刊》2007 年 2 月 11 日。

[4] 朱國斌：〈中央對港政改決定的憲法法理〉，《大公報》2014 年 10 月 14 日。

[5] 陳端洪：〈莫讓轉運的機緣從指縫中溜走〉，《明報》2014 年 9 月 13 日。

[6] 強世功：〈關於行政長官普選的人大決定 —— 從政制與法理角度看香港特首普選之爭〉，《明報》2014 年 9 月 3 日。

[7] 喬曉陽：〈就發論法，以法會友〉，《文匯報》2005 年 4 月 13 日。

[8] 譚惠珠：〈對五區請辭的評論〉，《頭條日報》2010 年 1 月 18 日。

[9] 吳邦國：〈紀念香港基本法實施十週年座談會〉，《文匯報》2007 年 6 月 6 日。

[10] 喬曉陽：〈對「全國人大常務委員會關於《中華人民共和國香港特別行政區基本法》第二十二條第四款和第二十四條第二款第（三）項的解釋（草案）的說明」〉，《人民日報》1999 年 6 月 27 日。

[11] 喬曉陽：〈從「一國兩制」的高度看待釋法的必要性與合法性〉，《文匯報》2004 年 4 月 9 日。

五、學位論文類

[1] 聶婧：《香港基本法的授權法原理與制度研究》，深圳大學 2016 年碩士學位論文。

[2] 陳歡：《論中國法律解釋語境中的「立法原意」》，華東政法大學 2016 年碩士學位論文。

[3] 梁雲峰：《香港基本法解釋權的完善》，華中師範大學 2015 年碩士學位論文。

[4] 林穎璐：《〈香港基本法〉第 158 條法律適用問題研究》，廣東外語外貿大學 2014 年碩士學位論文。

[5] 王曉麗：《歐盟對第三國國民的權利保護 —— 以移民與避難法律為核心》，中國社會科學院研究生院 2014 年博士學位論文。

[6] 孟燁：《香港基本法解釋研究》，中國地質大學（北京）2013 年碩士學位論文。

[7] 周霞輝：《香港特區「雙非」問題研究》，深圳大學 2013 年碩士學位論文。

[8] 柯婧鳳：《論「一國兩制」下中央與香港特區的權力關係》，暨南大學 2013 年碩士學位論文。

[9] 黃傑：《比較歷史視野下的大國治理問題研究：以耦合治理結構與治理績效的關係為綫索》，復旦大學 2012 年博士學位論文。

[10] 黃振：《特別行政區高度自治權研究》，武漢大學 2012 年博士學位論文。

[11] 王鈺：《試論香港基本法解釋權的有限性》，華東政法大學 2012 年碩士學位論文。

[12] 劉洋：《香港特別行政區的憲制性法律及其相互關係》，上海社會科學院 2012 年碩士學位論文。

[13] 李寧：《香港基本法解釋體制研究》，山東大學 2011 年碩士學位論文。

[14] 劉燕燕：《〈香港基本法〉第 158 條的完善》，暨南大學 2011 年碩士學位論文。

[15] 王晴：《協調憲法與特別行政區基本法關係的若干問題》，華東政法大學 2010 年碩

士學位論文。

[16] 唐蜜：《香港基本法下的公共權力架構》，四川師範大學 2010 年碩士學位論文。

[17] 王彬：《法律解釋的本體與方法》，山東大學 2009 年博士學位論文。

[18] 馮舟：《論香港〈香港基本法〉下中央政府對香港特區的「制度控制」——從「吳嘉玲」案說起》，中國政法大學 2009 年碩士學位論文。

[19] 陳友清：《1997-2007：「一國兩制」法治實踐的法理學觀察——以法制衝突為視角》，西南政法大學 2007 年博士學位論文。

[20] 魏勝強：《法律解釋權研究》，山東大學 2007 年博士學位論文。

[21] 徐波克：《從客觀主義到開放性的法律解釋——兼論當代法律解釋理論對我國的啟示》，西南政法大學 2007 年碩士學位論文。

[22] 安佳：《我國法律解釋體制法理探析》，遼寧師範大學 2007 年碩士學位論文。

[23] 張玉曉：《關於香港特區基本法解釋衝突解決機制的思考》，山東大學 2007 年碩士學位論文。

[24] 李松鋒：《香港基本法解釋權問題研究》，清華大學 2006 年碩士學位論文。

[25] 張曉明：《香港憲政秩序初探》，山東大學 2006 年碩士學位論文。

六、香港文獻資料類

[1] 香港基本法諮詢委員會：《中華人民共和國香港特別行政區基本法徵求意見諮詢報告》，1988 年。

[2] 香港特區終審法院首席法官李國能作出的判決書：〈入境事務處處長訴莊豐源案〉（終院民事上訴 2000 年第 26 號 /(2001) 4 HKCFAR），第 234-242 頁。

[3] 顧敏康：〈「8.31 決定」之憲法依據〉，《紫荊論壇》2015 年第 5-6 月號。

[4] 香港特別行政區終審法院民事上訴 1998 年第 14 號判決書。

七、外文文獻類

[1] Priscilla Leung Mei-fun, *The Hong Kong Basic Law: Hybrid of Common Law and Chinese Law* (LexisNexis, 2007).

[2] Yash Ghai, *Hong Kong's New Constitutional Order: The Resumption of Chinese Sovereignty and the Basic Law* (Hong Kong: Hong Kong University Press, 1999).

[3] Lin Feng and P. Y. Lo, "The Justification and the Future of Basic Law Interpretation", in *Interpretation Hong Kong's Basic Law*, edited by Huang. Fu, Lison Harris, and Simon

NM Yong (Paigrave Macmillan, 2007).

[4]   Alexander M. Bickel, *The Least Dangerous Branch: the Supreme Court at the Bar of Politics* (Bobbs-Merrill, 1962).

[5]   Paul Zewirtz, "Approaches to Constitutional Interoperation: Comparative Constitutionalism and Chinese Characteristics" , (2001) *Hong Kong Law Journal* 31.

[6]   Ronald Benton Brown and Sharon Brown, *Statutory Interpretation: The Search for Legislative Intent* (National Institute for Trial Advocacy, 2002).

[7]   Albert H. Y. Chen, "The Concept of Justiciability and the Jurisdiction of the Hong Kong Courts" , (1997) *Hong Kong Law Journal* 27.

[8]   James D. Dinnage and John F. Murphy, *The Constitutional Law of the European Union* (Cincinnati: Anderson Pub. Co., 1996).

[9]   Bing Ling, "Can Hong Kong Courts Review and Nullify Acts of the National People' s Congress?" (1999) *Hong Kong Law Journal* 29(8).

[10] Peter Wesley-Smith, *The Source of Hong kong Law* (Hong Kong: Hong Kong University Press, 1996).

[11] Peter Wesley-Smith, *An Introduction to the Hong Kong Legal System* (Oxford University Press, 1993).

[12] "Hong Kong Basic Law Problem & Prospects" , Proceedings of a seminar held at the University of Hong Kong on 5 May 1990 (Faculty of Law University of Hong Kong, 1990).

附　錄

10. 全國人大常務委員會關於《中華人民共和國香港特別行政區基本法》附件三所列全國性法律增減的決定（1997 年 7 月 1 日第八屆全國人大常務委員會第二十六次會議通過）。

11. 全國人大常務委員會關於增加《中華人民共和國香港特別行政區基本法》附件三所列全國性法律的決定（1998 年 11 月 4 日通過）。

12. 全國人大常務委員會關於《中華人民共和國香港特別行政區基本法》第二十二條第四款和第二十四條第二款第（三）項的解釋（1999 年 6 月 26 日第九屆全國人大常務委員會第十次會議通過）。

13. 全國人大常務委員會關於《中華人民共和國香港特別行政區基本法》附件一第七條和附件二第三條的解釋（2004 年 4 月 6 日第十屆全國人大常務委員會第八次會議通過）。

14. 全國人大常務委員會關於《中華人民共和國香港特別行政區基本法》第五十三條第二款的解釋（2005 年 4 月 27 日第十屆全國人大常務委員會第十五次會議通過）。

15. 全國人大常委會關於增加《中華人民共和國香港特別行政區基本法》附件三所列全國性法律的決定（2005 年 10 月 27 日通過）。

16. 全國人大常務委員會關於批准《中華人民共和國香港特別行政區基本法附件一香港特別行政區行政長官的產生辦法修正案》的決定（2010 年 8 月 28 日第十一屆全國人大常務委員會第十六次會議通過）。

17. 中華人民共和國香港特別行政區基本法附件一香港特別行政區行政長官的產生辦法修正案（2010 年 8 月 28 日第十一屆全國人大常務委員會第十六次會議批准）。

18. 全國人大常務委員會公告（2010 年 8 月 28 日 [十一屆] 第十五號）。

19. 中華人民共和國香港特別行政區基本法附件二香港特別行政區立法會的產生辦法和表決程序修正案（2010 年 8 月 28 日第十一屆全國人大常務委員會第十六次會議予以備案）。

20. 全國人大常務委員會關於《中華人民共和國香港特別行政區基本法》第十三條第一款和第十九條的解釋（2011 年 8 月 26 日第十一屆全國人大常務委員會第二十二次會議通過）。

21. 全國人大常務委員會關於香港特別行政區行政長官普選問題和 2016 年立法會產生辦法的決定（2014 年 8 月 31 日第十二屆全國人大常務委員會第十次會議通過）。

22. 全國人大常務委員會關於《中華人民共和國香港特別行政區基本法》第一百零四條的解釋（2016 年 11 月 7 日第十二屆全國人大常務委員會第二十四次會議通過）。

後　記

　　自香港回歸祖國以來，「一國兩制」方針和基本法的貫徹實施情況在總體上是好的。但也應理性地看到，香港基本法實施的整個過程並非一帆風順，而是充滿挑戰，出現不少重大理論和實踐問題亟待研究解決，香港基本法解釋權問題就是其中之一。香港基本法的解釋問題主要涉及中央與特別行政區之間的關係，即在「一國兩制」的前提下，一方面保持國家對地方行政區域的主權，另一方面，要使原來不同的法律制度能夠和諧運作。從本質上說是一個涉及體制創新，非常敏感且複雜的憲制問題，需要真正有機構建「一國」和「兩制」的制度法理學，以此作為對現實香港政治和法律問題的回應與引領。

　　正如強世功教授指出：「圍繞基本法解釋產生的分歧、對話、協商與鬥爭，是香港回歸以來最為突出的政治議題，也是最重要的法律問題之一。」在此方面的研究海內外學界都給予了足夠的關注和重視，並形成了許多有見地、有價值的論著。檢視迄今為止的學術成果，仍存在一些不足，具體而言包括；第一，大部分論著以文本分析、規範分析及制度分析為主，實證分析與系統分析不夠，不足以回應現實實際的需求，甚至還有些研究還落後於實踐需要，有「自說自話」之嫌；第二，內地學者往往從「一國兩制」的高度和憲法、國家體制的角度來研究基本法解釋問題，缺乏直面敏感問題的膽識，對策性和應用性研究不足。海外學人的研究成果敢於觸及敏感問題，但從「一國」的憲政基礎來展開不足，其固有的法學知識譜系和生活經驗往往會對全國人大常委會釋法充滿疑慮，存在誤解，未能真正剖析出

相關分歧和爭議的核心原因，自然不利於基本法的順利實施；第三，法律的規則適用和政治治理技術運用未能較好的實現平衡與結合。現有成果往往側重於法律原則、法律規範、法律邏輯的分析，但就具體問題如何在政治效果上運用未能提出前瞻性的預判和可操作性的建議。面對這些不足，如何消弭不同法系，不同制度、不同文化背景下的「傲慢與偏見」是促成筆者在此問題上進行持續觀察和研究的重要動力。

本書的研究為筆者提供重要方法論啟發的是美國法理學家德沃金。德沃金在與哈特關於「什麼是法」的論戰中，試圖在道德共識的基礎上尋找法律問題的正確答案。在其隨後的著作《法律帝國》中，德沃金清醒地認識到「一千個人眼中就有一千個哈姆雷特」，對「什麼是法」的問題的糾結終究會導致毫無結果、毫無意義的爭論。因此他提出「法律是一種闡釋性概念。對我們來說，法律的一般理論就是對我們自己司法實踐的一般闡釋。」這樣德沃金的法理學完成了從「尋找法律問題的正確答案」到「尋找法律問題的最佳解釋」的轉變，繼續主導了西方法理學的發展方向，並產生深遠的影響。德沃金認為法律的帝國並非由疆界、權力或程序來界定，而是由態度來決定。這種態度就是闡釋。因此當我們回歸到香港基本法解釋的問題的時候，也許我們首先應審視的是：我們的立場和姿態是什麼？我們能否更為深刻地了解自己的思辨立場？我們與社會主體和事件應保持如何的一個視角和距離？

本書是筆者在西南政法大學法學博士後流動站期間的研究成果之一，感謝鄒平學教授將其納入港澳制度研究叢書，感謝三聯書店（香港）有限公司周建華總編輯、蘇健偉編輯、劉韻揚編輯對本書的校正，感謝陳弘毅教授、付子堂教授、徐亞文教授、秦前紅教授、鍾立國教授、李朝暉研究員、林孝文教授、汪雄副教授、宋旭光副教授、李福林副教授、范奇博士、戴航寧博士、李靜律師對本書的指導

與建議。感謝深圳市社會科學院的領導和諸位同仁，他們對本項研究和本書的出版提供了各種便利和支持條件。最後，要特別感謝至親的家人們，你們是我強大的後盾。由於水平有限，書中的不當之處，敬請各位讀者多多批評指正。

「未經凝視的世界是毫無意義的」，凝視既指向外部世界，同時也指向個人內心，謹以此書作為凝視港島的一份思考和一個時代的記錄。我所嚮往的法律人生是向學的人不墜其閱歷實踐之志，實踐的人不失其向學問道之心，眾生都能在塵世修煉中得證菩提，達到人的圓滿與完善，且與諸君共勉。

鄧達奇

2021 年 9 月 15 日於深圳

責任編輯　　劉韻揚
書籍設計　　道　轍
排　　版　　何秋雲

書　　名　　香港基本法解釋權研究
著　　者　　鄧達奇
出　　版　　三聯書店（香港）有限公司
　　　　　　香港北角英皇道 499 號北角工業大廈 20 樓
　　　　　　Joint Publishing (H.K.) Co., Ltd.
　　　　　　20/F., North Point Industrial Building,
　　　　　　499 King's Road, North Point, Hong Kong
香港發行　　香港聯合書刊物流有限公司
　　　　　　香港新界荃灣德士古道 220-248 號 16 樓
印　　刷　　美雅印刷製本有限公司
　　　　　　香港九龍觀塘榮業街 6 號 4 樓 A 室
版　　次　　2021 年 12 月香港第一版第一次印刷
規　　格　　16 開（170 mm × 240 mm）304 面
國際書號　　ISBN 978-962-04-4914-7